ZHENGQUAN YU TOUZI

证券与投资 （第二版）

主　编　王永泉　孙海洋　曾红燕　陈智
副主编　高培涛　吴英刚

西南财经大学出版社

图书在版编目(CIP)数据

证券与投资／王永泉等主编 . —2 版 . —成都:西南财经大学出版社,
2014. 2(2017. 12 重印)

ISBN 978 - 7 - 5504 - 0184 - 6

Ⅰ . ①证… Ⅱ . ①王… Ⅲ . ①证券投资—高等职业教育—教材

Ⅳ . ①F830. 91

中国版本图书馆 CIP 数据核字(2014)第 022729 号

证券与投资(第二版)

主 编:王永泉 孙海洋 曾红燕 陈 智
副主编:高培涛 吴英刚

责任编辑:张明星
助理编辑:李 筱
封面设计:杨红鹰
责任印制:封俊川

出版发行	西南财经大学出版社(四川省成都市光华村街 55 号)
网 址	http://www. bookcj. com
电子邮件	bookcj@ foxmail. com
邮政编码	610074
电 话	028 - 87353785 87352368
照 排	四川胜翔数码印务设计有限公司
印 刷	郫县犀浦印刷厂
成品尺寸	185mm × 260mm
印 张	17
字 数	405 千字
版 次	2014 年 2 月第 2 版
印 次	2017 年 12 月第 2 次印刷
印 数	3001— 4000 册
书 号	ISBN 978 - 7 - 5504 - 0184 - 6
定 价	32. 00 元

前言

　　光阴荏苒，改革开放后的我国资本市场已经走过三十多个春秋。随着我国加入世界贸易组织，全球经济一体化迅速发展，证券市场已成为我国市场经济不可或缺的重要组成部分。证券市场规模不断扩大，上市公司的治理结构日趋合理，证券市场监管更加规范，股权分置改革基本成功，证券投资理念逐步成熟，使得证券市场的"国民经济晴雨表"的功能日益突出。迄今为止，我国深沪股市上市公司已达2500家，证券化率超过100%，证券投资有效开户数超过1.37亿户，创业板已经推出，一个以主板为基础的多层次证券市场正在形成。

　　与我国证券市场快速发展的现实相比，证券投资的理论教学却显得比较滞后，尤其是集证券投资理论与实务为一体的教材还较为少见，面向学生突出证券操作的教材就更是凤毛麟角。我们山东女子学院牵头组织山东省经济干部管理学院、四川天一学院等多家院校从事证券投资研究与教学的老师联合编写了这本《证券与投资》教材。本教材第一版的编写分工如下：第一章和第九章由高培涛博士执笔；第二章和第十二章由曾红燕、李绍昆完成；第三章、第四章和第八章由陈智、吴英刚执笔；第五章至第七章由孙海洋完成；第十章和第十一章由王永泉完成。

　　本次在第一版的基础上对教材进行了重新修订和编写，突出表现在以下几个方面：一是对教材的篇章结构进行了重新安排，使之更符合教学的要求；二是采用了最新的数据，更新了证券投资的法律法规和业务规则，反映证券市场的最新变化；三是增加了实务操作的内容，以满足高等教育实践教学的需要。本教材以提高学生的整体素质为基础，以培养学生的应用能力为主线，深入浅出地阐述了证券市场的基础知识、证券分析的基本原理和方法、证券投资的基本策略和技巧。本教材既可作为高校经济类或管理类专业特别是金融、投资、理财专业的学生使用的教材，也可以作为证券从业人员的参考教材。

　　本次修订和编写中，山东女子学院王永泉教授编写了第一章、第四章、第六章、第八章，田玉丽副教授编写了第九章、第十章，孙海洋

前　言

编写了第二章、第三章、第五章、第七章，最后由孙海洋统稿。在本书的编写和修订过程中，我们参考了国内外许多学者在证券投资方面的研究成果，也借鉴了中国证券业协会组编的证券从业资格考试教材的有关内容，并得到了西南财经大学出版社特别是曾召友先生的大力支持，在此一并致谢，并恳请专家学者和广大读者就本教材提出宝贵意见。

编　者
2013 年 12 月

目 录

第一章 证券投资导论 ……………………………………………………… (1)

  第一节 证券与证券投资 ……………………………………………… (1)

    一、证券 …………………………………………………………… (1)

    二、证券投资 ……………………………………………………… (3)

  第二节 证券市场 ……………………………………………………… (7)

    一、证券市场的含义 ……………………………………………… (7)

    二、证券市场的产生与发展 ……………………………………… (8)

    三、证券市场的构成要素 ………………………………………… (9)

    四、证券市场的分类 ……………………………………………… (10)

    五、我国的证券市场 ……………………………………………… (11)

  第三节 证券投资理念 ………………………………………………… (16)

    一、证券投资的过程 ……………………………………………… (16)

    二、证券投资的理念 ……………………………………………… (17)

第二章 股票 ……………………………………………………………… (21)

  第一节 股票概述 ……………………………………………………… (21)

    一、股票的概念及特征 …………………………………………… (21)

    二、股票的分类 …………………………………………………… (22)

    三、股份有限公司 ………………………………………………… (24)

  第二节 股票的发行 …………………………………………………… (28)

    一、股票发行的方式 ……………………………………………… (28)

    二、股票发行的条件 ……………………………………………… (29)

    三、股票发行的辅导 ……………………………………………… (34)

    四、股票发行的保荐 ……………………………………………… (35)

    五、股票发行的程序 ……………………………………………… (37)

    六、股票发行的承销 ……………………………………………… (39)

    七、股票发行价格的确定 ………………………………………… (41)

    八、股票的上网定价发行 ………………………………………… (43)

  第三节 股票的交易 …………………………………………………… (44)

    一、股票的上市 …………………………………………………… (44)

    二、股票交易的原则 ……………………………………………… (45)

    三、股票交易的流程 ……………………………………………… (45)

目 录

四、股票交易的价格 ……………………………… (52)

五、股票交易的运行制度 ………………………… (53)

六、股票的退市 …………………………………… (56)

第三章　债券 ………………………………………… (58)

第一节　债券概述 ………………………………… (58)

一、债券的含义和特征 …………………………… (58)

二、债券的票面要素 ……………………………… (58)

三、债券与股票的比较 …………………………… (60)

四、债券的分类 …………………………………… (60)

第二节　债券的发行 ……………………………… (64)

一、债券发行的方式 ……………………………… (64)

二、债券发行的条件 ……………………………… (65)

三、债券发行的承销 ……………………………… (66)

四、债券发行价格和票面利率的确定 …………… (67)

五、债券的信用评级 ……………………………… (67)

第三节　债券的交易 ……………………………… (71)

一、债券交易市场 ………………………………… (71)

二、债券的上市 …………………………………… (72)

三、债券交易的流程 ……………………………… (72)

四、债券交易的价格 ……………………………… (73)

五、债券交易的运行制度 ………………………… (74)

六、债券的退市 …………………………………… (75)

第四章　证券投资基金 ……………………………… (76)

第一节　证券投资基金概述 ……………………… (76)

一、证券投资基金的概念 ………………………… (76)

二、证券投资基金的特点 ………………………… (76)

三、证券投资基金与股票、债券的区别 ………… (77)

四、证券投资基金的分类 ………………………… (77)

第二节　证券投资基金的参与主体 ……………… (80)

一、证券投资基金的当事人 ……………………… (80)

目 录

二、证券投资基金的服务机构 ……………………………… (83)

第三节 封闭式基金的募集与交易 ………………………… (84)

一、封闭式基金的募集 ……………………………………… (84)

二、封闭式基金的交易 ……………………………………… (85)

第四节 开放式基金的募集与交易 ………………………… (85)

一、开放式基金与封闭式基金的比较 …………………… (85)

二、开放式基金的募集和认购 …………………………… (87)

三、开放式基金的申购和赎回 …………………………… (89)

第五节 证券投资基金的运作 ……………………………… (92)

一、基金的估值与会计核算 ……………………………… (92)

二、基金的收益 ……………………………………………… (93)

三、基金的费用与税收 …………………………………… (94)

四、基金收益的分配 ……………………………………… (95)

五、基金的信息披露 ……………………………………… (95)

第五章 金融衍生证券 ………………………………………… (98)

第一节 期货的发行与交易 ………………………………… (99)

一、期货的含义 ……………………………………………… (99)

二、期货的分类 ……………………………………………… (99)

三、期货的功能 …………………………………………… (102)

四、期货的发行与创设 …………………………………… (102)

五、期货的交易 …………………………………………… (102)

第二节 期权的发行与交易 ……………………………… (104)

一、期权的含义 …………………………………………… (104)

二、期权的分类 …………………………………………… (105)

三、期权的功能 …………………………………………… (105)

四、期权的的发行与创设 ………………………………… (106)

五、期权的交易 …………………………………………… (107)

第三节 权证的发行与交易 ……………………………… (109)

一、权证的含义 …………………………………………… (109)

二、权证的分类 …………………………………………… (109)

三、权证的发行与创设 …………………………………… (110)

四、权证的交易 ……………………………………………… (110)

第六章　证券投资基本分析 ………………………………… (112)

　第一节　宏观经济分析 ……………………………………… (112)

　　一、宏观经济因素分析 …………………………………… (112)

　　二、宏观经济周期分析 …………………………………… (113)

　　三、宏观经济政策分析 …………………………………… (114)

　第二节　行业分析 …………………………………………… (115)

　　一、行业的分类 …………………………………………… (115)

　　二、行业的竞争程度分析 ………………………………… (116)

　　三、行业的生命周期分析 ………………………………… (118)

　　四、行业的兴衰因素分析 ………………………………… (119)

　第三节　公司分析 …………………………………………… (120)

　　一、公司的基本分析 ……………………………………… (120)

　　二、公司的财务比率分析 ………………………………… (124)

　　三、公司的财务比较分析 ………………………………… (129)

第七章　证券投资技术分析 ………………………………… (132)

　第一节　技术分析概述 ……………………………………… (132)

　　一、技术分析的定义 ……………………………………… (132)

　　二、技术分析的三大假设 ………………………………… (132)

　　三、技术分析的基本要素 ………………………………… (133)

　　四、技术分析方法的类型 ………………………………… (134)

　　五、技术分析应用中应注意的问题 ……………………… (135)

　第二节　K线组合分析 ……………………………………… (136)

　　一、K线的画法 …………………………………………… (136)

　　二、K线的分类 …………………………………………… (137)

　　三、单根K线的应用 ……………………………………… (138)

　　四、两根K线的组合应用 ………………………………… (139)

　　五、三根K线的组合应用 ………………………………… (140)

　第三节　波浪分析 …………………………………………… (142)

　　一、道氏理论 ……………………………………………… (142)

目　录

二、波浪理论 ……………………………………………………… （144）

三、波浪的形态 …………………………………………………… （144）

四、波浪之间的比例 ……………………………………………… （145）

五、弗波纳奇数列与波浪的数目 ………………………………… （145）

六、波浪理论的缺陷 ……………………………………………… （146）

第四节　切线分析 ………………………………………………… （146）

一、趋势分析 ……………………………………………………… （146）

二、支撑线、压力线与突破 ……………………………………… （147）

三、趋势线和轨道线 ……………………………………………… （148）

四、黄金分割线和百分比线 ……………………………………… （149）

第五节　形态分析 ………………………………………………… （151）

一、反转突破形态 ………………………………………………… （151）

二、持续整理形态 ………………………………………………… （155）

第六节　技术指标分析 …………………………………………… （158）

一、移动平均线（MA）…………………………………………… （158）

二、随机指标（KDJ线）………………………………………… （162）

三、相对强弱指标（RSI）………………………………………… （163）

四、平滑异同移动平均线（MACD）……………………………… （163）

五、布林线（BOLL）……………………………………………… （164）

六、指数平均数（EXPMA）……………………………………… （165）

七、能量潮（OBV）……………………………………………… （165）

八、成交量变异率（VR）………………………………………… （166）

九、简易波动指标（EMV）……………………………………… （166）

第八章　证券投资的方法和策略 ………………………………… （168）

第一节　证券投资的收益和风险 ………………………………… （168）

一、证券投资收益 ………………………………………………… （168）

二、证券投资风险 ………………………………………………… （170）

三、风险与收益的关系 …………………………………………… （173）

第二节　证券投资的时机和对象 ………………………………… （174）

一、证券投资的基本原则 ………………………………………… （174）

二、证券投资时机的选择 ………………………………………… （175）

目　录

三、证券投资对象的选择 …………………… (179)

第三节　证券投资的方法 …………………………… (183)

一、证券投资的多种组合方式 ……………… (183)

二、证券投资的多类计划模式 ……………… (184)

三、证券投资的具体实用方法 ……………… (186)

第九章　证券市场的监管 ………………………… (191)

第一节　证券市场监管概述 ……………………… (191)

一、证券市场监管的含义 …………………… (191)

二、证券市场监管的意义 …………………… (191)

三、证券市场监管的原则 …………………… (192)

四、证券市场监管的机构 …………………… (192)

五、证券市场监管的内容 …………………… (194)

第二节　证券市场的法律监管 …………………… (202)

一、《中华人民共和国证券法》 …………… (202)

二、《中华人民共和国公司法》 …………… (202)

三、《中华人民共和国证券投资基金法》 ………… (203)

四、《中华人民共和国刑法》 ……………… (203)

五、《中华人民共和国会计法》 …………… (204)

第三节　证券市场的行政监管 …………………… (205)

一、国务院行政法规 ………………………… (205)

二、证券监督管理委员会行政规章 ………… (206)

三、证券交易所业务规则 …………………… (210)

第四节　证券市场的自律监管 …………………… (211)

一、证券业协会简介 ………………………… (211)

二、证券业协会的职责 ……………………… (211)

三、证券从业行为规范和行为准则 ………… (212)

第十章　证券投资网上实训 ……………………… (214)

第一节　证券行情分析交易软件 ………………… (214)

一、分析交易软件简介 ……………………… (214)

二、分析交易软件的安装 …………………… (217)

目 录

三、分析交易软件的登录 ……………………… (217)

第二节 行情报价表 ……………………………… (218)

一、分析交易软件的窗口布局 ………………… (218)

二、行情报价表的基本操作 …………………… (220)

第三节 分时走势图 ……………………………… (223)

一、分时走势图的盘面简介 …………………… (223)

二、分时走势图的基本操作 …………………… (225)

第四节 K线走势图 ……………………………… (230)

一、K线走势图的盘面简介 …………………… (230)

二、K线走势图的基本操作 …………………… (231)

三、分析交易软件快捷键操作 ………………… (234)

第五节 证券基本资料操作 ……………………… (237)

一、公司概况 …………………………………… (237)

二、股东进出 …………………………………… (239)

三、成交回报 …………………………………… (240)

四、机构持仓 …………………………………… (241)

五、财务透视 …………………………………… (241)

六、股本分红 …………………………………… (242)

七、机构评级和新闻公告 ……………………… (242)

第六节 分析交易软件的分析技巧 ……………… (243)

一、价格分时线分析技巧 ……………………… (243)

二、量比分析技巧 ……………………………… (244)

三、成交大单分析技巧 ………………………… (245)

四、买盘和卖盘分析技巧 ……………………… (246)

五、内盘和外盘分析技巧 ……………………… (248)

六、技术指标选股技巧 ………………………… (249)

七、移动成本分布分析技巧 …………………… (251)

八、排名表分析技巧 …………………………… (256)

参考文献 ……………………………………………… (261)

7

第一章
证券投资导论

教学目的与要求：

通过本章的学习，使学生掌握证券的内涵，证券市场的构成要素，证券市场的分类，证券投资的功能；理解证券的类型和特征，证券投资与储蓄、实物投资、证券投机的区别，证券投资的过程及理念。

第一节　证券与证券投资

一、证券

（一）证券的概念

作为一种权益凭证，证券是商品经济发展到一定阶段的必然产物，并且随着社会经济关系的日益复杂化而逐步地发展。

从理论上讲，证券是一个外延很广的概念。以证券持有人或者第三者是否能够取得一定的收入作为划分标准，证券一般可以分为无价证券和有价证券两大类。无价证券又称凭证证券，是指证券本身不能使持有人或第三人取得一定收入的证券，如存款单、借据、收据等。有价证券是指标有票面金额，证明持有人有权取得一定收入，并可自由转让和买卖的所有权或债权凭证。广义的有价证券包括商品证券、货币证券和资本证券。

商品证券是证明持有人拥有商品所有权或使用权的有价凭证，如提货单、运货单、仓库栈单等。

货币证券是指本身能使持有人或第三者取得货币索取权的有价证券，主要指各种商业票据和银行票据，如汇票、本票和支票等。

资本证券是有价证券乃至证券的主要形式，所以又称狭义的证券，它是指由金融投资或与金融投资有直接联系的活动而产生的证券，它包括股票、债券、基金证券及其他衍生品种如金融期货、可转换证券等。

在日常生活中人们接触最多的就是这种作为证券投资对象的资本证券，所以有人也直接把它称为有价证券或者证券。而《中华人民共和国证券法》（以下简称《证券法》）中规定的证券也是指这种狭义的证券。作为证券投资的对象，如无特殊说明，本教材中所述的证券均指资本证券。

（二）证券的类型

在证券业日趋发达的今天，证券的种类繁多，并且新的证券品种还在不断出现，因此我们需要按照不同的标准对它们加以分类。

1. 按发行的主体不同划分

（1）政府证券。也称政府债券，是指政府为筹措财政资金或建设资金，凭借其信誉，采用信用方式，按照一定程序向投资者出具的一种债权债务凭证。主要包括国库券和公债两大类。一般国库券是由财政部发行，用以弥补财政收支不平衡；公债是指为筹集建设资金而发行的一种债券。有时也将两者统称为公债。

（2）金融证券。是指商业银行及非银行金融机构为筹措信贷资金而向投资者发行的承诺支付一定利息并到期偿还本金的一种有价证券，其主要指银行债券。

（3）公司（企业）证券。是指工商企业为筹集资金而发行的证券。随着现代资本市场的发展，它所包括的范围比较广泛，内容也较为复杂，其中主要有公司股票、各种债券及权证等。

2. 按是否在证券交易所挂牌交易划分

（1）上市证券。又称挂牌证券，是指经证券监督管理部门核准，并在证券交易所注册登记，获得在交易所内公开买卖资格的证券。为了保护投资者利益，证券交易所对申请上市的证券都有一定的要求，当上市证券不能满足证券交易所关于证券上市的条件时，交易所有权取消该公司证券挂牌上市的资格。如在我国上海和深圳交易所挂牌上市的各种股票、债券和权证等就必须遵守交易所的有关规定。

（2）非上市证券。又称非挂牌证券，是指未申请上市或不符合证券交易所挂牌交易条件、由公司（企业）自行发行或推销的证券。非上市证券不允许在证券交易所内交易，但可以在其他证券交易市场交易。一般说来，非上市证券的种类比上市证券的种类要多，如非上市公司股票、非上市国债等。

3. 按证券的发行方式和范围划分

（1）公募证券。又称公开发行证券，是指发行人通过中介机构向不特定的社会公众广泛地发售证券，所有合法的社会投资者都可以参加认购。为了保障广大投资者的利益，公募发行要求比较严格，如发行人要有较高的信用，必须经过严格的招募程序，如注册登记、公示等，而且公募证券一般都须通过投资银行、信托公司、证券商等中介机构发行。

（2）私募证券。又称不公开发行或内部发行证券，是指面向少数特定的投资人发行的证券。私募发行的对象大致有两类，一类是个人投资者，例如公司老股东或发行机构自己的员工；另一类是机构投资者，如大的金融机构或与发行人有密切往来关系的企业等。私募发行有确定的投资人，发行手续简单，可以节省发行时间和费用。私募发行的不足之处是投资者数量有限，流通性较差，而且也不利于提高发行人的社会信誉。

4. 按证券收益状况的不同划分

（1）固定收益证券。指在证券的票面上规定有固定收益率的证券，如债券、优先股等。

（2）变动收益证券。指证券的票面不标明固定的收益率，其收益情况随企业经营状况而变动的证券，如普通股股票是最典型的变动收益证券。一般来说，固定收益证券风险较小，但报酬较低；而变动收益证券风险较大，但报酬较高。

5. 根据证券上是否记名划分

（1）记名式证券。是指证券上明确记载了持有人的姓名或名称，在转让此种证券时，一般是采取背书方式进行，转让完成后还需变更记载股东名册或债券存根簿，如公司向发起人、国家授权投资的机构、法人发行的股票应为记名式股票。

（2）无记名式证券。是指所发行的证券上并不明确记载持有人的姓名或名称，仅需交付证券即可达成转让目的，故其转让较记名式证券更为简便，例如公司向社会公众发行的股票就可以采用无记名式股票。

（四）证券的特征

证券作为一种特殊的商品和资本，作为一种金融工具，有其自身的特点，其特点大致可以概括为以下四个方面：

1. 权益性

证券作为一种虚拟资本，本身并没有什么价值，但是它记载着持有人的财产权内容，代表着一定的财产权利。如凭借资本所有权，证券持有者可以取得对公司的相应控制权和收益索取权，获得相应的投资收益；凭借债权，证券持有者有权到期索回本金和利息，取得固定收益，在合法权益受到威胁时，有权依法要求法院强制债务人偿还或破产清算。证券是一种权益证明，权益性是证券的本质特征。

2. 风险性

证券的风险性表现在证券持有者所面临的预期投资收益不能实现甚至本金也会受到损失的一种可能性。如投资者可能因证券价格的下跌而亏损，也可能因证券发行者经营不善而得不到预期收益，甚至还可能因发行者的破产而蚀本。收益与风险的对称性是证券投资的重要特征，一般来说，高收益往往意味着高风险。

3. 流通性

流通性也称变现性，这体现在证券可以在证券市场上自由买卖和转让，使其具有商品性质。证券在证券市场被投资者购买后，当持券者认为必要时，可将所购得的证券出售，使其再次进入流通领域，并且这种买卖行为可以不断进行。

4. 机会性

机会性主要表现在证券交易价格的不断波动能够为投资者带来价差收益，即投机收益。证券的面值通常是固定的，但它的市场价格却受社会、政治、经济、投资者的心理等多种因素的影响而时刻处于波动状态，从而为投资者带来诸多投机机会。投机虽然使证券价格时刻处于波动之中，但是，它也是证券市场发挥资产定价功能的基本条件。证券市场中大量的投机者通过搜集那些价格被低估的证券，同时抛出那些价格被高估的证券，即所谓高抛低吸的投机活动，不断平衡着市场供求关系，促进了证券价格的合理回归。

二、证券投资

证券投资是现代经济活动中非常重要的经济行为，它是商品经济充分发育、信用制度高度发展的产物。证券投资虽然并不直接增加社会资本存量，但它作为一种信用活动，可以使社会上的闲置货币资金转化为长期投资资金，最终用于对实物资产的投资，所以证券投资是动员和再分配资金的重要渠道，是促进资本集聚和集中、再生产能力扩大的重要形式。而证券投资者也通过证券投资活动，间接地参与了社会资本的积累，分享到投资所带来的利息、股息等收益，所以证券投资是社会财富增值的一种方法。

（一）证券投资的含义

1. 证券投资的概念

顾名思义，证券投资就是投资于证券的行为。它一般是指投资者（法人或自然人）购买股票、债券、基金等有价证券以及这些有价证券的衍生品，以获取红利、利息及资本利得的投资行为和投资过程，是间接投资的一种重要形式。

2. 证券投资与实物投资的区别

证券投资和实物投资都属于广义的投资，但前者是金融投资，是间接投资的一种形式；而后者则属于直接投资。二者的区别表现在：

（1）对形成社会资本存量的作用不同。实物投资直接形成社会上资本存量的增加，而证券投资所形成的资金运动是建立在金融资产之上，金融资产又是一项虚拟资产，因而证券投资不一定会直接形成社会上资本存量的增加。当投资者购买首次发行的证券的时候，会直接增加社会上的资本存量，但当投资者在流通市场上从其他投资者手中购买股票的时候，就不会增加社会上的资本存量。

（2）两种投资所投出资金的流动性不同。实物投资中投出的资金主要以物质财富的形式存在，流动性较小；而证券投资投出的资金是以金融资产形式存在的，其流动性较大。

（3）价格的稳定性和风险程度不同。相对于实物投资来说，证券投资没有相应的实物作保证，而且受政治、经济、人为等各种因素的影响较大，所以具有价格不稳定、投资风险较大的特征。

（4）交易成本不同。随着证券交易电子化的日益发展，证券交易过程越来越快速简捷，交易成本较低；而实物投资中的交易大多还采用传统的交易工具和交易方式，交易成本较高。

3. 证券投资与储蓄的区别

证券投资和储蓄这两种行为在形式上均表现为：货币所有者将一定的资金交付给政府、公司或银行机构，并获取相应的利益，但两者在本质上是根本不同的。

（1）体现的信用关系不同。证券投资主要是以资本信用为基础，体现着政府、公司与投资者之间围绕证券投资行为而形成的权利义务关系；而储蓄则是一种银行信用，建立的是银行与储蓄者之间的借贷性债权债务关系。

（2）投资增值的效果不同。证券和储蓄都可以使货币增值，但货币增值的多少是不同的。证券中债券的票面利率通常要高于同期银行存款利率，股票投资者的收益来自于股份公司根据盈利情况派发的股息红利，这一收益可能很高，也可能根本没有，处于经常性的变动之中；而储蓄是通过实现货币的储蓄职能来获取货币的增值部分，即存款利息，这一回报率是银行事先约定的，不受银行经营状况的影响。

（3）风险不同。证券投资是一种风险性较高的投资方式，其投资回报率可能很高，但高收益伴随的必然是高风险；而储蓄的利息收入通常要低于证券的股息与红利收益，但它是可靠的，而且存款人也不必像买入证券后那样经常投入精力去关注市场价格的变动。

4. 证券投资与证券投机的区别

投资与投机好比两个兄弟，共生并存。证券市场既是投资的良好场所，也是投机的好地方。所谓证券投机是指人们基于对投资品未来价格趋势的判断而进行的短期内买卖证券从中赚取差价的套利行为。但这种行为，往往也会使投机者承担因实际价格的反方向走势而亏本的风险。在投资实务中很难把投资和投机二者严格地区分开来，但二者仍然存在一定的区别：

（1）证券交易的动机不同。证券投资看重的是长期的投资报酬，如股票的红利、债券的利息、衍生证券的保值功能等；而投机则着眼于证券交易的差价利得，谋取短期的收益。比如，某人购买一块土地来盖房子居住，可以认为是一个投资者，一个房地产商为了出售而盖房可能就是投机。前者从长远来看，直接从资产上受益，后者在未来相对比较短期内从别人的估价上受益。同时，某人购买证券是为了获得股利，此为投资；而有人认为证券受可能的利好消息短期会上涨，抓紧买进后卖掉可能就是投机。

（2）承担的风险不同。由于受交易动机的影响，相对来说，投资所包含的风险有限，未来收益确定而且本金比较安全，而投机包含着较大的风险。但鉴于未来的不确定性，所有的投入无论是投资还是投机都具有一定的风险，差别在于风险程度的大小。

（3）证券持有期限的不同。一般来说，投资者买进证券往往是着眼于长远利益，买进后就长期持有，而不被短期的获利所动摇；但是投机者就不同，他们热衷于快进快出，加快资金的周转，及时地从证券买卖中赚取差价。

（4）使用的分析方法不同。投资者一般善于使用基本分析方法，他们买进证券比较注重证券本身有没有价值和成长性；而投机者正好相反，他们根本就不注重证券本身有没有价值，只是关心当前证券价格会向哪一个方向变动，因此他们比较注重使用技术分析方法。

（5）对社会的影响不同。可以认为，投资行为对社会经济的发展有促进作用；而投机行为既有积极的正面作用也有消极的反面作用，其正面作用可以活跃市场，使交易价格具有连续性，但过分投机，将造成市场动荡，影响经济运行。

（二）证券投资的功能

随着社会经济生活的日益复杂化和社会化，证券投资已成为现代经济生活中最重要、最基本的投资形式之一。之所以如此，是因为它具有非常突出的功能：

1. 实现资产的价值增值

对于证券投资的行为主体来说，证券投资最重要的功能，就是能够实现价值增值。在一定时期内，社会上总是存在着大量未用于现期消费的闲置资金。为了避免资金的闲置浪费和价值贬值，资金的所有者就要为这些资金寻找增值的途径。在实际经济生活中，可供选择的方式有：银行储蓄、实物投资和证券投资等。银行储蓄利率相对来说较单一，且通常固定不变，由此其获利水平也有限，而当存在严重的通货膨胀时，实际利率甚至可能是负值，但储蓄收益一般比较稳定。对于实物投资来说，在许多情况下，前景乐观的投资项目并不多，而且许多经济主体特别是个人的闲置资金数目不大，这些分散、零星的闲置资金在缺乏有效集中机制的背景下，很难按规模经济的要求进行有价值的实物投资。而证券投资正好可以弥补这两种投资方式的不足，它可以在社会资金充裕，而储蓄收益不理想，且实物投资缺乏有吸引力的方向或不能被普遍采用时，为那些不能或不会自愿介入储蓄及实物投资领域的货币资金提供获利途径，以满足闲置货币资金的价值增值要求，从而使社会总收入水平有效提高。

2. 扩大社会融资

从经济增长与社会发展的宏观意义上说，证券投资最重要的功能之一，是它能起到扩大社会融资、促进经济增长的作用。在现代经济社会中，任何一个生产经营单位的正常运转，都会经常性地面临融资要求。如企业要求得生存与发展，就必须不断地扩大生产经营规模，拓展经营领域，提高竞争能力，这就需要不断地进行投资，而投资进行的前提是有效的、规模化的社会化融资。不仅是企业，即使是作为全社会组织者与管理者的国家包括各级政府，要有效地履行职能，也总是会面对巨大的资金需求，而这仅靠国家的常规性收入（税收）是不够的，由此也需要不断地向社会融资。社会化融资最重要、最有效的途径之一，就是在证券市场上发行有价证券。例如股份制企业在证券市场上发行公司股票和各种公司债券，各级政府在证券市场上发行各种公债等。而在证券市场上大规模发行有价证券的前提，是在这一市场上存在着大量的证券投资者，或者说是证券投资行为的普遍化。很显然，如果没有人作为原始证券的认购者，没有活跃的证券发行市场上的投资活动，有价证券的发行就无法实现；而且有价证券发行后还必须实现流通，否则就会使原始认购者面临巨大的持有风险，从而使发行活动难以维系，而这又要求存在大量的对已流通的有价证券的投资行为。换言之，没有相对普遍的、持续性的证券投资活动，就没有进行持续性证券发行这类社会融资活动的基础条件。因此尽管证券投资者的行为本身只是为了追逐个体的获利目标，客观上却起着支撑社会融资的重要作用。

3. 优化资源配置，稳定经济运行

证券投资作为一种经济活动，本身也是一种资金运动过程。一方面，在一定时期内，当社会上存在的闲置资金缺乏投资方向时，常常会转化为消费资金，而在经济具有短缺特征或存在结构性供给不足时，便会构成某种程度的消费压力，甚至导致通货膨胀的加剧；而通过证券市场引导这部分资金进行证券投资，则可以有效地缓解消费需求压力。此外，证券投资对社会融资的支撑作用不仅体现在扩大融资数量上，也体现在通过这种公众选择过程促进优化融资结构上。很简单，以股票投资为例，理性的证券投资者总是会追逐那些内在品质优良的公司发行的股票，而这些公司之所以业绩优良，首先是因为它们的生产经营活动符合社会需求。一个生产经营内容不为社会所需要的企业，当然不可能获得良好的经营效果。而当投资者普遍将资金投向这些优良的企业时，其结果必然有助于扩大产业规模，改善产业结构，从而大大提高社会供给能力，释放供给不足或结构扭曲对社会经济正常运行造成的压力。正是从这个意义上说，健康的证券投资活动有助于充分发挥证券市场在资源配置方面的积极功能。另一方面，在市场需求相对不足，失业率提高，经济出现衰退，同时人们储蓄意识过强时，通过证券投资，并采取某些政策保护投资者，活跃证券市场上的投资交易活动，则既可以使社会储蓄向投资转化的比例大幅度提高，直接带动投资需求，增加就业机会，又可以使投资者在证券市场上的获利水平提高，并使这种获利部分地转化为可用于消费的现实支出，从而在某种程度上扩张消费需求，最终起到缓解投资、消费需求不足的作用。

4. 传递经济信息

证券投资活动的广泛进行还可以有效地增加经济信息供给渠道，扩大经济信息流，并加速经济信息的传递。证券投资的复杂性，客观上会强化这一过程对各种相关信息的依赖程度。从某种意义上说，证券投资过程就是一个不断处理各类经济信息的过程，这一特征决定了围绕证券投资而逐步形成的经济信息系统必须格外发达，信息流量极为庞大，信息内容十分全面和深入，信息流动的速度也格外快捷。而利用和处理好证券投资过程中集中传递的这些经济信息，将有助于人们对企业、行业、部门、市场乃至整个国民经济的发展态势进行及时、准确的估价与判断，进而为各类经济主体包括政府进行决策提供重要的依据。

证券投资中所传递的信息，主要来自证券市场。而在证券市场上流动的信息中，最有价值的信息是上市公司等企业及其所代表的国民经济各部门的经营信息，以及证券市场交易信息。以证券交易所为例，按照证券市场交易"公平、公开、公正"原则的要求，在证券交易所挂牌交易其证券的所有公司，都必须及时披露其重要的经营信息，如公司的中期和年度财务数据，公司的重要投资与生产经营信息等；而由于上市公司基本上都是各行各业最有代表性的企业，因而对众多上市公司的生产经营信息进行分析，就能够使人们对国民经济各部门的发展现状与趋势作出较为准确可靠的判断。同时，在证券投资过程中，各种交易信息的发布十分频繁，这些随时传递和变化着的交易信息本身就在一定程度上指示着经济运行情况。比如股票价格指数的升跌、证券交易数量的增减等，无不反映着经济运行的景气程度，反映着不同部门的发展态势，不同企业、行业的投资价值，体现着人们对未来经济运行前景信心的强弱；而在证券投资过程中人们在追逐投资对象上体现出的差别，作为一个公众选择过程，本身也反映着经济体系中不同局部的发展态势。总之，证券投资过程需要且必然产生其他经济过程难以比拟的、巨大而迅捷的信息流。

第二节　证券市场

在当前金融市场体系中，证券市场已经成为其中一个重要的组成部分，它不但能反映和调节资本的运动，而且对整个经济的运行也具有重要的作用。

一、证券市场的含义

证券市场是股票、债券、基金单位等有价证券及其衍生产品（如期货、期权）发行和交易的场所以及与此相联系的组织与管理体系的总称。它作为资本市场的基础和主体，通常包括证券发行市场和证券流通市场。在发达的市场经济国家，证券市场处于极其重要的地位。与一般商品市场相比，证券市场具有以下一些明显的特征：

（一）交易对象是股票、债券等金融商品

人们购买证券的主要目的是为了获得股息、利息和买卖证券的差价收入；而一般商品市场的交易对象是各种实物商品，人们购买商品的目的是获得其使用价值。

（二）流动性比商品市场要高得多

证券持有者可以随时转让证券。一般而言，证券市场越发达，交易规模越大，投资者越多，其流动性也越强。

（三）证券价格的实质是对所有权让渡的市场评估

证券价格的实质也可以说是预期收益的市场货币价格决定机制比较复杂，与市场利率关系密切，且受到发行人的资产、盈利能力的影响，还受到政治、经济，甚至投资者心理等因素的影响；一般商品市场的商品价格，其实质则是商品价值的货币表现，商品的价值量取决于生产该商品的社会必要劳动时间。

（四）风险较大，影响因素复杂

证券市场具有波动性和不可预测性；而一般商品市场的风险较小，实行的是等价交换原则，波动较小，市场前景具有较大的可测性。

二、证券市场的产生与发展

证券市场形成于自由资本主义时期，股份公司的产生和信用制度的深化，是证券市场形成的基础。

在资本主义发展初期的原始积累阶段，16世纪的西欧就已有了证券交易。当时的里昂、安特卫普已经有了证券交易所。最早在证券交易所进行交易的是国家债券。此后随着资本主义经济的发展，所有权与经营权相分离的生产经营方式的出现，使股票、公司债券及不动产抵押债券依次进入有价证券交易的行列。进入20世纪，随着资本主义从自由竞争阶段过渡到垄断阶段，债券市场也以其独特的形式适应着资本主义经济发展的需要，在有效地促进资本积累和资本集中的同时，也使自身获得巨大发展。在这个时期，由于虚拟资本大量膨胀，整个债券业处于高速发展阶段，有价证券的发行总额剧增。1929—1933年，资本主义世界发生了严重的经济危机，危机的前兆就表现为股市的暴跌，随之而来的大萧条使证券市场受到严重影响。

第二次世界大战爆发后，虽然各交战国由于战争需要发行了大量公债，但就整个证券市场而言，仍然处于不景气之中。第二次世界大战结束后，随着欧美和日本经济的恢复和发展，世界各国的经济不断增长，大大地促进了证券市场的复苏与发展。20世纪70年代特别是90年代后，证券市场出现了高度繁荣的局面，证券市场的规模不断扩大，证券的交易也越来越活跃，并出现了一些引人注目的新特点：

（一）金融证券化

证券在金融市场当中的比重逐渐增大，地位也变得越来越重要。它突出地表现为通过证券直接融资的比重大幅增加。

（二）证券工具和业务内容的多样化

主要表现为证券品种的多样化，如出现了浮动利率债券、指数证券、期权交易等。

（三）证券交易的现代化与信息化

目前世界上主要的金融中心都普遍采用电脑、卫星通讯和电脑网络相联系，手工操作基本上由现代化手段代替。现代化手段的普及，大大提高了证券交易的范围、数量、速度和准确性。

（四）投资主体机构化

从广义上讲，机构投资者是指个人以外的各种组织。随着机构投资者在证券市场上的影响力日益增强，投资主体的机构化已成为当今证券市场一个不可逆转的发展趋势。

（五）证券市场的国际化

当前证券市场趋于全球化交易，世界各大金融中心的全球化交易网络，形成了一个世界证券市场体系。

三、证券市场的构成要素

证券市场主要由发行人、投资者、金融工具、交易场所、中介机构以及监管机构和自律组织这些要素所构成。

（一）发行人

证券发行人是证券市场上的资金需求者和证券的供给者，它们通过发行股票、债券等各类证券，在市场上募集资金。证券发行人包括企业、金融机构、政府部门和其他经济组织。

1. 企业

企业通过发行股票可以补充公司的资本金，改善公司的资本结构。与申请短期银行贷款相比，发行股票所募集的资金成为企业的资产，可以用来支持固定资产投资规模较大的长期投资。所以作为企业负债的银行贷款可以补充企业流动资金的不足，而发行股票是补充长期资金不足的一条重要的途径。同时企业还可以发行债券来筹措资金。

2. 政府部门

政府部门也是主要的资金需要者和证券发行者。为弥补财政赤字、投资大型工程项目、实施宏观调控，政府会在证券市场上发行政府债券。政府债券有中央政府债券和地方政府债券之分，中央政府所发行的债券又被称为国债。按照我国现行规定，地方政府可以发行以中央政府为担保的地方政府债券。国债发行以国家信誉和国家征税能力作为保证，通常不存在信用风险，具有很高的投资安全性，所以被称为"金边债券"。

3. 金融机构

金融机构主要是证券市场与资金的中间需求者，而不是资金的最终需求者，它们筹资的目的主要是为了向其他资金需求者提供资金。金融机构通过发行金融债券等证券筹集资金，然后通过贷款、投资等形式把这部分资金运用出去以获取收益。

（二）投资者

证券投资者是证券市场上的资金供给者，也是金融工具的需求者和购买者。众多投资者的存在和参与，构成了证券发行和交易的市场基础。

按照证券投资主体的性质，可以把投资者分为个人投资者和机构投资者。个人投资者是指从事证券买卖的居民。机构投资者是指从事证券买卖的法人单位，主要有非金融企业、金融机构和政府部门等。

（三）金融工具

金融工具是指证券市场上的融资工具和交易品种，证券市场的活动实质上就是发行和买卖有关金融工具。在证券市场上流通的金融工具主要有股票、债券和基金等。

（四）交易场所

证券交易场所有集中交易市场和分散交易市场两种形式。在前者进行的证券买卖活动，称为场内交易；在后者进行的证券买卖活动，统称为场外交易。

（五）中介机构

证券中介机构主要是证券经营机构，另外还包括会计师事务所、资产评估机构、律师事务所、证券评级机构、投资咨询公司、证券信息传播机构等等。

（六）监管机构和自律组织

监管机构和自律组织是证券市场的特殊要素，其职责是根据证券法规和行业规定，对证券发行、交易活动及市场参与者行为实施监督和管理，以保护投资者的利益，促进证券市场和社会经济的健康发展。

根据证券市场监管模式的不同，政府监管在各个国家有着不同的形式。例如，有些国家通过立法成立专门的独立机构，负责证券市场监管，如美国的证券交易委员会（Securities and Exchange Commission，SEC）；也有些国家以财政部为主体行使监管职责。我国证券市场进行监管的机构，主要是中国证券监督管理委员会。

自律组织一般包括证券交易所、证券商协会等各种行业性组织，这些组织根据行业规定，实施自我监管，以确保市场公平，确保成员遵纪守法。我国证券行业的自律性组织主要有上海证券交易所、深圳证券交易所和中国证券业协会。

四、证券市场的分类

证券市场是筹集和分配社会资金的重要渠道，按照不同的标准，可以对证券市场进行不同的分类。

（一）按照市场的职能划分

1. 证券发行市场

证券发行市场又称一级市场或初级市场，是证券发行者为扩充经营，按照一定的法律和发行程序向投资者出售新证券所形成的市场。发行市场是实现资本职能转化的场所，通过发行股票、债券等，把社会闲散资金转化为生产资本。

2. 证券流通市场

证券流通市场又称二级市场或次级市场，它是已发行证券进行交易的场所。证券经过发行市场后，拥有证券的投资者向其他投资者转让证券并且不断地在投资者之间进行证券买卖，于是产生证券的流通市场。证券流通市场一方面为股票持有者提供随时变现的机会，另一方面又为新的投资者提供投资机会。

证券的发行市场和流通市场存在着密切的联系。发行市场是流通市场存在的基础和前提，发行市场的规模决定了流通市场的规模，影响着流通市场的成交价格；而流通市场又是发行市场得以存在和发展的条件，流通市场的交易规模和成交价格，又决定或影响着发行市场的规模、发行价格和时机等。因此发行市场和流通市场是相互依存、互为补充的整体。

（二）按照交易的对象划分

1. 股票市场

股票市场是发行和买卖股票的市场，属于长期资本市场。股票市场可分为发行市场（一级市场）和流通市场（二级市场），二者在职能上是互补的。现阶段我国的公司发行股票必须得到证券监管机构的批准，新设立的股份公司发行股票可直接到发行市场销售，也可委托有资格的证券经营机构办理。如果是老公司增资发行股票，一般先向原股东招股，然后才向市场销售。

2. 债券市场

债券市场是发行和买卖债券的市场，债券市场也分为发行（一级）市场和流通（二级）市场，二者也是紧密联系、相互依存、相互作用的。债券一级市场是新债券的发行市场。政府、银行以及工商企业等为筹集资金向社会发行债券，发行对象一般为企业、团体和个人投资者。二级市场是债券买卖的场所，即债券流通市场。债券二级市场的交易活动可提高债券的流动性和变现能力，可以推动各类新债券的发行，活跃债券市场。

3. 基金市场

基金市场是基金发行和流通的市场。由于投资基金是一种利益共享、风险共担的集合投资方式，它通过发行基金，集中投资者的资金，交由基金托管人托管，由基金管理人管理，主要从事股票、债券等金融工具的投资。因此在证券市场上，基金作为一种投资工具，可以自由买卖和转让，从而也就形成了投资基金的流通市场。封闭式基金在证券交易所挂牌交易，开放式基金只能卖回给基金管理公司。

（三）按照证券市场的组织形式划分

1. 场内交易市场

场内交易市场也称交易所交易市场，是由证券交易所组织集中交易的市场，是证券流通市场的核心。交易所交易必须根据国家有关法律规定，有组织地、规范地进行证券买卖。证券交易所交易一般具有集中、固定的交易场所和严格的交易时间，证券交易以公开的方式进行；交易对象限定为符合特定标准在交易所上市的证券；交易者为具备一定资格的会员证券公司及特定的经纪人和证券商；证券交易所具有严密的组织、严格的管理，坚持"公开、公平、公正"的原则。此外交易所还提供各项服务，为投资者提供有参考价值的信息。交易所交易作为证券流通市场的中心，起着重要作用。

2. 场外交易市场

场外交易市场是场内交易市场的补充，通常是指柜台市场（店头市场）、第三市场以及第四市场，它是指在证券交易所形式之外的证券交易市场。场外交易市场往往是一种分散的、无形的市场，没有集中的交易场所。它是通过遍布于各地的电话、电传、电脑网络等连接起来，交易时间也比较灵活；它的交易对象众多，既包括大量未上市证券，也包括一部分上市证券，证券投资者可委托证券经纪商进行买卖，也可直接同经纪商进行交易；它的证券交易管理规则比较宽松，但也必须在证券监管机构监督下进行。

五、我国的证券市场

我国的证券市场在新中国成立前就已经出现，新中国成立后不久，因为种种原因，证券市场被关闭了。进入20世纪80年代以后，伴随着改革开放及其后的社会主义市场经济体制的逐步建立，证券市场作为市场经济所特有的经济范畴在我国又重新兴起。特别是进入21世纪以后，随着经济的持续高速发展，中国的证券市场正向着真正现代化、国际化的证券市场方向发展。

（一）改革开放后我国证券市场发展的四个阶段

1. 20世纪80年代的起步阶段（1981—1991年）

从1981年我国恢复了国库券发行工作，并采用行政分配的发行方式开始，我国证券市场拉开了发展的序幕。1982 年 1 月，中国国际信托投资公司以私募方式在日本东京发行了 100 亿日元的日本武士债券，标志着我国开始进入国际证券市场。1983 年 7 月，中国出现了第一只股票，即深圳宝安县联合投资公司作为第一家股份制企业在深圳首次发行的股份证；1984 年 9 月，北京天桥股份有限公司成立并首次面向社会发行股票；1985 年 1 月，上海爱使电子设备公司成立，发行股票 30 万元，这是首次出现的规范化股票；同月，上海延中实业公司成立并全部以股票形式向社会筹资；1987 年 5 月，深圳发展银行首次以公募方式发行股票 79.5 万股。随着越来越多的股份制企业向社会公开发行股票，股票发行在发行设计、发行方式、承销方式和市场管理方面都有了很大进步，股票发行市场开始向规范化方向发展。1986 年 9 月，经上海市人民银行批准，中国工商银行上海信托投资公司静安业务部开办代理股票买卖业务。与此同时，全国各地逐步建立了 30 多家证券公司，有近 400 家信托投资公司在证券市场上设立了证券交易柜台，从事证券业务的中介机构已形成专营、兼营、代理三个层次，证券交易品种以债券为主。1990 年 3 月，国务院确定上海、深圳作为股份制改革和公开发行股票的试点城市，使我国的两个区域性证券市场逐步形成。

1990 年 12 月 19 日上海证券交易所成立，1991 年 7 月 3 日深圳证券交易所成立，这两家交易所的成立是中国证券市场发展历程中的一个重要里程碑，它标志着证券交易由场外分散交易阶段进入场内集中交易阶段。1990 年 12 月 5 日，我国第一个全国性的证券交易自动报价系统投入运行，使投资者可以通过电脑同步交易网络参与沪深两地的交易，证券交易品种也由过去的以债券为主转为以股票为主。在这一时期，我国证券市场规模较小，交易也相对清淡，但已呈现出良好的发展态势。

2. 20 世纪 90 年代的迅速发展阶段（1992—1998 年）

党的十四大明确指出建立社会主义市场经济体制，企业将被推向市场，参与竞争，这为股份制企业和证券市场的发展提供了政策支持并奠定了必要的基础。以此为契机，中国证券市场进入了一个迅猛发展的阶段。

这一时期股票的一级市场发行规模不断变化，总的趋势是稳中有升；发行方式从"申购抽签"到"存款预缴、比例配售"、"上网竞价"和"上网定价"，发行方式不断改进；股票发行种类从 A 股、B 股到 H 股、N 股和美国股票存托凭证（American Depositary Receipt，ADR），逐渐丰富；发行市场走向国际化。二级市场也发展迅速，1992—1998 年，深圳、上海股票交易所的上市公司市价总值从 1 648 亿元增加到 19 506 元，短短 7 年增加了 12 倍。两市上市公司总数达 851 家，总股本达 2 345 亿股，筹资总额达 3 557.98 亿元。

投资基金发行市场重现生机。随着我国《证券投资基金管理暂行办法》正式出台，1998 年，金泰、开元、兴华、安信、裕阳和普惠等六家大型证券投资基金先后发行上市，总规模 120 亿元。

可转换公司债券再次推出。南宁化工 1.5 亿元可转换公司债券和吴中丝绸 2 亿元可转换公司债券分别在上交所和深交所发行。这次可转换公司债的再次推出，吸取了 20 世纪 90 年代一些可转换公司债券的教训，在可转换公司债券的设计等方面有了符合中国特色的创意。从此我国证券市场在股票、投资基金、国债、企业债、金融债之外又增加了一个崭新的品种。

国债发行大幅增长，二级市场交易活跃。1991—1998 年间，债券发行额累计达

17 737 亿元。到 1998 年底债券余额为 12 937 亿元，是 1990 年的 10 倍。其中国债市场的发展尤为引人注目：1991 年国库券发行一改过去的行政摊销为市场推销，标志着中国债券进入了以市场手段发行为主的新阶段。1992 年下半年和 1993 年，行政发行方式虽因种种原因被重新采用，但在市场情况好转之后随即退出。1994 年再度全面实行承销制，1995 年开始试行招标制，1996 年招标制与承销制相配合，成功发行了近 2 000 亿元的国债，1997 年共发行 2 400 余亿元国债，1998 年为配合国家启动的经济宏观政策，先后发行了 3 800 余亿元国债。

政策性金融债券开始市场化发行。政策性金融债券从 1998 年三季度开始市场化发行，发行范围由原来的商业银行扩大到保险公司和商业银行。全年共发行政策性金融债券 1 950.2 亿元，比 1997 年增加 514.5 亿元，增长 35.8%。年末政策性金融债券余额达 5 121.1 元，增长 46.65%。此外 1998 年还发行了特别金融债券 9 亿元，企业债券（含短期融资券）146.9 亿元。

中介机构稳步发展。1998 年底，证券公司已有 90 家，兼营证券业务的信托公司 237 家，从事证券业的会计师事务所 103 家，律师事务所 322 家，资产评估机构 116 家，证券评级机构 2 家。

但我国证券市场的发展并不是一帆风顺的。股市几次出现了大幅波动并造成了重大影响。究其原因，中国证券市场仍然是一个新兴的不成熟的市场，调控监管手段落后，缺少成熟的机构投资者，广大中小投资者的风险意识薄弱。

3. 21 世纪初的规范发展阶段（1999—2005 年）

1999 年对于中国证券市场来说是不平凡的一年，以 1999 年 7 月 1 日证券市场的根本大法《证券法》实施为标志，中国投资者迎来了证券市场规范发展的新阶段。

1998 年国务院正式明确以中国证监会为全国证券期货市场的主管部门。这样，一方面地方政府对地方证券管理机构的领导权上交给了证监会，从而实现了对证券市场的垂直管理；另一方面，中国人民银行对证券机构的设立审批职能也移交给了证监会，从而实现了对证券市场的集中管理。证券管理体制实现了由分散、条块向集中、统一过渡的重大突破，这有利于证券市场的规范和健康发展，对于有效防范和化解风险具有重要意义。

作为我国证券市场主管机关的中国证监会依据《证券法》，加大了对证券市场的监管力度，把地方证券管理机构划归中国证监会，作为其派出机构，大大减少了地方本位主义的干扰；取消了股票发行的额度管理制度，股票发行审批制改为核准制；加大了对上市公司信息披露的制度建设和监管力度。同时在证券市场建设方面，开放式基金、中小企业板市场、股票指数期货等即将陆续推出，我国证券市场呈现出规范发展的良好势头。

4. 股权分置改革及后股权分置改革阶段（2005 年至今）

股权分置改革之前，中国股市三分之二的股票属于国有股和法人股，不能上市流通，股权分置使产权关系无法理顺、企业结构治理根本无法进行和有效，企业管理决策更无法实现民主化、科学化，"内部人控制" 在所难免，甚至成为对外开放、企业产权改革和经济体制改革深化的最大障碍。经国务院批准，中国证监会在 2005 年 4 月 29 日发布《关于上市公司股权分置改革试点有关问题的通知》，股权分置改革试点工作正式启动。国家开始着手解决股权分置这一困扰市场长期发展的重大制度问题，从根本上推动证券市场的彻底变革。在 2005—2009 年，绝大多数公司推出以暂不流通股股东支付对价给流通股股东购买"流通权"为主导内容的改革方案。截至 2012 年底，未进行股权分置改革的上市公司已不足 10 家，流通市值占总市值的比重不到 1%，改革取得了成功。

股权分置改革推出后，中国股市开始回暖，为了促进中国证券市场的发展，中国工商银行、中国平安、中国石油等大盘股陆续发行上市，权证市场得到发展，基金规模进一步扩大，基金产品不断创新，股票期货正在积极筹备，创业板顺利推出，中国资本市场的层次得以丰富，证券市场迎来了新的发展阶段。

（二）我国证券市场的组织体系

目前，我国证券市场形成了以沪深交易所、全国银行间债券市场和三板市场为中心，由证券公司、商业银行、信用社、保险公司等金融机构参与的组织体系。

上海证券交易所和深圳证券交易所是我国目前仅有的两家证券交易所，在我国经济体制改革和金融体制改革的大潮中脱颖而出，为全国瞩目。上海证券交易所是我国实行经济体制改革以来创办的第一家证券交易所，它于 1990 年 11 月 26 日经中国人民银行批准正式宣告成立，并于同年 12 月 19 日正式开张营业，目前上海证券交易所主要进行大盘股的发行和交易。深圳证券交易所是继上交所后我国创办的第二家现代证券交易所，1991 年 7 月 3 日经中国人民银行批准正式营业，主要开展中小盘和创业板股票的发行和交易。

全国银行间债券市场成立于 1997 年 6 月 6 日，是依托于中国外汇交易中心、全国银行间同业拆借中心和中央国债登记结算公司，商业银行、农村信用联社、保险公司、证券公司等金融机构进行债券买卖和回购的市场。其主要职能是：提供银行间外汇交易、人民币同业拆借、债券交易系统并组织市场交易；办理外汇交易的资金清算、交割；负责人民币同业拆借及债券交易的清算监督；提供网上票据报价系统；提供外汇市场、债券市场和货币市场的信息服务等。该市场目前已成为我国债券市场的主体部分。记账式国债的大部分、政策性金融债券都在该市场发行并上市交易。中央国债登记结算有限责任公司为市场参与者提供债券托管、结算和信息服务，全国银行间同业拆借中心为市场参与者的报价、交易提供中介及信息服务。

在我国，三板市场有新旧之分，代办股份转让市场就是俗称的"旧三板"市场，是证券公司以其自有或租用的业务设施，为非上市股份公司提供股份转让服务的场所。为妥善解决原全国证券交易自动报价系统（Securities Trading Automated Quotations System, STAQ）、全国电子交易系统（National Electronic Trading System, NET）挂牌公司流通股的转让问题，2001 年 6 月 12 日经中国证监会批准，中国证券业协会发布《证券公司代办股份转让服务业务试点办法》，代办股份转让工作正式启动，同年 7 月 16 日第一家股份转让公司挂牌。为解决退市公司股份转让问题，2002 年 8 月 29 日起退市公司纳入代办股份转让试点范围。目前代办股份转让试点范围包括原 STAQ、NET 系统挂牌公司和沪、深证券交易所的退市公司以及在 2006 年 1 月进入代办转让系统的中关村科技园区的非上市股份有限公司。而"新三板"市场特指中关村科技园区非上市股份有限公司进入代办股份系统进行转让试点，因为挂牌企业均为高科技企业而不同于原转让系统内的退市企业及原 STAQ、NET 系统挂牌公司，故形象地称为"新三板"。"新三板"市场在交易制度方面与"旧三板"市场略有区别。

（三）我国证券市场的主要分类

1. 主板市场

主板市场是指为规模较大、成立时间较长，也具有一定赢利纪录的公司提供融资的市场。我国的主板市场一般是指在沪、深交易所上市的公司筹集资金的市场，其中按创业板标准要求上市的公司板块除外。我国证券市场从 1990 年 12 月 19 日和 1991 年 7 月 3 日上海证券交易所和深圳证券交易所分别设立以来，一直担当着为国有企业改制、融资服务的功能。截至 2011 年底，主板（含 B 股公司）上市公司达到 2 100 家，其中中小企业板上市公司达到 646 家。

2. 二板市场

二板市场又称创业板市场、第二交易系统，是与现有证券市场即主板市场相对应、面向中小企业的证券市场。在美国纳斯达克（NASDAQ）市场成功运作的示范下，二板市场已经成为全球资本市场发展的一个亮点。从它们的实践看，与主板市场相比，具有上市标准低、风险高和监管严格的特点。我国的创业板市场在 2009 年确立，创业板的股票也在沪深交易所进行交易，属于场内交易的范围。二板市场不仅是中小企业的融资市场和孵化器，还是高科技企业的摇篮。其主要功能是为中小创新企业提供融资服务。二板市场为中小企业的可持续发展提供了资金支持，它从风险投资者手中接过接力棒，促进企业发展壮大，发挥创新企业"孵化器"的角色；为风险投资提供退出渠道。通过二板市场，风险投资企业向社会公开发行股票，风险投资者可以得到增值数倍的资本回报，创业人员也会得到较高报酬；有助于完善资本市场体系在金融业发达的国家和地区，作为实体经济的支持体系，资本市场体现出适应不同资本需求的多层次性。二板市场的设立旨在增加资本市场层次，以调整和完善资本市场结构。

3. 三板市场

从发展较为成熟的资本市场来看，三板市场是多层次资本市场的重要组成部分，与主板和二板共同满足不同企业的融资需求。三板市场是指主板、二板以外满足更低层次公司融资或交易的市场。代办股份转让是独立于证券交易所之外的一个系统，投资者在进行股份委托转让前，需要开立非上市股份有限公司股份转让账户。

4. 中小企业板

中小企业板是在深圳证券交易所主板市场中设立的一个运行独立、监察独立、代码独立、指数独立的板块，是主板市场的组成部分。中小企业板块运行所遵循的法律法规和部门规章与主板市场相同，中小企业板的交易由独立于主板市场交易的第二交易系统承担，深圳交易所建立独立的监察系统实施对中小企业板块的实时监控，该系统将针对中小企业板块的交易和风险特征设置独立的监控指标和报警阈值，中小企业板块股票作为一个整体，使用与主板市场不同的股票编码，中小企业板块在上市股票达到一定数量后发布该板块独立的指数。

我国的证券市场经过十几年的发展，取得了巨大的成绩，在整个经济中的地位越来越重要。但同时也存在着一些亟待解决的问题，这主要体现在中国证券市场的投机性问题，证券市场的规范化问题（上市公司的行为规范、投资者的行为规范、证券中介服务机构的规范、政府行为的规范等），中小投资者的利益保护问题。如何看待和解决这些问题，对中国证券市场今后的发展至关重要。

第三节　证券投资过程及理念

一、证券投资的过程

证券投资是一系列经济活动的综合反映，它必然是一个按步骤、依顺序而进行的有规律的运行过程。一般来说，证券投资的运行过程有以下五个主要环节：

（一）筹措投资资金

投资的先决条件是筹措一笔投资资金，其数额的多少与如何进行投资、投资对象的选择有很大关系。虽然各类投资主体所掌握的资金性质和数量并不相同，但对于大多数投资者来说，用于证券投资的资金必须具备两个条件：一是只能来源于各自收入超出支出的盈余部分，或合法筹措的款项；二是对这部分自己掌管的资金能自主支配。就个人投资者而言，应根据收入情况，以闲置结余资金进行证券投资，避免信贷。

（二）明确自己对收益和风险的态度

收益和风险是形影相随的，收益以风险为代价，风险用收益作补偿。投资者应根据自己的年龄、性格、心理素质、家庭情况、财力情况等条件确定自己对风险的态度。投资者对风险的态度，可分为风险喜好型、风险厌恶型、风险中性型，投资者应先衡量自己能承受多大的风险，然后决定投入多少资金，以及选择何种投资对象。

（三）全面掌握投资信息

一方面是要广泛了解各种可作为投资对象的金融资产特征，特别是它的预期收益以及风险水平。投资对象的种类很多，其性质、期限、有无担保、收益高低、支付情况、风险大小及包含内容各不相同，在全面了解后，才能正确选择。另一方面，证券交易大都通过证券经纪商进行，所以要进一步了解证券市场的组织和机制、经纪商的职能和作用、买卖证券的程序和手续、管理证券交易的法律条例、证券的交易方式和费用等，否则无法进行交易或会蒙受不应有的损失。因此投资者可广泛搜集资料，利用各种金融报刊、证券价格指数以及借助投资管理专家的指导，来进行分析判断。

（四）选准投资对象和入市时机

投资者对证券市场情况有了全面了解后，在确定购买何种证券之前，还要对证券的真实价值、上市价格以及价格涨跌趋势进行深入分析，才能确定购买何种证券以及买卖的时机，其目的就是要选准投资对象。证券的质量决定于真实价值，价值表现为市场价格，但市场价格受多种因素影响经常变动，并不完全反映其真实价值。因此，需要做深入细致的分析，才能做出正确选择。通过分析，不仅在于研究购买的证券有无投资价值，选准投资对象，而且还在于预测价格走势，选准投资对象的入市时机，然后设计自己的投资方案。

（五）进行投资决策和管理

投资者要按照自己所拟定的投资目标，针对本身对收益和风险的衡量，考虑到今后对现金的需要和用途以及未来的经济环境和本身财务状况等，做出判断和决策。选择合适的证券，并决定各种证券占多大比重，分散程度应限于多少证券数量的范围之内，才能构成最有效的搭配，使其在一定收益水平上风险最小，或风险一定时收益最高。选择了适当的金融资产，构筑了适合于自己的收益—风险偏好的投资组合后，还要进行严密的管理。因为证券市场变幻莫测，要针对市场变动情况，随时调整组合的种类和比例结构，以保持组合应有的功效，使投资目标不致落空。

二、证券投资的理念

所谓证券投资理念，简而言之就是投资者进行证券投资的指导思想，它往往是投资者长期理论与实践的总结。证券投资理念发源于最具创新活力、最发达的美国证券市场。20 世纪的大部分时期，基本分析学派就已经成为发达国家成熟股市投资理念的主流。某种投资理念的形成和发展是与特定时期经济发展水平、市场运行特征和投资者结构等状况相适应的。在证券市场发展的不同时间段会产生不同的投资理念，即使同样的投资理念，对不同的投资者也会产生不同的作用，因此孤立地评价投资理念势必缺乏现实指导意义。

（一）我国股市投资理念的演变

我国股市的发展从 1990 年年底的沪深证交所成立为开端，处于"摸着石头过河"的境况。1996 年以前，基本上是一个袖珍股市，沪、深两地的本地股占很大比重，供求关系严重失衡，一些超级大户联手在市场上翻云覆雨，股指波动极大。我国很早就有概念股流行，如"三无概念"股、"浦东概念"等地域概念股，还有与当时房地产热相联系的房地产股，其共同的投资理念取向是高送配偏好，于 1993 年 2 月到达高峰。而"三无概念"股的高送配一直持续到 1994 年，在大盘弱势的情况下，仍受到投资者的追捧，"爱使股份"的市盈率一度高达 2 000 多倍。此时的公司股价与其基本面完全脱节，股价的涨跌仅仅是筹码的集中和分散的过程，公司之间的股价比较除了控盘程度外，没有任何标准可循。少数庄家利用信息和资金的优势在股市上兴风作浪、游刃有余，而散户则四处打探消息和凭借技术分析期望能与庄共舞。从台湾股市移植过来的技术分析方法大行其道，立足于行业与公司分析的基础分析仅为少数有先见之明的券商采用。

1994 年下半年，高送配题材炒作基本结束。但投资者高风险偏好的投资理念并没有改变，国债期货正好迎合了他们的需求。许多股市投资者将资金转向期货市场，造成了国债期货和商品期货的短暂繁荣。1995 年国债期货在"3·27"事件后停止交易，商品期货市场在整顿中萎缩，结束了中国资本市场第一次全民投资高潮。

1996—1997 年以深发展和四川长虹为代表的绩优高成长股引领的大行情，使崇尚绩优蓝筹股的投资理念在当时深入人心。在券商为主的机构大资金推动下，股市趋向价值型投资理念，股市开始认同以市盈率为标准的相对价值法定价和风险衡量体系。与此同时以深科技为代表的科技股和以国嘉实业为代表的重组股开始崭露头角。

1998 年绩优股股价从高位慢慢滑落，使股市对绩优股的信心动摇，而小市值重组概念股则成为主力机构和一般投资者追逐的热点。由于小盘股流通市值小，股本扩张潜力大，业绩易包装，多重组为科技股以吸引市场关注。尽管 1998 年大盘表现不佳，波幅是前几年最小的，但一些重组股的涨幅不亚于 1997 年的大牛股。

1999 年的"5·19"行情中以中兴通讯、长城电脑为代表的绩优科技股表现不俗，但 1999 年涨幅最大的却是那些经重组而变成科技股的如南开戈德、科利华等。高科技和高成长的投资理念是由 1998 年推出的封闭式基金引导出来的，这些时时关注西方投资理念并深受其影响的基金经理，借助 NASDAQ 市场对科技股的追捧热潮和股民对高科技的热情，适时参与以清华同方、东方电子、东大阿派、风华高科为代表的科技股投资，获利颇丰。

2000年成长型投资理念盛极而衰，重组股魅力不减。年初综艺股份、上海梅林、海虹控股、中关村等网络股一飞冲天，将崇尚成长的投资理念发展到极致。其后的环保概念股和生物制药概念股也各领一段风骚，上市公司更名为"××高科""××科技"的屡见不鲜。随着NASDAQ市场网络科技股泡沫的迅速破灭，中国股市的高科技概念炒作也不幸夭折，而深南玻、泰山旅游、ST深安达等重组股成为2000年的主流板块。

2001年上半年股指虽然创了新高，但下半年却一路下跌。从2001年6月14日到2005年6月，中国经历了长达四年的熊市。投资理念呈现多元化，基金投资改集中投资成长股为分散投资。管理层对有关资产重组的规章制度作了修正，提倡实质重组，反对报表重组，加强市场监管，重组概念股表现大不如前。虽然在2004年开设中小板，小盘次新股填补了市场炒作的空白，但受大盘压制，涨幅、波幅也都大不如前。

经国务院批准，中国证监会在2005年4月29日发布《关于上市公司股权分置改革试点有关问题的通知》，股权分置改革试点工作正式启动。它意味着国家已经开始着手解决股权分置这一困扰市场长期发展的重大制度问题，从根本上推动证券市场的彻底变革。股权分置改革的顺利实施，有效增强了投资者信心，股市开始回暖。2006年10月27日，工商银行股票上市交易，股市迈入蓝筹股时代。随着中国平安、中国人寿、广深铁路等大盘股的发行上市，蓝筹股投资理念已经深入人心。中国股市一路高歌猛进，2007年10月上海股指达到历史最高点6 124点。

由于估值过高和美国次贷危机的影响，2007年11月5日，中国石油以48.60元的价格开盘后一路下行，中国股市开始了惨烈的调整，宣告了大盘蓝筹股投资理念的崩溃。资产重组、央企整合、股指期货、创投等概念炒作此起彼伏，主题投资的理念开始兴起。这一阶段，已经没有占据主流的投资理念。

总而言之，我国股市还处于发展初期，政策市和消息市的特征鲜明，公众的投资理念还相当稚嫩，市场投机气氛浓厚。因此要真正树立理性的价值投资理念，还有漫长的路要走。

（二）主流证券投资理念

随着我国证券市场的日益发展和完善，在跨入新经济时代的今天，我们有必要将一些主流的投资理念加以归纳总结，从而使我们的投资行为更为理性，更为成熟。

1. 成长性投资理念

成长性投资理念是指投资者投资的目的主要是追求价差收益，这要求以往主营收入与利润增长良好的公司将来也会继续保持高增长的势头。

近年来，成长性投资理念又发生了一些变化，其中最明显的一点就是过去重点关注"企业的未来"，现在则重点关注"未来的企业"，也就是由关注上市公司经营业绩的成长性转向重视未来主业的转变。表面上看，"企业的未来"与"未来的企业"没有太大的差别，因为说的都是企业及其未来，描述的都是企业的成长性。但两者其实有着本质的差异："企业的未来"关注的是上市公司的量变，即规模的扩张，体现在业绩的不断成长上，焦点在业绩；"未来的企业"注重的是上市公司的质变，即主业的蜕变，表现为企业从一个行业"跳槽"到了另外一个更有前景的行业，而短期内业绩并不见得更好，焦点在题材。两者虽然有着本质的不同，但发生变化的手段都是一样的，即主要通过资产重组（或曰资本运作）来实现。"企业的未来"主要通过"内涵式"的资产重组来实现，因为现代企业光靠扩大生产规模是远远不够的，更多的需要通过调整产品结构、提高科技含量等手段来实现，也有通过收购兼并方式的"外延式"资产重组来实现的。"未来的企业"则不同，一是更偏重于资本运作，二是更偏重于外延式的扩张，以至于使一个行业（产业）蜕变为另外一个行业（产业），也就是变成了未来的企业。例如，家喻户晓的手机厂商"诺基亚"，几十年前还只是芬兰的一家造纸厂，就企业的未来而言，其充其量是成为一家跨国造纸企业，这与今天的盛况不可同日而语。

2. 价值投资理念

价值投资理念是指投资者投资的目的主要是为了每年收取利息红利，证券内在价值是未来现金流的贴现。但是证券投资是一门艺术，价值投资也仅仅是一种理念，不能用一种固定的方法与模式去描述如何进行价值投资。证券的价值是客观的，公司的管理水平、经营能力、设备状况等内在的因素会影响公司价值，但公司的价值也会不断地受到外部环境的影响，上下游行业的变化、原料价格的涨跌等这些不是公司自身所能控制的外在因素也会影响公司价值的变化。再具体到价值评价的主体上，个人偏好、市场热点、资金流向等因素又会影响到市场对公司价值的整体判断。因此企业价值是处于一个不断变化的大环境中，影响企业价值的因素，不仅有可控的，也有不可控的，市场的主观心理也会对市场中企业价值的变化产生重要的影响。当我们仅仅依靠几个简单的市盈率、市净率等指标选股就认为自己是进行了价值投资时，价值投资的理念就已经被扭曲了。

比如近年来市场对市盈率看法的变化，由过去以市盈率为价值判断的一个基本标准变为目前的淡化市盈率概念，而改为以长期成长性为价值判断标准，这是因为用传统理论已经无法完全理解如今的高科技股特别是网络股的高市盈率。这是投资理念被实践无情更新的一个重要信号，也是市场发展的必然趋势。虽然争论仍在继续，但是近年来的全球高科技股的高市盈率状况，已经以无可辩驳的事实，向传统投资理论发起了划时代意义的挑战。作为市场中以追求利润为目标的投资者，欲追求高利润水平的回报，则必须要面对变化的市场，在市场变化中变化自己的投资理念，跟上市场的步伐。

3. 投资组合理念

投资组合理念是指投资者按一定比例将资金投放在不同的资产上，并综合考虑该项资产组合的风险与收益关系，以确定自己的最佳投资组合，即"不把所有的鸡蛋都放在一个篮子里。"证券投资是风险投资，收益与风险如影随形，它可能给投资者带来很高的收益，也可能使投资者遭受巨大的损失。为了尽可能地减少风险，必须进行投资组合，进行分散投资。解决此问题的办法是：在确定的风险条件下，尽可能地使投资收益最优化；在确定的收益条件下，尽可能地使风险减少到最低限度。这是投资者必须遵循的基本原则，它要求投资者首先必须明确自己的目标，恰当地把握自己的投资能力，不断培养自己驾驭和承受风险的能力和应付各种情况的基本素质，要求投资者在证券投资的过程中，尽力保护本金，增加收益，减少损失。

思考题：

1. 广义证券与狭义证券的区别是什么？
2. 证券的分类有哪些？证券的特征有哪些？
3. 证券投资与证券投机有什么区别？
4. 简述证券投资的运行过程。
5. 简述证券市场的构成要素。

第二章
股票

教学目的与要求：

通过本章的学习，使学生掌握股票的分类，股份有限公司的组织结构和股权结构，股票发行的方式，股票发行的程序，股票发行价格的确定，股票交易的流程，股票交易的运行制度；理解股票发行的条件，股票发行的保荐，股票发行的承销，股票的上市与退市，股票交易的价格。

第一节　股票概述

一、股票的概念及特征

股票是股份有限公司发行的、用来证明投资者的股东身份、获取股息和红利并承担相应义务的凭证。

股本是投资人投入到股份有限公司的资金，将全部股本分成若干等份，每一份就是一股，股份就是股本的一种具体表现形式。股东就是投资人，股权是股东按其股本在公司总股本中所占比重拥有的相应权利。为理解股票的概念我们还需知道以下几点：

（一）股票是一种有价证券

股票是一种有价证券，也是一种资本证券。虽然股票本身没有价值，但代表着股东拥有股份公司的一定价值量的资产，并且股东拥有请求股份公司按规定分配股息和红利的权利。

（二）股票是一种要式证券

股票应记载一定的事项，其内容应全面真实，这些事项往往通过法律形式加以规定。《中华人民共和国公司法》（以下简称《公司法》）规定，股票采用纸面形式或证券管理部门规定的其他形式。股票应载明的事项主要有：公司名称、公司登记成立的日期、股票种类、票面金额及代表的股份数、股票的编号。股票由董事长签名，公司盖章。

（三）股票是一种综合权利证券

股票持有者作为股份公司的股东，享有独立的股东权利。股东虽然是公司财产的所有人，享有种种权利，但必须通过股东大会参与公司的重大决定，不能直接支配、处理公司的财产和直接管理公司。

（四）股票具有收益性

股东持有股票获得的收益可分成两类。第一类来自于股份有限公司，股票持有者可以从公司领取股息、红利。股息、红利的大小取决于股份公司的经营状况、盈利水平及公司的股息、红利政策。第二类来自于股票流通，股票持有者将持有的股票在市场上进行交易，当股票的市场价格高于买入价格时，卖出股票就可以赚取差价收益，即资本利得。

（五）股票具有风险性

股票的风险性是指持有股票产生经济利益损失的可能性。尽管股票可能给持有者带来收益，但这种收益是不确定的，认购了股票就必须承担一定的风险。股东能否获得预期的股息、红利收益，取决于公司的盈利情况及公司的股息、红利政策，公司发生亏损时股东要承担相应的损失，公司破产时股东可能连本金都保不住。股票的市场价格也会随着市场供求关系的变化而波动，如果股价下跌，股票持有者会因股票贬值而蒙受损失。

（六）股票具有流动性

流动性是指股票可以自由地进行交易。股票所载有权利的有效性是始终不变的，因为它是一种无期限的法律凭证。只要公司没有终止经营，股票持有人的权利和义务就不会终止。这种关系实质上反映了股东与股份公司之间比较稳定的经济关系。股票代表着股东的永久性投资，意味着股票投资者不能要求发行公司将股票赎回。当然，股票持有者可以通过出售股票而转让其股东身份。可以说流动性是股票存在的基础。

二、股票的分类

根据不同的分类角度，同一只股票可以归为不同的种类。大致来说，股票可分为：

（一）按股东享有权利的不同划分

1. 普通股票

普通股票是最常见的一种股票，就是我们经常所说的股票。普通股票具有以下特征：股利完全随公司盈利的高低而变化；普通股股东参与公司的经营管理，当然绝大多数都通过股东大会等途径间接参与管理；普通股股东具有优先认股权；普通股股东在公司盈利和剩余财产的分配顺序上排在债权人和优先股票股东之后。

2. 优先股票

优先股票是一种特殊股票，优先股票的股息率是固定的；其持有者的股东权利受到一定的限制，基本没有参与公司经营的权利，只有当公司的决策涉及优先股股东的利益时，才有可能发表意见；但在公司盈利和剩余财产的分配上比普通股股东享有优先权。

（二）按是否记载股东姓名划分

1. 记名股票

所谓记名股票，是指在股票票面和股份公司的股东名册上记载股东姓名的股票。我国《公司法》规定，股份有限公司向发起人、国家授权投资的机构、法人发行的股票，应当是记名股票，并应当记载该发起人、机构或者法人的名称，不得另立户名或者以代表人姓名记名。对社会公众发行的股票，可以是记名股票，也可以是无记名股票。发行记名股票的，应当置备股东名册，记载下列事项：股东的姓名或者名称及住所、各股东所持股份数、各股东所持股票的编号、各股东取得股份的日期。如果股票经过交易而变更所有人，就应到公司办理变更姓名或者名称的手续。

2. 不记名股票

所谓不记名股票，是指在股票票面和股份公司股东名册上均不记载股东姓名的股票。我国《公司法》规定：股份有限公司对社会公众发行的股票，可以为记名股票，也可以为无记名股票。发行无记名股票的，公司应当记载其股票数量、编号及发行日期。不记名股票的股东权利属于股票的持有人，因此，持有该股票的人就是股东，就可以行使股东权利，如此为防止伪造股票，股票的印刷就有相当的要求。另外，股票认购时要求缴足股款，如果允许股东缴付部分股款即发给股票，以后实际上将有可能无法催缴未缴付的股款。最后，不记名股票转让相对简便，只要股票持有人发生变化，股票的交易就算完成，而不必向记名股票那样需要过户。当然，不记名股票的安全性比较差，因为没有记载股东姓名的法律依据，不记名股票一旦遗失，原股票持有者便丧失了股东权利，且无法挂失。

（三）按是否用票面金额加以表示划分

1. 有面额股票

所谓有面额股票，是指在股票票面上记载一定金额的股票。这一记载的金额也称之为票面金额、票面价值或股票面值。股票票面金额的计算方法是用资本总额除以股份数，例如：某股份公司发行 1 亿元的股票，每股面额为 1 元，那么每股代表着对公司拥有一亿分之一的所有权。而实际上很多国家通过法规对票面金额予以直接规定，而且一般是限定了这类股票的最低票面金额。此外，相同批次发行的股票其票面金额应该是等同的。大多数国家的股票都是有面额股票。股票规定了票面金额可以明确表示每一股所代表的股权比例。我国《公司法》规定，股票发行价格可以和票面金额相等，也可以超过票面金额，但不得低于票面金额。这样，有面额股票的票面金额就成为发行价格的最低界限。

2. 无面额股票

所谓无面额股票，是指在股票票面上不记载金额的股票。这种股票并非没有价值，只是不在票面上标明固定的金额，只记载其为几股或股本总额的若干分之几。这样，无面额股票的价值将随股份公司资产的增减而相应增减，公司资产增加，每股价值上升；反之，公司资产减少，每股价值下降。我国的公司法规定不允许发行这种股票。无面额股票发行或转让价格较灵活，无面额股票由于没有票面金额，故不受不得低于票面金额发行的限制；在转让时，投资者也不易为股票票面金额所困惑，而更注重分析每股的实际价值。此外，无面额股票便于股票分割。如果股票有面额，分割时就需要办理面额变更手续；由于无面额股票不受票面金额的约束，发行该股票的公司就能比较容易地进行股票分割。

（四）按投资主体不同划分

1. 国家股

国家股是指国有资产在股份有限公司中的股份，包括公司现有国有资产折算成的股份。在我国企业股份制改造中，原来一些全民所有制企业改组为股份公司，从性质上讲这些全民所有制企业的资产属于全民所有，因此在改组为股份公司时，也就折成了所谓的国家股。另外，国家对新组建的股份公司进行投资，也构成了国家股。国家股由国务院授权的部门或机构持有，或根据国务院的决定，由地方人民政府授权的部门或机构持有，并委派股权代表。

2. 法人股

法人股是指企业法人或具有法人资格的事业单位和社会团体以其依法可支配的资产投入公司形成的股份。法人股股票以法人记名。如果是具有法人资格的国有企业、事业单位及其他单位以其依法占用的法人资产向独立于自己的股份公司出资形成或依法定程序取得的股份，则可称为国有法人股。国有法人股也属于国有股权。作为发起人的企业法人或具有法人资格的事业单位和社会团体，在认购股份时，可以用货币出资，也可以用其他形式的资产，如实物、工业产权、非专利技术、土地使用权作价出资。但对其他形式的资产必须进行评估作价，核实财产，不得高估或者低估作价。

3. 社会公众股

社会公众股是指社会公众依法以其拥有的财产投入公司时形成的可上市流通的股份。在社会募集方式情况下，股份公司发行的股份，除了由发起人认购一部分外，其余部分应该向社会公众公开发行。我国《公司法》规定，社会募集发起设立的股份有限公司向社会公众发行的股份，不得少于公司股份总数的25%。公司股本总额超过人民币4亿元的，向社会公开发行股份的比例为15%以上。

（五）按股票发行和交易市场的不同划分

1. A股

在中国大陆注册的公司在中国大陆发行和交易，并以人民币计价的股票。

2. B股

在中国大陆注册的公司在中国大陆发行和交易，并以美元或港元计价的股票。

3. H股

在中国大陆注册的公司在中国香港发行和交易，并以港元计价的股票。

4. S股

在中国大陆注册的公司在新加坡发行和交易，并以新加坡元计价的股票。

5. N股

在中国大陆注册的公司在美国纽约发行和交易，并以美元计价的股票。

三、股份有限公司

（一）股份有限公司的概念

根据我国公司法的规定，公司是指依法在中国境内设立的、采用有限责任公司或股份有限公司形式的企业法人。有限责任公司是指股东以其出资额为限对公司承担责任、公司以其全部资产对公司债务承担责任的法人。股份有限公司是指股东以其持有的股份对公司承担责任、公司以其全部资产对公司债务承担责任的法人。股份有限公司与有限责任公司存在如下的差异：

1. 在成立条件和募集资金方式上有所不同

有限责任公司只能由发起人集资，不能向社会公开募集股份，股东人数有最低和最高的要求（2~50人）；股份有限公司经批准，可以向社会公开募集股份，股东人数只有最低要求（5人以上），没有最高要求。

2. 股权转让难易程度不同

有限责任公司的股东转让自己的出资有严格的要求，受到的限制较多，比较困难；在股份有限公司中，股东转让自己的股份比较方便，可依法自由转让。

3. 股权证明形式不同

有限责任公司股东的股权证明是出资证明书，出资证明书不能转让、流通；在股份有限公司中，股东的股权证明是股票，即股东所持有的股份是以股票的形式来体现的，股票是公司签发的证明股东所持股份的凭证，可以转让、流通。

4. 公司治理结构简化程度不同

在有限责任公司中，公司治理结构相对简化，人数较少和规模较小的，可以设 1 名董事，不设董事会；可以设 1~2 名监事，不设监事会；由于召开股东会比较方便，因此立法上赋予股东会的权限较大。股份有限公司不论大小，均应设立股东大会、董事会、经理和监事会。由于股东人数没有上限，人数较多且分散，召开股东大会比较困难，股东大会的议事程序也比较复杂，所以股东大会的权利受到限制，董事会的权限较大。

5. 财务状况的公开程度不同

在有限责任公司中，会计报表可以不经过注册会计师的审计，也可以不公告，只是按照规定期限送交各股东；在股份有限公司中，会计报表必须经过注册会计师的审计并出具报告。其中以募集设立方式成立的股份有限公司，还必须依规定公告其财务会计报告。

（二）股份有限公司的设立

1. 设立方式

股份有限公司的设立可以采取发起设立与募集设立两种方式。

发起设立是指由发起人认购公司发行的全部股份而设立公司的方式。在发起设立股份有限公司的方式中，发起人必须认足公司发行的全部股份，社会公众不参加股份认购。

募集设立是指由发起人认购公司应发行股份的一部分，其余部分通过向社会公开发行而设立公司的方式。

发起人也称创办人，是指依照有关法律规定订立发起人协议，提出设立公司申请，认购公司股份，并对公司的设立承担责任的人，自然人、法人均可以作为发起人。发起人既是股份有限公司成立的要件，也是发起或设立行为的实施者。对发起设立的公司来说，发起人是公司的全部股东；对于以募集方式设立的公司来说，发起人通常是公司的大股东。

2. 设立的条件

根据我国《公司法》的规定，股份有限公司的设立必须经过国务院授权的部门或省级人民政府批准。设立股份有限公司须具备以下条件：

（1）发起人符合法定人数。

设立股份有限公司，应当有 2 人以上 200 人以下为发起人，其中必须有过半数的发起人在中国境内有住所。

（2）发起人认购和募集的股本达到法定资本最低限额。

股份有限公司注册资本的最低限额为人民币 500 万元。以发起方式设立的股份有限公司全体发起人的首次出资额不得低于注册资本的 20%；以募集方式设立的股份有限公司发起人认购的股份不得少于公司股份总数的 35%。

（3）股份发行、筹办事项符合法律规定。

发起人必须依照规定申报文件，承担承办事项。

（4）发起人制定公司章程。

公司章程是公司最重要的法律文件，是公司投资者和经营者必须遵守的法律契约，也是政府及社会监督机构对公司进行监督管理的重要依据。发起人应根据《公司法》及有关法律法规的要求，起草、制定章程草案。采用募集方式设立公司的，章程草案须提交创立大会表决通过。

（5）有公司名称，建立符合股份有限公司要求的组织机构。

拟设立股份有限公司应当依照工商登记的要求确定公司名称。企业名称应由行政区划、字号、行业、组织形式依次组成。股份有限公司应依法建立健全的组织机构，包括股东大会、董事会、监事会和经理等。

（6）有公司住所。

设立的股份有限公司应有固定的生产经营场所，并具备与其生产经营活动相适应的必要的生产经营条件。

3. 设立的程序

发起人经过协商达成创立公司协议后，即可委托一个发起人办理设立公司的申请手续。申请手续的具体内容如下：

（1）确立发起人，签订发起人协议；

（2）制定公司章程；

（3）向省级或国家级工商管理部门申请名称预先核准；

（4）由发起人向国务院授权部门或省级人民政府提出设立股份有限公司的申请；向社会公开募集股份的，还应取得中国证监会的核准；资金投向涉及基本建设项目、技改项目、外商投资等有关事宜的，还应分别向政府有关部门报批；

（5）认购股份和缴纳股款；

（6）召开创立大会，并建立公司组织机构；

（7）由董事会向公司登记机关报送设立公司的批准文件、公司章程、验资报告等文件，申请设立登记。公司成立后进行公告；

（8）发放股票。

（三）股份有限公司的组织机构

我国股份有限公司的组织机构一般为股东大会、董事会、经理和监事会。

1. 股东大会

股东大会是由股份有限公司全体股东组成的、表达公司最高意志的权力机构。股东大会的职权可以概括为决定权和审批权。股东大会行使下列职权：

（1）决定公司的经营方针和投资计划；

（2）选举和更换董事，决定有关董事的报酬事项；

（3）选举和更换由股东代表出任的监事，决定有关监事的报酬事项；

（4）审议批准董事会的报告；

（5）审议批准监事会的报告；

（6）审议批准公司年度财务预算方案、决算方案；

（7）审议批准公司的利润分配方案和弥补亏损方案；

（8）对公司增加或减少注册资本做出决议；

（9）对发行公司债券做出决议；

（10）对公司合并、分立、解散和清算等事项做出决议；

（11）修改公司章程；

（12）对公司聘用、解聘会计师事务所做出决议；

（13）审议代表公司发行在外有表决权股份总数的5%以上的股东的提案；

（14）审议法律、法规和公司章程规定应当由股东大会决定的其他事项。

2. 董事会

我国《公司法》规定，股份有限公司的董事会成员为5~15人。董事会由公司股东大会选举产生的董事组成，对内管理公司事务，对外代表公司的经营决策机构。董事会设董事长1人，可以设副董事长1~2人。董事长和副董事长由董事会以全体董事的过半数选举产生和罢免。董事长为公司的法定代表人。

董事会对股东大会负责，其职权主要有：

（1）负责召集股东大会，并向股东大会报告工作；

（2）执行股东大会的决议；

（3）决定公司的经营计划和投资方案；

（4）制定公司年度财务预算方案、决算方案；

（5）制定公司的利润分配方案和弥补亏损方案；

（6）制定公司增加或者减少注册资本、发行债券或其他证券及上市的方针；

（7）拟订公司重大收购、回购本公司股票或者合并、分立、解散的方案；

（8）在股东大会授权范围内，决定公司的风险投资、资产抵押及其他担保事项；

（9）决定公司内部管理机构的设置；

（10）聘任或者解聘公司经理、董事会秘书；根据经理的提名，聘任或者解聘公司副经理、财务负责人等高级管理人员，并决定其报酬事项和奖惩事项；

（11）制定公司的基本管理制度；

（12）制定公司章程的修改方案；

（13）管理公司信息披露事项；

（14）向股东大会提请聘请或更换为公司审计的会计师事务所；

（15）听取公司经理的工作汇报，并检查经理的工作；

（16）法律、法规或公司章程规定以及股东大会授予的其他职权。

3. 经理

股份有限公司的经理是由董事会聘任，在董事会授权范围内具体负责公司日常经营管理活动的高级管理人员。经理由董事会任免，经理列席董事会会议，非董事经理在董事会上没有表决权。股份有限公司经理行使下列职权：

（1）主持公司的生产经营管理工作，并向董事会报告工作；

（2）组织实施董事会决议、公司年度计划和投资方案；

（3）拟订公司内部管理机构设置方案；

（4）拟订公司的基本管理制度；

27

（5）制定公司的具体规章；

（6）提请董事会聘任或解聘公司的副经理、财务负责人；

（7）聘任或解聘除应由董事会聘任或者解聘以外的管理人员；

（8）拟订公司职工的工资、福利、奖惩，决定公司职工的聘用和解聘；

（9）公司章程或董事会授予的其他职权。

4. 监事会

股份有限公司的监事会是由股东大会或职工通过民主选举产生的、对公司业务和财务活动进行监督的机构，监事会由股东代表和适当比例的公司职工代表组成，是公司的常设机构，监事会向股东大会报告工作，并行使以下职权：

（1）检查公司的财务；

（2）对董事、经理执行公司职务时违反法律、法规或者公司章程的行为进行监督；

（3）当董事和经理与其他高级管理人员的行为损害公司的利益时，要求其予以纠正；必要时，向股东大会或国家有关主管机关报告；

（4）提议召开临时股东大会；

（5）提议召开临时董事会会议；

（6）公司章程规定的其他职权。

（四）股份有限公司的股权结构

股权结构是指股份公司总股本中不同性质的股份所占的比例及其相互关系。股权即股票持有者所具有的与其拥有的股票比例相应的权益及承担一定责任的权利。基于股东地位可对公司主张的权利即是股权。

股权结构有不同的分类。一般来讲，股权结构有两层含义：

第一个含义是指股权集中度，即前十大股东持股比例。从这个意义上讲，股权结构有三种类型：一是股权高度集中，绝对控股股东一般拥有公司股份的50%以上，对公司拥有绝对控制权；二是股权高度分散，公司没有大股东，所有权与经营权基本完全分离、单个股东所持股份的比例在10%以下；三是公司拥有较大的相对控股股东，同时还拥有其他大股东，所持股份比例在10%与50%之间。

第二个含义则是股权构成，即各个不同背景的股东集团分别持有股份的多少。在我国，就是指国家股东、法人股东及社会公众股东的持股比例。

第二节　股票的发行

一、股票发行的方式

（一）首次公开发行

股票首次公开发行（Initial Public Offering，IPO）是指股份有限公司通过证券交易所第一次向公众投资者发行股票的行为。

（二）上市公司发行新股

上市公司发行新股是指股票已经在证券交易所公开上市交易的股份有限公司为筹集资金再一次发行股票的行为。根据发行对象的不同，上市公司发行新股可分为配股、公开增发和非公开增发三种方式。

1. 配股

配股，即上市公司向原股东按持股比例配售新发行的股票。

2. 公开增发

公开增发，即上市公司向不特定的全体社会公众投资者发售新股票。

3. 非公开增发

非公开增发，即上市公司向不特定的少数社会公众投资者发售新股票。

二、股票发行的条件

股份有限公司要申请发行股票必须符合一定条件。我国存在主板、中小板和创业板三个股票市场，中小板与主板适用相同的发行与交易规则，而创业板单独设立发行与交易规则，因此下面将分不同的市场分析股票发行的条件。

（一）股票首次公开发行的条件

1. 主板、中小板市场股票首次公开发行的条件

2006 年 5 月中国证监会发布的《首次公开发行股票并上市管理办法》从主体资格、独立性、规范运行、财务和会计、募集资金运用等五个方面确立了股票发行的条件。

（1）主体资格。

①股票发行人应当是依法设立且合法存续的股份有限公司。

②发行人自股份有限公司成立后，持续经营时间应当在 3 年以上，但经国务院批准的除外。

③发行人的注册资本已足额缴纳，发起人或者股东用作出资的资产的财产权转移手续已办理完毕，发行人的主要资产不存在重大权属纠纷。

④发行人的生产经营符合法律、行政法规和公司章程的规定，符合国家产业政策。

⑤发行人最近 3 年内主营业务和董事、高级管理人员没有发生重大变化，实际控制人没有发生变更。

⑥发行人的股权清晰，控股股东和受控股股东、实际控制人支配的股东持有的发行人股份不存在重大权属纠纷。

（2）独立性。

①发行人应当具有完整的业务体系和直接面向市场独立经营的能力。

②发行人的资产完整。生产型企业应当具备与生产经营有关的生产系统、辅助生产系统和配套设施，合法拥有与生产经营有关的土地、厂房、机器设备以及商标、专利、非专利技术的所有权或者使用权，具有独立的原料采购和产品销售系统；非生产型企业应当具备与经营有关的业务体系及相关资产。

③发行人的人员独立。发行人的总经理、副总经理、财务负责人和董事会秘书等高级管理人员不得在控股股东、实际控制人及其控制的其他企业中担任除董事、监事以外的其他职务，不得在控股股东、实际控制人及其控制的其他企业领薪；发行人的财务人员不得在控股股东、实际控制人及其控制的其他企业中兼职。

④发行人的财务独立。发行人应当建立独立的财务核算体系，能够独立作出财务决策，具有规范的财务会计制度和对分公司、子公司的财务管理制度；发行人不得与控股股东、实际控制人及其控制的其他企业共享银行账户。

⑤发行人的机构独立。发行人应当建立健全内部经营管理机构，独立行使经营管

理职权，与控股股东、实际控制人及其控制的其他企业间不得有机构混同的情形。

⑥发行人的业务独立。发行人的业务应当独立于控股股东、实际控制人及其控制的其他企业，与控股股东、实际控制人及其控制的其他企业间不得有同业竞争或者显失公平的关联交易。

（3）规范运行。

①发行人已经依法建立健全股东大会、董事会、监事会、独立董事、董事会秘书制度，相关机构和人员能够依法履行职责。

②发行人的董事、监事和高级管理人员已经了解与股票发行上市有关的法律法规，知悉上市公司及其董事、监事和高级管理人员的法定义务和责任。

③发行人的董事、监事和高级管理人员符合法律、行政法规和规章规定的任职资格，且不得有下列情形：被中国证监会采取证券市场禁入措施尚在禁入期的；最近36个月内受到中国证监会行政处罚，或者最近12个月内受到证券交易所公开谴责的；因涉嫌犯罪被司法机关立案侦查或者涉嫌违法违规被中国证监会立案调查，尚未有明确结论意见的。

④发行人的内部控制制度健全且被有效执行，能够合理保证财务报告的可靠性、生产经营的合法性、营运的效率与效果。

⑤发行人不得有下列情形：最近36个月内未经法定机关核准，擅自公开或者变相公开发行过证券；或者有关违法行为虽然发生在36个月前，但目前仍处于持续状态；最近36个月内违反工商、税收、土地、环保、海关以及其他法律、行政法规，受到行政处罚，且情节严重；最近36个月内曾向中国证监会提出发行申请，但报送的发行申请文件有虚假记载、误导性陈述或重大遗漏；或者不符合发行条件以欺骗手段骗取发行核准；或者以不正当手段干扰中国证监会及其发行审核委员会审核工作；或者伪造、变造发行人或其董事、监事、高级管理人员的签字、盖章；本次报送的发行申请文件有虚假记载、误导性陈述或者重大遗漏；涉嫌犯罪被司法机关立案侦查，尚未有明确结论意见；严重损害投资者合法权益和社会公共利益的其他情形。

⑥发行人的公司章程中已明确对外担保的审批权限和审议程序，不存在为控股股东、实际控制人及其控制的其他企业进行违规担保的情形。

⑦发行人有严格的资金管理制度，不得有资金被控股股东、实际控制人及其控制的其他企业以借款、代偿债务、代垫款项或者其他方式占用的情形。

（4）财务与会计。

①发行人资产质量良好，资产负债结构合理，盈利能力较强，现金流量正常。

②发行人的内部控制在所有重大方面是有效的，并由注册会计师出具了无保留结论的内部控制鉴证报告。

③发行人会计基础工作规范，财务报表的编制符合企业会计准则和相关会计制度的规定，在所有重大方面公允地反映了发行人的财务状况、经营成果和现金流量，并由注册会计师出具了无保留意见的审计报告。

④发行人编制财务报表应以实际发生的交易或者事项为依据；在进行会计确认、计量和报告时应当保持应有的谨慎；对相同或者相似的经济业务，应选用一致的会计政策，不得随意变更。

⑤发行人应完整披露关联方关系并按重要性原则恰当披露关联交易。关联交易价

格公允，不存在通过关联交易操纵利润的情形。

⑥发行人应当符合下列条件：最近 3 个会计年度净利润均为正数且累计超过人民币 3 000 万元，净利润以扣除非经常性损益前后较低者为计算依据；最近 3 个会计年度经营活动产生的现金流量净额累计超过人民币 5 000 万元；或者最近 3 个会计年度营业收入累计超过人民币 3 亿元；发行前股本总额不少于人民币 3 000 万元；最近一期末无形资产（扣除土地使用权、水面养殖权和采矿权等后）占净资产的比例不高于 20%；最近一期末不存在未弥补亏损。

⑦发行人依法纳税，各项税收优惠符合相关法律法规的规定。发行人的经营成果对税收优惠不存在严重依赖。

⑧发行人不存在重大偿债风险，不存在影响持续经营的担保、诉讼以及仲裁等重大或有事项。

⑨发行人申报文件中不得有下列情形：故意遗漏或虚构交易、事项或者其他重要信息；滥用会计政策或者会计估计；操纵、伪造或篡改编制财务报表所依据的会计记录或者相关凭证。

⑩发行人不得有下列影响持续盈利能力的情形：发行人的经营模式、产品或服务的品种结构已经或者将发生重大变化，并对发行人的持续盈利能力构成重大不利影响；发行人的行业地位或发行人所处行业的经营环境已经或者将发生重大变化，并对发行人的持续盈利能力构成重大不利影响；发行人最近 1 个会计年度的营业收入或净利润对关联方或者存在重大不确定性的客户存在重大依赖；发行人最近 1 个会计年度的净利润主要来自合并财务报表范围以外的投资收益；发行人在用的商标、专利、专有技术以及特许经营权等重要资产或技术的取得或者使用存在重大不利变化的风险；其他可能对发行人持续盈利能力构成重大不利影响的情形。

（5）募集资金运用。

①募集资金应当有明确的使用方向，原则上应当用于主营业务。除金融类企业外，募集资金使用项目不得为持有交易性金融资产和可供出售的金融资产、借予他人、委托理财等财务性投资，不得直接或者间接投资于以买卖有价证券为主要业务的公司。

②募集资金数额和投资项目应当与发行人现有生产经营规模、财务状况、技术水平和管理能力等相适应。

③募集资金投资项目应当符合国家产业政策、投资管理、环境保护、土地管理以及其他法律、法规和规章的规定。

④发行人董事会应当对募集资金投资项目的可行性进行认真分析，确信投资项目具有较好的市场前景和盈利能力，有效防范投资风险，提高募集资金使用效益。

⑤募集资金投资项目实施后，不会产生同业竞争或者对发行人的独立性产生不利影响。

⑥发行人应当建立募集资金专项存储制度，募集资金应当存放于董事会决定的专项账户。

2. 创业板市场股票首次公开发行的条件

2009 年 3 月 31 日中国证监会公布了《首次公开发行股票并在创业板上市管理暂行办法》，提出了在创业板市场首次公开发行股票的条件。

（1）发行人申请首次公开发行股票应当符合下列条件：

①发行人是依法设立且持续经营三年以上的股份有限公司；

②最近两年连续盈利，最近两年净利润累计不少于一千万元，且持续增长；或者最近一年盈利，且净利润不少于五百万元，最近一年营业收入不少于五千万元，最近两年营业收入增长率均不低于百分之三十；净利润以扣除非经常性损益前后孰低者为计算依据；

③最近一期末净资产不少于两千万元，且不存在未弥补亏损；

④发行后股本总额不少于三千万元。

（2）发行人的注册资本已足额缴纳，发起人或者股东用作出资的资产的财产权转移手续已办理完毕。发行人的主要资产不存在重大权属纠纷。

（3）发行人应当主要经营一种业务，其生产经营活动符合法律、行政法规和公司章程的规定，符合国家产业政策及环境保护政策。

（4）发行人最近两年内主营业务和董事、高级管理人员均没有发生重大变化，实际控制人没有发生变更。

（5）发行人应当具有持续盈利能力，不存在下列情形：

①发行人的经营模式、产品或服务的品种结构已经或者将发生重大变化，并对发行人的持续盈利能力构成重大不利影响；

②发行人的行业地位或发行人所处行业的经营环境已经或者将发生重大变化，并对发行人的持续盈利能力构成重大不利影响；

③发行人在用的商标、专利、专有技术、特许经营权等重要资产或者技术的取得或者使用存在重大不利变化的风险；

④发行人最近一年的营业收入或净利润对关联方或者有重大不确定性的客户存在重大依赖；

⑤发行人最近一年的净利润主要来自合并财务报表范围以外的投资收益；

⑥其他可能对发行人持续盈利能力构成重大不利影响的情形。

（6）发行人依法纳税，享受的各项税收优惠符合相关法律法规的规定。发行人的经营成果对税收优惠不存在严重依赖。

（7）发行人不存在重大偿债风险，不存在影响持续经营的担保、诉讼以及仲裁等重大或有事项。

（8）发行人的股权清晰，控股股东和受控股股东、实际控制人支配的股东所持发行人的股份不存在重大权属纠纷。

（9）发行人资产完整，业务及人员、财务、机构独立，具有完整的业务体系和直接面向市场独立经营的能力。与控股股东、实际控制人及其控制的其他企业间不存在同业竞争，以及严重影响公司独立性或者显失公允的关联交易。

（10）发行人具有完善的公司治理结构，依法建立健全股东大会、董事会、监事会以及独立董事、董事会秘书、审计委员会制度，相关机构和人员能够依法履行职责。

（11）发行人会计基础工作规范，财务报表的编制符合企业会计准则和相关会计制度的规定，在所有重大方面公允地反映了发行人的财务状况、经营成果和现金流量，并由注册会计师出具无保留意见的审计报告。

（12）发行人内部控制制度健全且被有效执行，能够合理保证公司财务报告的可靠性、生产经营的合法性、营运的效率与效果，并由注册会计师出具无保留结论的内部控制鉴证报告。

（13）发行人具有严格的资金管理制度，不存在资金被控股股东、实际控制人及其控制的其他企业以借款、代偿债务、代垫款项或者其他方式占用的情形。

（14）发行人的公司章程已明确对外担保的审批权限和审议程序，不存在为控股股东、实际控制人及其控制的其他企业进行违规担保的情形。

（15）发行人的董事、监事和高级管理人员了解股票发行上市相关法律法规，知悉上市公司及其董事、监事和高级管理人员的法定义务和责任。

（16）发行人的董事、监事和高级管理人员应当忠实、勤勉，具备法律、行政法规和规章规定的资格，且不存在下列情形：

①被中国证监会采取证券市场禁入措施尚在禁入期的；

②最近三年内受到中国证监会行政处罚，或者最近一年内受到证券交易所公开谴责的；

③因涉嫌犯罪被司法机关立案侦查或者涉嫌违法违规被中国证监会立案调查，尚未有明确结论意见的。

（17）发行人及其控股股东、实际控制人最近三年内不存在损害投资者合法权益和社会公共利益的重大违法行为。发行人及其控股股东、实际控制人最近三年内不存在未经法定机关核准，擅自公开或者变相公开发行证券，或者有关违法行为虽然发生在三年前，但目前仍处于持续状态的情形。

（18）发行人募集资金应当用于主营业务，并有明确的用途。募集资金数额和投资项目应当与发行人现有生产经营规模、财务状况、技术水平和管理能力等相适应。

（19）发行人应当建立募集资金专项存储制度，募集资金应当存放于董事会决定的专项账户。

（二）上市公司发行新股的条件

上市公司发行新股目前只是针对主板、中小板上市公司，创业板上市公司还不具备发行新股的资格。上市公司发行新股须满足下面的条件：

1. 一般条件

上市公司的组织机构健全、运行良好；上市公司的盈利能力具有可持续性，最近三个会计年度连续盈利；上市公司的财务状况良好，最近三年以现金或股票方式累计分配的利润不少于最近三年实现的年均可分配利润的百分之二十；上市公司最近三十六个月内财务会计文件无虚假记载；上市公司募集资金的数额不超过项目需要量，募集资金用途符合国家产业政策和有关环境保护、土地管理等法律和行政法规的规定。

2. 配股

向原股东配售股份（简称"配股"），除了符合一般条件的规定外，拟配售股份数量不超过本次配售股份前股本总额的百分之三十，控股股东应当在股东大会召开前公开承诺认配股份的数量，采用证券法规定的代销方式发行。

3. 增发

向不特定对象公开募集股份（简称"增发"），除了符合一般条件的规定外，最近三个会计年度加权平均净资产收益率平均不低于6%，发行价格应不低于公告招股意向书前二十个交易日公司股票均价或前一个交易日的均价。

三、股票发行的辅导

为提高首次公开发行股票公司的素质及规范运作的水平，中国证监会规定凡拟首次公开发行股票的股份有限公司，在提出首次公开发行股票申请前，必须按规定聘请辅导机构进行辅导。

（一）辅导工作的目的、期限和原则

1. 辅导工作的目的

促进辅导对象建立良好的公司治理结构，形成独立运营和持续发展的能力，督促公司的董事、监事、高级管理人员全面理解发行上市有关法律法规、证券市场规范运作和信息披露的要求，树立进入证券市场的诚信意识、法制意识，具备进入证券市场的基本条件，同时促进辅导机构及参与辅导工作的其他中介机构履行勤勉尽责义务。

2. 辅导工作的期限

辅导期限至少为一年。辅导期自辅导机构向辅导对象所在地的中国证监会派出机构报送备案材料后，派出机构进行备案登记之日开始计算，至派出机构出具监管报告之日结束。

3. 辅导工作的原则

（1）勤勉尽责。辅导机构按照有关法律、法规和规则的要求履行职责，做好辅导工作。

（2）诚实信用。辅导机构和辅导对象均应客观、真实地反映辅导过程中的问题，健全有关记录，保证所有辅导资料的真实、准确和完整。

（3）突出重点，鼓励创新。辅导机构根据辅导对象的具体情况，有针对性地进行重点辅导，鼓励结合具体情况有所创新。

（4）责任明确，风险自担。辅导工作只是准备发行上市的一个法定程序，辅导机构与辅导对象应自行承担相关风险。

（二）辅导机构和辅导对象

辅导对象聘请的辅导机构应是具有主承销商资格的证券机构以及其他经有关部门认定的机构。辅导机构至少应有 3 名固定人员参与辅导工作小组，至少有 1 人具有担任过首次公开发行股票主承销工作项目负责人的经验，辅导人员应具备有关法律、会计等必备的专业知识和技能，有较强的敬业精神，辅导对象为首次公开发行股票的公司，具体接受辅导的为公司的董事、监事、高级管理人员及持有 5% 及以上股份的股东。

（三）辅导的内容及实施

1. 辅导内容的范围

（1）核查辅导对象在公司设立、改制重组、股权设置和转让、增资扩股、资产评估、资本验证等方面是否合法、有效，产权关系是否明晰，股权结构是否符合有关规定；

（2）督促辅导对象实现独立运营，做到业务、资产、人员、财务、机构独立完整，主营业务突出，形成核心竞争力；

（3）核查辅导对象是否按规定妥善处置了商标、专利、土地、房屋等的法律权属问题；

（4）督促规范辅导对象与控股股东及其他关联方的关系；

（5）督促辅导对象建立和完善规范的内部决策和控制制度，形成有效的财务、投资以及内部约束和激励制度；

（6）督促辅导对象建立、健全公司财务会计管理体系，杜绝虚假会计信息；

（7）督促辅导对象形成明确的业务发展目标和未来发展计划，并制定可行的募股资金投向及其他投资。

2. 辅导方式

辅导机构可以采取灵活有效的辅导方式，包括组织自学、进行集中授课与考试、问题诊断与专业咨询、中介机构协调会、经验交流会、案例分析。

3. 辅导工作底稿

辅导机构在辅导过程中将有关资料及重要情况汇总，建立辅导工作底稿，存档备查。辅导工作底稿主要包括备案登记材料和所有辅导工作备案报告；辅导计划及实施方案；辅导协议；辅导人员的变更及交接手续；辅导对象存在的重大问题及解决情况；监管机构的反馈意见及落实情况；历次考试及评估的资料；整改建议及对辅导对象进行问题诊断、督促检查的详细记录和有关表格等内容。

四、股票发行的保荐

为提高上市公司质量和证券经营机构执业水平，保护投资者的合法权益，促进证券市场健康发展，中国证监会 2003 年 12 月 18 日发布《证券发行上市保荐制度暂行办法》，对股份有限公司首次公开发行股票和上市公司发行新股、可转换公司债券采用证券发行上市保荐制度。

（一）保荐机构的职责

证券经营机构履行保荐职责，应当注册登记为保荐机构，保荐机构履行保荐职责须指定保荐代表人具体负责保荐工作。其主要职责是：

（1）保荐机构负责证券发行的主承销工作，依法对公开发行募集文件进行核查，向中国证监会出具保荐意见；

（2）尽职推荐发行人证券发行上市；

（3）持续督导发行人履行相关义务。

（二）资格条件

1. 保荐机构的资格条件

证券经营机构申请注册登记为保荐机构的，应当是综合类证券公司，并向中国证监会提交自愿履行保荐职责的声明、承诺。有下列情形之一的证券经营机构不得注册登记为保荐机构：

（1）保荐代表人数少于 2 人；

（2）公司治理结构存在重大缺陷，风险控制制度不健全或者未有效执行；

（3）最近 24 个月因违法违规被中国证监会从名单中去除；

（4）中国证监会规定的其他情形。

2. 保荐代表人的资格条件

个人申请注册登记为保荐代表人的，应当具有证券从业资格、取得执业证书且符合下列要求，通过所任职的保荐机构向中国证监会提出申请：

（1）具备中国证监会规定的投资银行业务经历；

（2）参加中国证监会认可的保荐代表人胜任能力考试且成绩合格；

（3）所任职保荐机构出具由董事长或者总经理签名的推荐函；

（4）未负有数额较大到期未清偿的债务；

（5）最近36个月未因违法违规被中国证监会从名单中去除或者受到中国证监会行政处罚；

（6）中国证监会规定的其他要求。

（三）保荐协议

保荐机构与发行人签订保荐协议，明确双方的权利和义务。刊登公开发行募集文件前终止保荐协议的，保荐机构和发行人应当自终止之日起5个工作日内分别向中国证监会报告，说明原因。刊登公开发行募集文件后，保荐机构和发行人不得终止保荐协议，但发行人因再次申请发行新股或可转换公司债券而另行聘请保荐机构、保荐机构，被中国证监会从名单中去除的除外。

（四）保荐机构的推荐上市

发行人经辅导符合下列要求保荐机构方才能够推荐股票发行上市：

（1）符合证券公开发行上市的条件和规定，具备持续发展能力；

（2）与发起人、大股东、实际控制人之间在业务、资产、人员、机构、财务等方面相互独立，不存在同业竞争、显失公允的关联交易以及影响发行人独立运作的其他行为；

（3）公司治理、财务和会计制度等不存在可能妨碍持续规范运作的重大缺陷；

（4）高管人员已掌握进入证券市场所必备的法律、行政法规和相关知识，知悉上市公司及其高管人员的法定义务和责任，具备足够的诚信水准和管理上市公司的能力及经验；

（5）中国证监会规定的其他要求。

保荐机构推荐发行人证券上市，应当向证券交易所提交推荐书及证券交易所上市规则所要求的相关文件，并报中国证监会备案。保荐机构法定代表人、投资银行业务部门负责人、内核负责人、保荐代表人、项目主办人应当在推荐文件上签名，并列名于发行人公开发行募集文件。

（五）保荐机构的持续督导

1. 持续督导的内容

证券发行后，保荐机构有充分理由确信发行人可能存在违法违规行为以及其他不当行为的，应当督促发行人作出说明并限期纠正；情节严重的，应当向中国证监会、证券交易所报告。保荐机构的持续督导主要包括以下工作：

（1）督导发行人有效执行并完善防止大股东、其他关联方违规占用发行人资源的制度；

（2）督导发行人有效执行并完善防止高管人员利用职务之便损害发行人利益的内控制度；

（3）督导发行人有效执行并完善保障关联交易公允性和合规性的制度，并对关联交易发表意见；

（4）督导发行人履行信息披露的义务，审阅信息披露文件及向中国证监会、证券交易所提交的其他文件；

（5）持续关注发行人募集资金的使用、投资项目的实施等承诺事项；

（6）持续关注发行人为他人提供担保等事项，并发表意见；

（7）中国证监会规定及保荐协议约定的其他工作。

2. 持续督导期间的计算

主板和中小板首次公开发行股票持续督导的期间为证券上市当年剩余时间及其后两个完整会计年度，自证券上市之日起计算；主板和中小板配股和增发持续督导的期间为证券上市当年剩余时间及其后一个完整会计年度。创业板首次公开发行股票持续督导的期间为证券上市当年剩余时间及其后三个完整会计年度。创业板配股和增发持续督导的期间为证券上市当年剩余时间及其后两个完整会计年度。持续督导期届满，如有尚未完结的保荐工作，保荐机构应当继续完成。

五、股票发行的程序

根据我国《证券法》、《首次公开发行股票并上市管理办法》和《上市公司证券发行管理办法》等相关法规，我国股票发行主要按以下程序进行。

（一）申报

发行人按照中国证监会的有关规定制作申请文件，由保荐人保荐并向中国证监会申报。特定行业的发行人应当提供管理部门的相关意见。股票发行准备阶段的主要工作是准备股票发行申请文件，这些文件包括招股说明书及专业人员做出的结论性审查意见。

1. 招股说明书及其摘要

招股说明书是股份有限公司发行股票时，就发行中的有关事项向公众做出披露，并向非特定投资人提出购买或销售其股票的要约邀请性文件。公司首次公开发行股票必须制作招股说明书。凡在中华人民共和国境内公开发行股票和将其股票在证券交易所交易的发行人，申请公开发行股票时，应当按有关规定编制招股说明书，这是发行准备阶段的基本任务。招股说明书是发行人向中国证监会申请公开发行申报材料的必备部分。

招股说明书应当依照有关法律、法规的规定，遵循特定的格式和必要的记载事项的要求编制，招股说明书由发行人在主承销商及其他中介机构的辅助下完成，由公司董事会表决通过。审核通过的招股说明书应当依法向社会公众披露。

招股说明书摘要是对招股说明书中关于发行事项的内容进行概括的信息披露法律文件，由发行人编制，随招股说明书一起报送批准后，在承销期开始前2~5个工作日，在中国证监会指定的至少一种全国性报刊及发行人选择的其他报刊上刊登，供公众投资者参考。招股说明书摘要应简要提供招股说明书的主要内容，不得误导投资者。招股说明书摘要应当依照有关法律、法规的规定，遵循特定的格式和必要的记载事项的要求编制。

为了进一步提高申报材料的工作质量，保护投资者的权益，中国证监会要求公司全体董事及为股票发行出具有关文件的主承销商、律师、会计师、评估师等专业机构和人员，对经中国证监会最后核对无误的招股说明书全文及概要分别进行签署，并声明：已仔细阅读本公司招股说明书全文及概要，保证不存在任何虚假、严重误导性陈述或重大遗漏，并对其真实性、准确性及完整性负个别和连带责任。

2. 核查意见

发行人首次公开发行股票，主承销商应在推荐文件中说明内核情况，填报核对表，并出具经主承销商内核小组成员签字的、对拟发行公司发行申请材料的核对意见。主承销商在填写核对表、出具核查意见时，应注意以下事项：

（1）本着诚实信用、勤勉尽责的精神，针对发行人的实际情况，在充分履行尽职调查和内核职责的基础上，对《首次公开发行股票申请文件主承销商核对要点》规定的事项进行核对，逐项填列。

（2）填列意见视具体事项，可包括：发行人行为是否合法、合规、真实、有效；核对事项是否存在问题，如果存在问题是否已经解决或能够解决；对核对事项，是否按要求进行了真实、准确、完整、公平、及时的披露；是否指出了有关当事人的责任；对在表中难以表达的事项，可加附注或附页。

（3）对增加核对的内容，或对《首次公开发行股票申请文件主承销商核对要点》中不适用于发行人的内容，应加以注明。

（4）核对表应由主承销商的项目承销人员初步填制，经公司内核会议讨论后，正式出具核查意见。

3. 资产评估报告

资产评估报告是评估机构完成评估工作后出具的专业报告。从法律上说，资产评估报告仅为投资人以净资产认股或者以净资产从事交易的实施依据。如果股份有限公司的发起人以净资产投资折股的行为距本次股票发行时间过长，则该资产评估报告的内容可能已不能适当地反映评估范围内的净资产数值。在这种情况下，招股说明书对于发行人本次募股前资产负债状况的反映，通常以经过审计的资产负债表为准。资产评估报告由封面、目录、正文、附录、备查文件五部分组成。

4. 审计报告

审计报告是注册会计师根据独立设计准则的要求，实施必要的审计程序后，对被审计单位的会计报表发表审计意见的书面文件。审计报告是审计工作的最终结果，具有法定的证明效力。

5. 盈利预测审核报告

盈利预测是发行人对未来会计期间的经营成果进行的预计和测算。盈利预测的数据至少应包括会计年度营业收入、利润总额、净利润、每股盈利。预测应是在对一般经济条件、经营环境、市场情况、发行人的生产经营条件和财务状况等进行合理假设的基础上，按照发行人正常的发展速度，本着审慎的原则作出的。

6. 法律意见书和律师工作报告

法律意见书是律师对发行人本次发行上市的法律问题依法明确作出的结论性意见。

律师工作报告是对律师工作过程、法律意见书所涉及的事实及其发展过程、每一法律意见所依据的事实和有关法律规定作出的详尽、完整的阐述，说明律师制作法律意见书的工作过程，包括（但不限于）与发行人相互沟通的情况，对发行人提供材料的查验、走访、谈话记录、现场勘查记录、查阅文件的情况以及工作时间等。

法律意见书和律师工作报告是发行人向中国证监会申请公开发行证券的必备文件。律师应对发行人是否符合股票发行上市条件，发行人的行为是否存在违法、违规，招股说明书及其摘要引用的法律意见书和律师工作报告的内容是否适当明确发表总体结论性意见。律师已勤勉尽责仍不能发表肯定性意见的，应发表保留意见，并说明相应的理由及其对本次发行上市的影响程度。

（二）受理

中国证监会收到申请文件后，在5个工作日内做出是否受理的决定。

（三）初审

中国证监会受理申请文件后，由相关职能部门对发行人的申请文件进行初审，中国证监会在初审过程中，将征求发行人注册地省级人民政府是否同意发行人发行股票的意见，并就发行人的募集资金投资项目是否符合国家产业政策和投资管理的规定征求国家发展和改革委员会的意见。

（四）审核

股票发行由发行审核委员会审核。

（五）核准

中国证监会根据发行审核委员会的审核结论依照法定条件对发行人的发行申请做出予以核准或者不予核准的决定，并出具相关文件。

自中国证监会核准发行之日起，发行人应在6个月内发行股票；超过6个月未发行的，核准文件失效，须重新经中国证监会核准后方可发行。股票发行申请未获核准的，自中国证监会做出不予核准决定之日起6个月后，发行人可再次提出股票发行申请。

（六）发行

公开发行股票。发行人在获得中国证监会同意其公开发行股票的核准后，就可以按照核准的发行方案发行股票。

股票发行通常要先进行路演。路演是股票承销商帮助发行人安排的发行前的调研和推介活动。一般来说，承销商应当事先选择一些可能销出股票的地点和一些可能的投资者，主要是机构投资者。然后带领发行人逐个地点去召开会议，介绍发行人的情况，了解投资者的投资意向和对股票发行的反应。承销商和发行人通过路演，可以比较客观地决定发行量、发行价格以及发行时机等。

六、股票发行的承销

（一）股票承销商资格

股票承销是将股票销售业务委托给专门的股票承销机构代理。股票承销机构承销股票应具备主承销商的资格。证券公司申请主承销商资格，应当具备下列条件：

（1）净资产不低于人民币3亿元，净资本不低于人民币2亿元；

（2）近3年在股票的首次发行中，担任主承销商不少于3次或担任副主承销商不少于6次；

（3）近3年连续盈利；

（4）有10名以上具备条件的证券承销业务专业人员以及相应的会计、法律、计算机专业人员；

（5）作为首次公开发行股票的发行人的主承销商，近半年没有出现在承销期内售出股票不足公开发行总数20%的记录；

（6）中国证监会规定的其他条件。

（二）股票承销方式

按发行风险的承担、所筹资金的划拨及手续费高低等因素划分，承销方式有包销和代销两种。

1. 包销

包销是指证券公司将发行人的证券按照协议全部购入或者在承销期结束时将售后剩余证券全部自行购入的承销方式。一般可分为全额包销和余额包销两种。

全额包销是指由承销商（承销团）先全额购买发行人该次发行的股票，然后再向投资人发售的承销方式。

余额包销指承销商（承销团）按照规定的发行额和发行条件，在约定期限内向投资者发售股票，到销售截止日，如投资人实际认购总额低于预定发行总额的，未售出的股票由承销商负责认购，并按约定时间向发行人支付全部证券款项的承销方式。

在承销期内，承销机构应当尽力向认购人出售所承销的股票，不得为本机构保留所承销的股票。

2. 代销

代销是指证券公司代发行人发售证券，在承销期结束时，将未售出的证券全部退还给发行人的承销方式。

（三）承销协议与承销团协议

1. 承销协议

承销协议是股票发行人就其所发行股票的承销事宜，与股票承销商签订的具有法律效力的书面文件。股票承销协议主要载明下列事项：

（1）当事人的名称、住所及法定代表人姓名；

（2）承销证券的种类、数量、金额及发行价格；

（3）承销的期限及起止日期；

（4）承销的付款方式及日期；

（5）承销的费用和结算办法；

（6）承销违约责任；

（7）国务院证券监督管理机构规定的其他事项。

2. 承销团协议

对于一次发行量特别大的股票发行，为了分散股票发行风险，往往由多家机构组成一个承销团，共同担任承销人，以减少发行风险。承销团由主承销证券公司和参与承销的证券公司组成。

承销团的发起者作为证券承销的主承销商，一般由实力雄厚的大型证券经营机构充当。发起者的任务包括：组建承销团；代表承销团与发行人签订承销协议及有关文件；决定承销团内各成员的承销份额；负责组织签订内部成员的合同和有关文件；选择证券分销商和零售商；负责稳定发行市场的证券价格。

承销团协议又称分销协议，是组建承销团的主承销商与承销团各成员，就承销事项明确各自权利与义务关系的合同文件。承销团协议大致包括以下内容：

（1）本次证券发行和担保情况的介绍；

（2）分配各成员推销的证券数量及应得报酬；

（3）各成员应承担的职责；

（4）各成员保证推销其份额的许诺；

（5）承销团及其合同的终止时间。

（四）股东登记与承销报告

1. 股东登记

股东名册上登记的股东资料是证明股东身份和股东权利的有效法律文件，同时也是保证股东所持股票顺利上市交易的重要依据。股东资料登记的具体操作方法因股票发行方式和股票配售办法的不同而有所差异。上网定价发行的股东资料登记由证券交易所的交易系统根据投资者申购情况自动记录并完成；而网下配售发行股东资料则由承销商汇总并经公证机关审核确认而完成。

2. 承销报告

证券公司包销证券的，应当在包销期满后的 15 日内，将包销情况报告中国证监会备案。证券公司代销证券的，应当在代销期满后的 15 日内，与发行人共同将证券代销情况报告中国证监会备案。

七、股票发行价格的确定

股票是一种虚拟资本，它本身是没有价值的。但是因为它能够给投资者带来股息收入，因此实际上买卖股票就是购买与转让一种领取股息收入的凭证。这就是股票价格的实质。价格以价值为中心，围绕价值上下波动，因此要首先确定股票发行的理论价值。

（一）股票发行理论价值的确定方法

1. 市盈率定价法

市盈率定价法估计股票发行价格时，首先应计算出发行人的每股收益；然后根据二级市场的平均市盈率、发行人的行业状况、发行人的经营状况及其成长性等拟定发行市盈率；最后依据发行市盈率与每股收益的乘积决定发行价。

市盈率是指股票市场价格与每股收益的比率，计算公式为：

$$市盈率 = 股票市场价格 \div 每股收益$$

它表示按公司目前的盈利水平，投资者需要多少年才能收回投资成本。

确定每股收益可以采取全面摊薄法和加权平均法。全面摊薄法就是用发行当年预测的全年净利润除以发行后总股本，直接得出净利润。在加权平均法下，每股净利润的计算公式为：

$$每股净利润 = 发行当年预测净利润 \div [发行前总股本 + 本次公开发行股本数 \times (12 - 发行月份) \div 12]$$

2. 市净率定价法

市净率定价法确定股票发行价格时，首先应根据审核后的净资产算出发行人的每股净资产；然后，根据二级市场的平均市净率、发行人的行业情况（同类行业公司股票的市净率）、发行人的经营状况及其净资产收益率等拟订发行市净率；最后依据发行市净率与每股收益的乘积决定发行价。

市净率是指股票市场价格与每股净资产的比率，计算公式为：

$$市净率 = 股票市场价格 \div 每股净资产$$

它表示投资者需要多少倍的公司净资产才能收回投资。

3. 贴现现金流量法

贴现现金流量定价法是通过预测公司未来的现金流量，按照一定的贴现率计算公司的净现值，从而确定股票发行价格的一种方法。运用贴现现金流量法的计算步骤如下：

（1）预测公司未来的自由现金流量。

公司自由现金流量指公司在持续经营的基础上除了在库存、厂房、设备、长期股权等类似资产上的投入以外能够产生的额外现金流量。

（2）预测公司的永续价值。

永续价值是公司预测期末的市场价值，可以参照公司的账面残值和当时的收益情况，选取适当的行业平均市盈率倍数或者市净率进行估算。

（3）计算加权平均资本成本。

加权平均资本成本是单项资本与其所占权重的乘积之和，并以计算出来的加权平均资本成本作为计算公司净现值的贴现收益率。

（4）计算公司现在的价值。

公司价值为企业各期自由现金流量和永续价值以加权平均资本成本作为贴现率计算出来的现值之和。

（5）计算公司股权价值。

$$公司股权价值 = 公司价值 - 净债务值$$

（6）计算公司每股股票价值。

$$公司每股股票价值 = 公司股权价值 ÷ 发行后总股本$$

（二）股票的定价方式

股票的发行定价既有理性的计算，更有对市场供求感性的判断。股价是随着股票市场景气程度不断变化的，主承销商在定价之前，首先要确定恰当的市场时机，如果在不恰当的情况下发行，可能会长期性地损害发行者的市场声誉，从而限制了发行者未来的融资选择。通过定价之前的沟通，主承销商可以探知投资者的投资兴趣和关心的问题，以便为定价作充分的准备。我国股票发行经常采取的方式主要有：

1. 协商定价

协商定价是指经过与专业投资者的沟通后，由发行人与主承销商协商确定一个固定的发行价格，并报中国证监会核准。

2. 累计投标询价

累计投标询价是指在发行中根据不同价格下投资者认购意愿确定发行价格的一种方法。主承销商将发行价格确定在一定的区间内，投资者在此区间内按照不同的发行价格申报认购数量，主承销商将所有投资者在同一价格之上的申购量累计计算，得出一系列在不同价格之上的总申购量；最后，按照总申购量超过发行量的一定倍数（即超额认购倍数），确定发行价格。

在对社会公众上网发行和对机构投资者配售相结合的发行方式下，可采用累计投标定价的方法。通常做法为根据机构投资者累计投标询价的结果，来确定发行价格及向机构投资者配售的数量，其余部分向公众投资者上网定价发行。

八、股票的上网定价发行

（一）上网定价发行方式

上网定价方式是指利用证券交易所的交易系统，主承销商作为股票的唯一"卖方"，投资者在规定的时间内，按现行委托买入股票的方式进行申购的发行方式。主承销商在上网定价发行前，应在证券交易所设立股票发行专户。

1. 股票申购的原则：

（1）有效申购总量等于该次股票发行量时，投资者按其有效申购量认购；

（2）有效申购总量小于该次股票发行量时，投资者按其有效申购量认购；

（3）有效申购总量大于该次股票发行量时，由证券交易所交易主机自动按每 1 000 股（创业板是 500 股）确定为一个申报配号，连序排号，然后通过摇号抽签，每一中签号认购 1 000 股（创业板是 500 股）股票。

2. 上网定价发行的操作程序

（1）T-3 日。

主承销商联系报社刊登招股说明书和发行公告（发行公告需经上市公司部审核同意），至证券交易所上市公司部进行招股说明书及必备附件、路演公告、发行公告的上网操作。

（2）T-2 日。

招股说明书摘要和发行公告见报；相关法定披露文件见证券交易所网站。

（3）T 日。

投资者申购，并由证券交易所反馈受理情况。

（4）T+1 日。

由中国证券登记结算有限公司将所有申购资金冻结在一家指定清算银行的申购专户中；主承销商联系会计师事务所、摇号队和公证处。

（5）T+2 日。

主承销商与会计师事务所在证券登记结算公司应对申购资金进行验资并由注册会计师出具验资报告；主承销商把验资报告送交上海证券交易所并获得中签率表；主承销商准备中签率公告，并联系报社准备次日刊登。

（6）T+3 日。

中签率公告见报；主承销商举行摇号抽签，上午 11：30 前将摇号中签号码表交上市公司部；主承销商准备摇号结果公告，并联系报社准备次日刊登。

（7）T+4 日。

中签摇号结果公告见报；证券登记结算公司对未中签部分的申购款予以解冻，并将募集资金划到主承销商制定的席位对应清算账户中。

（8）T+5 日。

主承销商将募集资金缴付发行人；发行人请会计师事务所验资并出具验资报告；证券登记结算公司向发行人提供股东磁盘。

（二）向法人投资者配售

法人投资者包括法人和证券投资基金。法人是指在中国内地登记注册的除证券经营机构以外的有权购买人民币普通股的法人。其中，与发行人业务联系紧密且欲长期持有发行人股票的法人称为战略投资者，与发行人无紧密联系的法人称为一般法人。证券投资基金可以比照战略投资者或一般法人参加预约申购。

发行人在招股意向书中必须细化和明确战略投资者的定义，使之充分体现出战略投资的意义。

（三）回拨机制

回拨机制是指在同一次发行中采取两种发行方式时，例如上网定价发行和向法人投资者配售，为了保证发行成功和公平对待不同类型投资者，先人为地设定不同发行方式下的发行数量，然后根据认购结果，按照预先公布的规则在两者之间适当调整发行数量。

第三节　股票的交易

一、股票的上市

（一）股票上市的条件

股票上市是指经核准同意，股票在证券交易所挂牌交易。股份有限公司申请其股票上市必须符合下列条件：

（1）股票经中国证监会批准已向社会公开发行；

（2）公司股本总额不少于人民币 5 000 万元；

（3）开业时间在 3 年以上，最近 3 年连续盈利；

（4）持有股票面值达人民币 1 000 元以上的股东人数不少于 1 000 人，向社会公开发行的股份达公司股份总数的 25% 以上；公司股本总额超过人民币 4 亿元的，其向社会公开发行股份的比例为 15% 以上；

（5）公司在最近 3 年内无重大违法行为，财务会计报告无虚假记载。

（二）股票上市推荐人制度

上海、深圳证券交易所实行股票上市推荐人制度。公司向证券交易所申请股票上市，必须由证券交易所认可的 1~2 个机构推荐。

1. 上市推荐人的条件

（1）具有证券交易所会员资格；

（2）从事股票承销工作或具有交易所认可的其他资格 1 年以上且信誉良好；

（3）最近 1 年内无重大违法违规行为；

（4）负责推荐工作的主要业务人员熟悉证券交易所有关上市的业务规则。

2. 上市推荐人的义务

（1）确认发行人符合上市条件；

（2）确保发行人的董事了解法律、法规及交易所的《股票上市规则》、股票上市协议规定的董事的义务与责任；

（3）协助发行人申请股票上市，并办理与股票上市相关的事宜；

（4）提交股票上市推荐数；

（5）对股票上市文件所载的资料进行核实，保证文件内容真实、准确、完整，符合规定的要求；

（6）协助发行人健全法人治理结构；

（7）协助发行人制定严格的信息披露制度和保密制度。

3. 上市推荐书的内容

（1）发行人的概况；

（2）申请上市股票的发行情况；

（3）发行人与上市推荐人是否存在关联关系及存在何种关联关系；

（4）公司章程符合法律、法规和中国证监会的规定以及发行人符合上市条件的说明；

（5）上市推荐人认为发行人需要说明的重要事项和存在的问题；

（6）上市推荐人需要说明的其他内容。

二、股票交易的原则

（一）股票交易的概念

股票交易是指买卖已发行股票的交易活动。股票交易与股票发行不同，但又与股票发行有着密切的联系，两者相互促进、相互制约。一方面，股票发行是股票交易的前提和基础，为股票交易提供了对象；另一方面，股票交易是股票发行的保证和重要支撑，股票交易使股票具有了流动性，保证了股票发行的顺利进行。

（二）股票交易的原则

股票交易的原则是贯彻于股票交易全过程的、反映股票交易宗旨的最基本的法则，它对于股票交易的各项具体规则具有指导意义，对股票交易实践活动具有概括性调整作用。股票交易必须遵循以下三个原则：

1. 公开

公开原则的核心是要求实现市场信息的公开化。公开原则要求公开的信息必须真实、完整、及时和易得。

2. 公平

公平原则是指股票交易各方享有的权利和义务必须是公平的，应当在相同条件下和平等的机会中进行交易，拥有平等的法律地位，各自的合法权益能够得到公平的保护。

3. 公正

公正原则是针对股票监督管理机构的监管行为而言的，是指股票监督管理机构应该公正地对待股票交易的参与各方以及处理股票交易事务。根据公正原则，股票立法机构应当制定体现公平精神的法律、法规和政策，股票监督管理部门应当根据法律授予的权限公正履行监督管理职能，公正处理股票交易的违法、违规行为。

三、股票交易的流程

（一）开户

投资者进行股票交易需要开设证券账户和资金账户。投资者只有开设了证券账户和资金账户后，才可以进行股票交易。

1. 证券账户

证券账户是指中国证券登记结算有限责任公司为申请人开出的记载其证券持有及

变更的权利凭证，是投资者进行证券交易的先决条件。

自然人及一般机构开立证券账户，由开户代理机构受理；证券公司和基金管理公司等机构开立证券账户，由中国登记结算公司受理。

（1）境内自然人开户要求。

自然人申请开立证券账户时，必须由本人前往开户代办点（一般是证券公司营业部）填写《自然人证券账户注册申请表》，并提交本人有效身份证明文件（居民身份证）及复印件。委托他人代办的，还需提供经公证的委托代办书、代办人的有效身份证明文件及复印件。

（2）境内法人开户要求。

法人申请开立证券账户时，必须填写《机构证券账户注册申请表》，并提交有效的法人身份证明文件及复印件或加盖发证机关确认章的复印件，经办人有效身份证明文件及复印件，法定代表人证明书，法定代表人授权委托书，法定代表人的有效身份证明文件及复印件。

证券公司和基金管理公司开户，还需提供中国证监会颁发的证券经营机构营业许可证和证券账户自律管理承诺书。

（3）B股交易的开户要求。

境内居民个人从事B股交易前，根据现行有关规定，先要开立B股资金账户，再开立B股证券账户。境内居民个人凭本人有效身份证明到其原外汇存款银行，将其现汇存款和外币现钞存款划入欲委托B股交易的证券公司在同城、同行的B股保证金账户，然后凭本人有效身份证明和本人进账凭证到该证券公司开立B股资金账户，最后凭B股资金账户开户证明开立B股账户。

境外从事B股交易的个人投资者申请开立B股账户时，必须提供其姓名、身份证或护照、国籍、通信地址、联系电话等内容和资料。

境外从事B股交易的机构投资者申请开立B股账户时，必须填写和提供其机构名称、商业注册登记证明（法人有效身份证明文件）、经办人有效身份证明文件、境外法人董事会、董事或主要股东授权委托书及授权人的有效身份证明文件与复印件等内容和资料，必须通过具有B股代理开户资格的境内外名册登记代理机构，向结算公司办理登记手续。中介机构负责审核并送达登记结算公司，由结算公司向投资者提供登记号，完成开户手续。境外投资者在办理名册登记时，还须选择一家结算会员为其办理股票结算交收。

（4）合格境外机构投资者开户要求。

合格机构投资者应当在选定为其进行证券交易的境内证券公司后，委托托管人为其申请开立证券账户。托管人依照中国证券登记结算有限责任公司的业务规则直接向其上海、深圳分公司提出申请。

（5）特殊法人机构证券账户开立要求。

根据2004年12月1日发布的《中国证券登记结算有限责任公司特殊法人机构证券账户开立业务实施细则》规定，证券公司、信托公司、保险公司、基金公司和社会保障类公司等国家法律法规和行政规章规定需要资产分户管理的特殊法人机构的证券账户开立必须直接到登记结算公司办理。

2. 资金账户

资金账户是投资者在证券经纪商处开立的用于证券交易资金清算、记录资金的币种、余额和变动情况的专用账户。

投资者个人开立资金账户时，必须提交本人身份证和证券账户卡。

投资者是企业时，经办人应提交企业营业执照复印件、法人证券账户卡、企业法定代表人签署的授权委托书和本人身份证。授权委托书应载明被授权人姓名、证券账号、证券买卖及资金调拨权限、授权有效期等内容，并由授权人签字。

证券营业部资金核算系统与银行储蓄网络系统实现联网，投资者可在银行开立储蓄账户，申领借记卡，并在向证券营业部和银行申请开通银证转账功能后，通过银行的 POS 机或电话银行功能，实现证券交易的资金账户和银行储蓄账户之间的转账。银证转账的通常做法是：客户在证券营业部开立资金账户存放证券交易结算资金，资金账户与银行储蓄账户为两个独立的账户，客户通过拨打证券公司（或银行）转账电话实现资金在银行储蓄账户与证券公司资金账户之间的相互划转。

3. 客户证券交易结算资金第三方存管

（1）第三方存管的含义。

客户证券交易结算资金第三方存管是指按照"券商托管证券，银行存管资金"的原则，将客户证券交易结算资金由过去的券商管理，转为现在的银行管理。证券公司将客户证券交易结算资金交由银行等独立的第三方存管，证券公司将不再接触客户证券交易结算资金，而由存管银行负责投资者交易清算与资金交收。

我国证券市场是在体制转轨过程中建立和发展起来的新兴市场，由于证券市场法律体系不完善，交易管理制度设计存在缺陷，证券公司法人治理结构不健全和自我守法合规意识不强等因素，一些证券公司出现了挪用、质押客户证券交易结算资金，占用客户资产等违法违规现象，给客户造成了巨大经济损失。因此证监会推行第三方存管制度，旨在从源头切断证券公司挪用客户证券交易结算资金的通道，从制度上杜绝证券公司挪用客户证券交易结算资金现象的发生，从根本上建立起确保客户证券交易结算资金安全运作的制度，达到控制行业风险、防范道德风险、保护投资者利益、维护金融体系稳定的目的。

（2）操作程序。

实施客户证券交易结算资金第三方存管制度后，客户可以在存管银行网点或证券公司的营业网点办理开户业务，在存管银行的系统中生成客户证券交易结算资金账号，在证券公司的系统中生成客户号。遵循"证券公司管交易，商业银行管资金、登记公司管证券"的原则，证券公司负责客户证券交易买卖，登记公司负责交易结算并托管股票，商业银行负责客户证券交易结算资金账户的转账、现金存取以及其他相关业务。

（二）股票交易的委托

由于证券交易所只接受它的会员的买卖申报，不允许一般投资者直接向证券交易所进行股票交易的买卖申报。一般投资者只能以委托的方式，委托作为证券交易所会员的股票经纪商进行股票交易。

所谓股票交易的委托买卖是指股票经纪商接受投资者委托，代理投资者买卖股票，从中收取佣金的交易行为。投资者买入股票时，必须将委托买入所需款项全额存入其资金账户，不得透支操作买入股票；卖出股票时，必须是其股票账户中实有的股票、债券或将债券足额交给股票商，不得卖空操作。

1. 委托形式

（1）柜台委托。

柜台委托是指委托人亲自或由其代理人到股票营业部柜台，根据委托程序和必需的证件采用书面方式表达委托意向，由本人填写委托单并签章的形式。

（2）传真委托和函电委托。

这是指委托人填写委托内容后，将委托书采用传真或函电方式表达委托意向，提出委托要求。

（3）电话委托。

电话委托是指委托人通过电话形式表明委托意向，提出委托要求。

（4）自助终端委托。

这是指委托人通过股票营业部设置的专用委托电脑终端，凭借股票交易磁卡和交易密码进入电脑交易系统委托状态，自行将委托内容输入电脑交易系统，以完成股票交易的一种委托形式。

（5）网上委托。

这是指股票经纪商的电脑交易系统与互联网联结，委托人通过上网凭借交易账号、交易密码进入股票经纪商的电脑交易系统委托状态，自行将委托内容输入到电脑交易系统，完成股票交易。

2. 委托指令

委托指令是投资者向股票经纪商发出的进行股票交易的一组命令。在委托交易过程中，委托指令内容有多项，正确输入委托指令是投资决策得以实施和保护投资者权益的重要环节。委托指令的主要内容包括以下几个方面：

（1）股票账户号码。

股票账号是指投资者在中国结算公司或代理机构处所开立的上海股票账户号码和深圳股票账户号码。

（2）委托买卖方向。

委托买卖方向是指投资者买入股票还是卖出股票。

（3）股票交易品种。

股票交易品种通常使用股票简称或股票代码，委托买卖的股票简称必须与股票代码一致。

（4）委托数量。

委托数量指股票买卖的数量，可分为整数委托和零数委托。沪、深证券交易所规定：零股只能卖出，不能买进。一个交易单位俗称"1手"，1手股票＝100股，1手基金＝100份，1手债券＝1 000元面额。投资者买卖股票只能是相当于1手或者1手整数倍的股票数量。

（5）委托价格。

委托价格是指委托买卖股票的价格。一般分为市价委托和限价委托。

市价委托是指投资者要求股票经纪商按交易所内当时的市场价格买进或者卖出时发出的委托指令。

限价委托是指投资者要求股票经纪商在执行委托指令时，必须按限定的价格或比限定价格更有利的价格买卖股票，即必须以限价或低于限价买进股票，以限价或高于限价卖出股票。

（6）委托有效期。

我国现行规定的委托有效期为委托指令当日有效。

3. 委托受理与执行

股票营业部收到投资者的委托后，应对委托人的身份、委托内容以及卖出股票数量、买入股票的实际资金余额进行审查，经审查合格后才能接受委托。审查的内容有以下三个方面：股票营业部对参加股票交易的投资者进行交易资格审查；股票营业部审查委托单的合法性和一致性；股票营业部查验投资者在买入股票时是否有足够的资金，在卖出股票时是否有足够的股票。股票经纪商审查完毕后，正式接受委托。

股票营业部接受客户委托，应当根据委托指令载明的股票名称、买卖数量、出价方式、价格幅度等按照交易规则代理买卖股票；买卖成交后应当按规定制作买卖成交报告单交付客户。

4. 委托撤销

在委托未成交之前，委托人有权变更和撤销委托。对委托人撤销的委托，股票营业部须及时将冻结的资金或股票解冻。股票营业部申报竞价成交后，买卖即告成立，成交部分不得撤销。

（三）股票交易的竞价

股票交易采取竞争性报价（简称"竞价"）方式成交，这区别于普通买卖的询价方式。

1. 竞价的原则

证券交易所内的证券交易按"价格优先、时间优先"的原则竞价成交。

（1）价格优先的原则。

价格较高的买进申报优先于价格较低的买进申报，价格较低的卖出申报优先于价格较高的卖出申报。

（2）时间优先的原则。

同价位申报，依照申报时间决定优先顺序，即买卖方向、价格相同的，先申报者优先于后申报者。先后顺序按证券交易所交易电脑主机接受证券经纪商申报的时间确定，而不是按照投资者向证券经纪商发出委托指令的时间确定。

2. 竞价的方式

目前证券交易所规定，在每日开盘时采用集合竞价方式，在日常交易中采用连续竞价方式。

（1）集合竞价。

集合竞价是在每个交易日的规定时间内，上午9：15-9：25，由投资者按照自己所能接受的心理价格，在规定的涨跌幅范围内，自由地进行买卖申报，证券交易所电脑交易系统对全部有效委托进行一次性集中撮合处理的过程。集合竞价的目的是为了确定当日开盘价格。

（2）连续竞价。

连续竞价是以每个交易日的上午9：30-11：30和下午13：00-15：00为连续竞价时间。连续竞价的特点是，每一笔买卖委托输入电脑自动撮合系统后，当即判断并进

49

行不同的处理，能成交者予以成交，不能成交者等待机会成交，部分成交者则让剩余未成交部分继续等待。

（四）股票交易的成交

1. 集合竞价的成交

集合竞价成交价格的确定原则为：

（1）成交量最大的价位；

（2）高于成交价格的买进申报与低于成交价格的卖出申报全部成交；

（3）与成交价格相同的买方或卖方至少有一方全部成交；

（4）两个以上价位符合上述条件的，上海证券交易所取其中间价为成交价，深圳证券交易所取距离前收盘价最近的价位为成交价。

2. 连续竞价的成交

连续竞价成交价格的确定原则为：

（1）最高买入申报与最低卖出申报价位相同，以该价格为成交价格；

（2）买入申报价格高于即时揭示的尚未成交的最低卖出申报价格时，成交价格为最低卖出申报价格；

（3）卖出申报价格低于即时揭示的尚未成交的最高买入申报价格时，成交价格为最高买入申报价格。

3. 竞价成交的结果

证券交易竞价的结果有三种可能：

（1）全部成交。委托人的委托如果全部成交，证券公司应及时通知委托人按规定的时间办理交割手续。

（2）部分成交。委托人的委托如果未能全部成交，证券公司在委托有效期内可继续执行，直到有效期结束。

（3）不成交。委托人的委托如果未能成交，证券公司在委托有效期内可继续执行，等待机会成交，直到有效期结束。对委托人失效的委托，证券公司需及时将冻结的资金或证券解冻。

（五）股票交易的交割

1. 清算与交割、交收的概念

清算与交割、交收是整个股票交易过程中必不可少的两个重要环节。股票清算和交割、交收两个过程统称为股票结算。

股票清算是指登记结算公司对每个证券公司成交的股票数量与价款分别予以轧抵，对股票和资金的应收或应付净额进行计算的处理过程。

在股票交易过程中，当买卖双方达成交易后，应根据股票清算的结果在事先约定的时间内履行合约，买方需交付一定款项以获得所购股票，卖方需支付一定股票以获得相应价款。在这一钱货两清的过程中，股票的收付称为交割，资金的收付称为交收。

2. 交割、交收方式

股票交易的交割、交收方式如表 2-1 所示。

表 2-1 股票交易的交割、交收方式

种类	方式	简记
当日交割交收	股票买卖双方在股票交易达成之后，于成交当日即进行股票的交割和价款的交收	T+0
次日交割交收	股票买卖双方在股票交易达成之后，于下一个营业日进行股票的交割和价款的交收	T+1
例行日交割交收	股票买卖双方在股票交易达成之后，按交易所的规定，在成交日后的某个营业日进行交割、交收	T+n
特约日交割交收	股票买卖双方在股票交易达成之后，由双方根据具体情况商定，在从成交日算起 15 天以内的某一特定契约日进行交割、交收	T+n

（六）股票交易的过户与登记

1. 股票的过户

股票过户是股权和债权在投资者之间的转移。交割、交收只是意味着股票交易的履约，股票的买方向股票的卖方支付了款项，股票的卖方向股票的买方支付了股票，并不意味着股票交易程序的最后了结。发行股票的公司花名册上仍然记录着原有股东和债权人的姓名及持有股票的情况，此时新的股票持有人还不能算是真正的股票合法持有人，因此，需要进行股票的过户，变更公司股东和债权人花名册上股东和债权人姓名及持券情况。只有办理股票过户手续，才可以使股票交易的买方获得股票所代表的全部权利，才能作为合法持有人享受领取股息和红利、参加公司的股东会，要求还本付息等权利。

目前，上海证券交易所的过户手续采用电脑自动过户，买卖双方一旦成交，过户手续即可自动完成。深圳证券交易所也采用先进的过户手续，买卖双方成交后用光缆把成交情况传到股票登记结算公司，将股票交易情况记录在股东开设的账户上。至此，整个股票交易过程才宣告结束。

2. 股票的登记

股票的登记是指证券登记结算公司受股票发行人的委托，将其股票持有人的股票进行注册登记的行为。股票登记是确定或变更股票持有人及其权利的法律行为，是保障投资者合法权益的重要环节，也是规范股票发行和股票交易过户的关键所在。股票登记按性质划分可以分为股票发行（包括首次公开发行、增发、送股或转增股本、配股等）登记、变更登记、退出登记等。

（七）股票交易的税费

投资者在委托买卖股票时需支付的各种费用和税收，包括委托手续费、佣金、过户费、印花税等（如表 2-2 所示）。

表 2-2 股票交易的费用与税收

收费项目	印花税(卖时)	佣金	过户费
深圳 A 股	1‰	≤3‰，起点 5 元	无
上海 A 股	1‰	≤3‰，起点 5 元	0.001 元/股，起点：1 元

表2-2(续)

收费项目	印花税(卖时)	佣金	过户费
深圳 B 股	1‰	≤3‰	0.5‰
上海 B 股	1‰	≤3‰，起点 1 美元	0.5‰
封闭式基金、权证	无	≤3‰，起点 5 元	无
可转换债券	无	≤1‰	无
国债	无	≤1‰	无
企业债券	无	≤1‰	无

四、股票交易的价格

在股票每个交易日交易的过程中有几个价格对投资者来说比较重要，需要投资者特别注意。

1. 开盘价

开盘价是指股票在证券交易所每个交易日开市后的第一笔买卖成交价格。开盘价通常采用集合竞价的方式确定。如果开市后一段时间内（通常为半小时）某种证券没有买卖或没有成交，则取前一日的收盘价作为当日证券的开盘价。

2. 收盘价

通常指某种证券在证券交易所每个交易日里的最后一笔买卖成交价格。在我国深圳证券交易所和上海证券交易所，股票收盘价的确定有所不同，上海证券交易所股票收盘价是以每个交易日最后一分钟内的所有成交加权平均计算得出的，而深圳证券交易所收盘价是最后三分钟通过集合竞价方式产生的，若不能产生收盘价的，则按最后交易前一分钟所交易的成交量的加权平均价作为股票收盘价。

3. 最高价

指股票在每个交易日从开盘到收盘的交易过程中所产生的最高价格。

4. 最低价

指股票在每个交易日从开盘到收盘的交易过程中所产生的最低价格。

5. 涨跌幅度

我国对每种股票当日成交价格实行涨跌幅度限制。涨跌幅度为上一个交易日股票收盘价格的10%。也就是说，当日成交的最高价格（称为"涨停价"）是上个交易日收盘价格的110%（ST 股票为105%），当日成交的最低价格（称为"跌停价"）是上个交易日收盘价格的90%（ST 股票为95%）。当日成交价格只能在跌停价和涨停价之间波动。

6. 除息、除权价

股票发生权益分派、公积金转增股本、配股等情况，证券交易所在权益登记日的次一交易日对该证券的前收盘价作除权除息处理。股权登记日收盘前买入该证券的投资者享有权益的分配权和配股优先权，为了体现对股权登记日以后买入该证券投资者的公平性，对证券价格作除权除息处理。股权登记日以后的证券交易价格都是指除权除息以后的价格。除权（息）价格的计算公式为：

除权(息)价格＝(前收盘价格−现金红利+配股价格×配股变动比例)÷(1+配股变动
　　　　　　比例+送股比例)

五、股票交易的运行制度

（一）挂牌、摘牌制度

证券交易所对上市股票实行挂牌交易。股票上市期届满或依法不再具备上市条件的，证券交易所终止其上市交易，称为摘牌。

股票交易出现异常波动的，交易所可以决定停牌。停牌是指暂停有关股票的交易。暂停交易的股票恢复交易，称为复牌。

（二）股票交易信息公开制度

证券交易所每个交易日公开发布股票交易即时行情、股票指数、股票交易公开信息等交易信息，及时编制反映市场成交情况的各类日报表、周报表、月报表和年报表，并公开发布。

1. 即时行情

每个交易日开盘集合竞价期间即时行情内容包括：股票代码、股票简称、前收盘价格、虚拟开盘参考价格、虚拟匹配量和虚拟未匹配量。

连续竞价期间即时行情内容包括：股票代码、股票简称、前收盘价格、最新成交价格、当日最高成交价格、当日最低成交价格、当日累计成交数量、当日累计成交金额、实时最高五个买入申报价格和数量、实时最低五个卖出申报价格和数量。

2. 股票指数

证券交易所编制综合指数、成分指数、分类指数等股票指数，以反映股票交易总体价格或某类股票价格的变动和走势，跟随股票即时行情同时发布。

3. 股票交易公开信息

有价格涨跌幅限制的股票、封闭式基金竞价交易出现下列情形之一的，交易所会公布当日买入、卖出金额最大的五家会员营业部的名称及其买入、卖出金额：

（1）日收盘价格涨跌幅偏离值达到±7%的各前三只股票。

收盘价格涨跌幅偏离值的计算公式为：

　　　　　收盘价格涨跌幅偏离值＝单只股票涨跌幅−对应分类指数涨跌幅

（2）日价格振幅达到15%的前三只股票。

价格振幅的计算公式为：

　　　　　价格振幅＝(当日最高价格−当日最低价格)÷当日最低价格×100%

（3）日换手率达到20%的前三只股票。

换手率的计算公式为：

　　　　　换手率＝成交股数÷流通股数×100%

（三）大宗交易制度

大宗交易指一笔数额较大的股票买卖。股票买卖符合以下条件的，可以采用大宗交易方式：

A股单笔买卖申报数量应当不低于50万股，或者交易金额不低于300万元人民币。

B股单笔买卖申报数量应当不低于50万股，或者交易金额不低于30万美元。

接受大宗交易申报的时间为每个交易日9：30-11：30、13：00-15：30。大宗交易的申报包括意向申报和成交申报。意向申报指令应包括股票账号、股票代码、买卖方向等。成交申报指令应包括股票代码、股票账号、买卖方向、成交价格、成交数量等。当意向申报被会员接受时，申报方应当至少与一个接受意向申报的会员进行成交申报。

有涨跌幅限制股票的大宗交易成交价格，由买卖双方在当日涨跌幅价格限制范围内确定。无涨跌幅限制股票的大宗交易成交价格，由买卖双方在前收盘价的上下30%或当日已成交的最高、最低价之间自行协商确定。

大宗交易不纳入即时行情和指数的计算，成交量在大宗交易结束后计入该股票成交总量。每个交易日大宗交易结束后，属于股票和基金大宗交易的，证券交易所公告股票名称、成交价、成交量及买卖双方所在会员营业部的名称等信息；属于债券和债券回购大宗交易的，证券交易所公告股票名称、成交价和成交量等信息。

（四）回转交易制度

回转交易是指当日（T日）买入的股票，在交割日之前卖出的交易。其中T+0回转交易制度是指在该项制度下，投资者可以在该交易日的任何营业时间内反向卖出已经买入但尚未交收的股票。目前只有债券可以进行T+0回转交易，即投资者买入的债券经证券交易所交易主机确认成交后，可以在当日全部或部分卖出。

（五）风险警示制度

上市公司出现财务状况异常情况或者其他异常情况，导致其股票存在被终止上市的风险，或者投资者难以判断公司前景，投资者权益可能受到损害的，证券交易所对该公司股票实施风险警示。

风险警示分为警示存在终止上市风险的风险警示（以下简称"退市风险警示"）和警示存在其他重大风险的其他风险警示。

1. 退市风险警示的条件

上市公司出现以下情形之一的，证券交易所对其股票实施退市风险警示：

（1）最近两个会计年度经审计的净利润连续为负值或者被追溯重述后连续为负值；

（2）最近一个会计年度经审计的期末净资产为负值或者被追溯重述后为负值；

（3）最近一个会计年度经审计的营业收入低于1 000万元或者被追溯重述后低于1 000万元；

（4）最近一个会计年度的财务会计报告被会计师事务所出具无法表示意见或者否定意见的审计报告；

（5）因财务会计报告存在重大会计差错或者虚假记载，被中国证监会责令改正但未在规定期限内改正，且公司股票已停牌两个月；

（6）未在法定期限内披露年度报告或者中期报告，且公司股票已停牌两个月；

（7）公司可能被解散；

（8）法院依法受理公司重整、和解或者破产清算申请；

（9）因股权分布不具备上市条件，公司在规定的一个月内向证券交易所提交解决股权分布问题的方案，并获得证券交易所同意；

（10）交易所认定的其他情形。

2. 其他风险警示的条件

上市公司出现以下情形之一的，交易所对其股票实施其他风险警示：

（1）被暂停上市的公司股票恢复上市后或者被终止上市的公司股票重新上市后，

公司尚未发布首份年度报告；

（2）生产经营活动受到严重影响且预计在三个月内不能恢复正常；

（3）主要银行账号被冻结；

（4）董事会会议无法正常召开并形成决议；

（5）公司被控股股东及其关联方非经营性占用资金或违反规定决策程序对外提供担保，情形严重的；

（6）中国证监会或证券交易所认定的其他情形。

3. 风险警示的措施

第一，上市公司股票被实施退市风险警示的，在公司股票简称前冠以"＊ST"（Special Treatment）字样，以区别于其他股票。上市公司股票被实施其他风险警示的，在公司股票简称前冠以"ST"字样，以区别于其他股票。

第二，股票报价的日涨跌幅限制为前一个交易日收盘价格的5%。

（六）融资融券制度

融资融券交易又称信用交易，分为融资交易和融券交易。融资交易就是投资者以资金或证券作为质押，向券商借入资金用于证券买卖，并在约定的期限内偿还借款本金和利息；融券交易是投资者以资金或证券作为质押，向券商借入证券卖出，在约定的期限内，买入相同数量和品种的证券归还券商并支付相应的融券费用。

与普通证券交易相比，融资融券交易在许多方面有较大的区别，归纳起来主要有以下几点：

1. 保证金要求不同

投资者从事普通证券交易须提交100%的保证金，即买入证券须事先存入足额的资金，卖出证券须事先持有足额的证券。而从事融资融券交易，投资者只需交纳一定的保证金，即可进行保证金一定倍数的买卖（买空卖空），在预测证券价格将要上涨而手头没有足够的资金时，可以向证券公司借入资金买入证券，并在高位卖出证券后归还借款；预测证券价格将要下跌而手头没有证券时，则可以向证券公司借入证券卖出，并在低位买入证券归还。

2. 法律关系不同

投资者从事普通证券交易时，其与证券公司之间只存在委托买卖的关系。而从事融资融券交易时，其与证券公司之间不仅存在委托买卖的关系，还存在资金或证券的借贷关系，因此还要事先以现金或证券的形式向证券公司交付一定比例的保证金，并将融资买入的证券和融券卖出所得资金交付证券公司一并作为担保物，投资者在偿还借贷的资金、证券及利息、费用，并扣除自己的保证金后有剩余的，即为投资收益（盈利）。

3. 风险承担和交易权利不同

投资者从事普通证券交易时，风险完全由其自行承担，所以几乎可以买卖所有在证券交易所上市交易的证券品种。而从事融资融券交易时，如不能按时、足额偿还资金或证券，还会给证券公司带来风险，所以投资者只能在证券公司确定的融资融券标的证券范围内买卖证券，而证券公司确定的融资融券标的证券均在证券交易所规定的标的证券范围之内，这些证券一般流动性较大、波动性相对较小、不易被操纵。

4. 杠杆效应不同

投资者可以通过向证券公司融资融券，扩大交易筹码，具有一定的财务杠杆效应，通过这种财务杠杆效应来获取收益。

5. 交易控制不同

投资者从事普通证券交易时，可以随意自由买卖证券，可以随意转入转出资金。而从事融资融券交易时，如存在未关闭的交易合约时，需保证融资融券账户内的担保品充裕，达到与券商签订融资融券合同时要求的担保比例，如担保比例过低，券商可以停止投资者融资融券交易及担保品交易，甚至对现有的合约进行部分或全部平仓。

六、股票的退市

上市公司出现下列情形之一的，由证券交易所决定终止其股票上市：

（1）因净利润、净资产、营业收入或者审计意见类型触及退市风险警示规定的标准，其股票被暂停上市后，公司披露的最近一个会计年度经审计的财务会计报告存在扣除非经常性损益前后的净利润孰低者为负值、期末净资产为负值、营业收入低于1 000万元或者被会计师事务所出具保留意见、无法表示意见、否定意见的审计报告等四种情形之一；

（2）因净利润、净资产、营业收入或者审计意见类型触及退市风险警示规定的标准，其股票被暂停上市后，公司未能在法定期限内披露最近一年的年度报告；

（3）因未在规定期限内按要求改正财务会计报告中的重大差错或者虚假记载触及退市风险警示规定的标准，其股票被暂停上市后，公司在两个月内仍未按要求改正财务会计报告；

（4）因未在规定期限内披露年度报告或者中期报告触及退市风险警示规定的标准，其股票被暂停上市后，公司在两个月内仍未按要求披露相关定期报告；

（5）在交易所仅发行A股股票的上市公司，通过证券交易所交易系统连续120个交易日（不包含公司股票停牌日）实现的累计股票成交量低于500万股，或者连续20个交易日（不包含公司股票停牌日）的每日股票收盘价均低于股票面值；

（6）在交易所仅发行B股股票的上市公司，通过证券交易所交易系统连续120个交易日（不包含公司股票停牌日）实现的累计股票成交量低于100万股，或者连续20个交易日（不包含公司股票停牌日）的每日股票收盘价均低于股票面值；

（7）在交易所既发行A股股票又发行B股股票的上市公司，其A、B股股票的成交量或者收盘价同时触及本条第5项和第6项规定的标准；

（8）公司股本总额发生变化不再具备上市条件，在交易所规定的期限内仍不能达到上市条件；

（9）因股权分布发生变化不具备上市条件触及退市风险警示规定的标准，其股票被暂停上市后，公司在暂停上市六个月内股权分布仍不具备上市条件；

（10）上市公司或者收购人以终止股票上市为目的回购股份或者要约收购，在方案实施后，公司股本总额、股权分布等发生变化不再具备上市条件；

（11）上市公司被吸收合并；

（12）股东大会在公司股票暂停上市期间作出终止上市的决议；

（13）公司解散；

（14）公司被法院宣告破产；

（15）因净利润、净资产、营业收入、审计意见类型触及退市风险警示规定的标准，其股票被暂停上市后，公司在法定期限内披露了最近一年年度报告，但未在其后的五个交易日内提出恢复上市申请；

（16）因未在规定期限内按要求改正财务会计报告中的重大差错或者虚假记载触及退市风险警示规定的标准，其股票被暂停上市后，公司在两个月内披露了按要求改正的财务会计报告，但未在其后的五个交易日内提出恢复上市申请；

（17）因未在规定期限内披露年度报告或者中期报告触及退市风险警示规定的标准，其股票被暂停上市后，公司在两个月内披露了相关定期报告，但未在其后的五个交易日内提出恢复上市申请；

（18）因股本总额发生变化不再具备上市条件或者股权分布发生变化不具备上市条件触及退市风险警示规定的标准，其股票被暂停上市后，公司股本总额在规定的期限内或者股权分布在六个月内重新具备上市条件，但未在其后的五个交易日内提出恢复上市申请；

（19）恢复上市申请未被受理；

（20）恢复上市申请未获同意；

（21）交易所认定的其他情形。

自交易所公告对上市公司股票作出终止上市的决定之日后的五个交易日届满的下一交易日起，公司股票进入退市整理期。退市整理期的交易期限为三十个交易日。上市公司股票在退市整理期届满后的次日终止上市，交易所对其予以摘牌。

上市公司股票被终止上市后，公司应当选择并申请将其股票转入全国性的场外交易市场、其他符合条件的区域性场外交易市场或者交易所设立的退市公司股份转让系统进行股份转让。公司选择转入交易所之外的交易市场的，应当聘请具有主办券商业务资格的证券公司（简称"代办机构"）并与其签订相关协议。

思考题：

1. 开立证券账户的原则是什么？
2. 简述客户证券交易结算资金第三方存管。
3. 证券交易委托指令包括哪些内容？
4. 证券交易竞价和成交的原则是什么？
5. 如何计算股票的除息、除权参考价？
6. 清算与交割、交收的区别是什么？
7. 为什么要进行证券交易后的过户？
8. 施行退市风险警示制度的条件和措施各有哪些？

第三章
债券

教学目的与要求：

通过本章的学习，使学生掌握债券的票面要素，债券的分类，债券发行的方式，股票发行价格和票面利率的确定，债券交易的流程，债券交易的运行制度；理解债券发行的条件，债券发行的承销，债券的信用评级，债券的上市与退市，债券交易的价格。

第一节　债券概述

一、债券的含义和特征

债券是发行人依照法定程序发行，并约定在一定期限还本付息的有价证券。是债权的一种证明凭证即债权凭证。

债券有四个方面的含义：其一，发行人是借入资金的经济主体；其二，投资者是出借资金的经济主体；其三，发行人需要在一定时期付息还本；其四，反映了发行者和投资者之间的债权债务关系，而且是这一关系的法律凭证。

债券是一种有价证券，是有价证券中的资本证券。债券也是一种虚拟资本，债券的流动并不意味着它所代表的实际资本也同样流动，债券独立于实际资本之外。

二、债券的票面要素

债券作为证明债权债务关系的凭证，一般用具有一定格式的票面形式来表现，也就是说债券是一种要式证券，所以债券票面上的基本要素有以下四个：

（一）债券的票面价值

在债券的票面价值中要考虑两个方面。第一，要规定票面价值的币种，即以何种货币作为债券价值的计量标准。一般来说，在国内发行的债券通常以本国本位货币作为面值的计量单位；在国际金融市场筹资，则通常以债券发行地所在国家或地区的货币或以国际上通用的货币为计量标准。此外确定币种还应考虑债券发行者本身对币种的需要。第二，要规定债券的票面金额。票面金额大小不同，可以适应不同的投资对象，同时也会产生不同的发行成本。票面金额定得较小，有利于小额投资者购买，持有者分布面广，但债券本身的印刷及发行工作量大，费用可能较高；票面金额定得较大，有利于少数大额投资者认购，且印刷费用等也会相应减少，但会使小额投资者无法参与。因此债券票面金额的确定要根据债券的发行对象、市场资金供给情况及债券发行费用等因素综合考虑。

（二）债券的偿还期限

债券偿还期限是指债券从发行之日起至偿清本息之日止的时间。各种债券有着不同的偿还期限，短则几个月，长则几十年，习惯上有短期债券、中期债券和长期债券之分。

发行人在确定债券期限时，主要考虑：第一，资金使用方向。债务人借入资金可能是为了弥补自己临时性资金周转之短缺，也可能是为了长期资金的需求。在前者情况下，可以发行一些短期债券；在后者情况下，可以相应地发行中长期债券。这样安排的好处是既能保证发行人的资金需要，又不使其因占用资金时间过长而多承担利息。第二，市场利率变化。债券偿还期限的确定应根据市场利率情况，相应选择有助于减少发行者筹资成本的期限。一般来说，当未来市场利率趋于下降时，应选择发行期限较短的债券，这样可以避免市场利率下跌后仍负担较高的利息；而当未来市场利率趋于上升时，应选择发行期限较长的债券，这样在市场利率趋高情况下仍可保持较低的利息负担。第三，债券变现能力。这一因素与债券流通市场发育程度有关。如果流通市场发达，债券容易变现，那么购买长期债券无变现之忧，长期债券的销路就可能好一些；如果流通市场不发达，投资者买了长期债券而又急需资金时不易变现，长期债券的销路就可能不如短期债券。

（三）债券的利率

债券利率是债券利息与债券票面价值的比率，通常用年利率且其以百分数表示。债券利息对于债务人来说是筹资成本，对于债权人来说是其投资收益。因此，利率成为债券票面要素中不可缺少的内容。

在实际经济生活中，债券利率受很多因素影响，主要有：第一，市场利率水平。市场利率普遍较高时，债券的利率也相应较高，否则投资者会选择其他金融资产投资而舍弃债券；反之，市场利率较低时，债券利率也相应较低。第二，筹资者的资信。如果债券发行人的资信状况好，债券信用等级高，投资者的风险就小，债券利率可以定得低一些；如果债券发行人的资信状况差，债券信用等级低，投资者的风险就大，债券利率就需要定得高一些。此时利率差异反映了风险的大小，高利率是对高风险的补偿。第三，债券期限的长短。一般来说，期限较长的债券，流动性差，风险相对较大，利率应该定得高一些；而期限较短的债券，流动性强，风险相对较小，利率就可以定得低一些。不过债券利率与期限的关系是较为复杂的，它们还受其他因素的影响，所以有时也能见到短期债券利率高而长期债券利率低的不符合投资理性的现象。

（四）债券发行者名称

这一要素指明了该债券的债务主体，也为债权人到期追索本金和利息提供了依据。

三、债券与股票的比较

（一）债券与股票的相同点

1. 两者都属于有价证券

无论是债券还是股票，尽管它们有各自的特点，但它们的性质都属于有价证券。作为虚拟资本，它们本身无价值，但又都是真实资本的代表。持有债券或股票，都有可能获取一定的收益，并能进行权利的行使和转让活动。债券和股票都在证券市场上交易，并构成了证券市场的两大支柱。

2. 两者都是筹措资金的手段

债券和股票都是有关的经济主体为筹资需要而发行的有价证券。经济主体在社会经济活动中必然会产生对资金的需求，从资金融通角度看，债券和股票都是筹资手段。

（二）债券与股票的区别

1. 两者权利不同

债券是债权凭证，债券持有者与债券发行人之间是债权债务关系，债券持有者只可按期获取利息及到期收回本金，无权参与公司的经营决策。股票则不同，股票是综合凭证，股票所有者是发行股票公司的股东，股东一般拥有投票权，可以通过选举董事行使对公司的经营决策权和监督权。

2. 两者目的不同

发行债券是公司追加资金的需要，它属于公司的负债，不是资本金。股票发行则是股份公司为创办企业和增加资本的需要，筹措的资金列入公司资本。而且有资格发行债券的经济主体很多，中央政府、地方政府、金融机构、公司组织等一般都可以发行债券，但能发行股票的经济主体只有股份公司。

3. 两者期限不同

债券一般有规定的偿还期，期满时债务人必须按时归还本金，因此，债券是一种有期投资。股票通常是不能偿还的，一旦投资入股，股东便不能从股份公司抽回本金，因此股票是一种无期投资，或称永久投资。当然股票持有者可以通过市场转让收回投资资金。

4. 两者风险不同

股票风险较大，债券风险相对较小。这是因为：第一，债券利息是公司的固定支出，居于费用范围；股票的股息红利是公司利润的一部分，公司有盈利才能支付，且在支付时，排在债券利息支付之后。第二，倘若公司破产，清理资产后有余额偿还时，债券偿付在前，股票偿付在后。第三，在二级市场上，债券因其利率固定、期限固定，市场价格也较稳定；而股票无固定的期限和利率，受各种宏观因素和微观因素的影响，市场价格波动频繁，涨跌幅度较大。

四、债券的分类

债券的种类很多，各种债券可以依据不同的标准进行分类。

（一）按发行主体划分

1. 政府债券

政府债券是国家为了筹措资金而向投资者发行的，承诺在一定时期支付利息和到期还本的债务凭证。依政府债券的发行主体不同，政府债券又可分为中央政府债券和地方政府债券。

中央政府发行的债券也可以称为国债。从功能上看，政府债券最初仅仅是政府弥补赤字的手段，但在现代商品经济条件下，政府债券已成为政府筹集资金、扩大公共事业开支的重要手段，并且随着金融市场的发展，逐渐具备了金融商品和信用工具的职能，成为国家实施宏观经济政策、进行宏观调控的工具。由于政府债券是政府发行的债券，由政府承担还本付息的责任，它是国家信用的体现。在各类债券中，国债的信用等级通常被认为是最高的。投资者购买政府债券，是一种较为安全的投资。政府债券是一国政府的债务，它的发行量一般都非常大。同时，由于政府债券的信誉高，竞争力就比较强，市场属性好，所以，许多国家政府债券的二级市场十分发达，一般不仅允许在证券交易所挂牌上市交易，还允许在场外市场进行买卖。这样发达的二级市场为政府债券的转让提供了方便，使其流通性大大增强。投资者购买政府债券，可以得到一定的利息。政府债券的付息由政府保证，其信用度最高、风险最小，因此，对于投资者来说，投资政府债券的收益是比较稳定的。债券的转让价格一般不会像股票那样容易出现大的波动，转让双方也能得到相对稳定的收益。政府债券是政府自己的债务，为了鼓励人们投资政府债券，大多数国家规定对于购买政府债券所获得的收益，可以享受税收上的免税待遇。因此政府债券与其他收益证券相比较，具有税收的优惠待遇。比如，《中华人民共和国个人所得税法》（以下简称《个人所得税法》）中规定，个人的利息、股息、红利所得应缴纳个人所得税，但国债和国家发行的金融债券利息，可免缴个人所得税。

按照国债的存续时间习惯上把国债分为短期国债、中期国债和长期国债。短期国债一般是指偿还期限为1年或1年以内的国债，它具有周转期短及流动性强的特点，在货币市场上占有重要地位。政府发行短期国债，一般是应付国库暂时的入不敷出之需。在国际上短期国债的常见形式是国库券。但需指出的是我国20世纪80年代以来，也曾使用国库券的名称，但它与发达国家所指的短期国债不同，很多的偿还期是超过1年的。中期国债是指偿还期限在1年以上、10年以下的国债。政府发行中期国债筹集的资金或用于弥补赤字，或用于投资，不再作临时周转。长期国债是指偿还期限在10年或10年以上的国债。长期国债常被用作政府投资的资金来源。长期国债在资本市场上占有重要地位。在国债发展史上还曾经出现过一种无期国债，这种国债在发行之时并未规定还本期限，债权人平时仅有权按期索取利息，而无权要求清偿，但政府可以随时从市场上买入而将其注销。

2. 金融债券

所谓金融债券，是指银行及非银行金融机构依照法定程序发行并约定在一定期限内还本付息的有价证券。金融机构一般有雄厚的资金实力，信用度较高，因此金融债券往往也有良好的信誉。银行和非银行金融机构是社会信用的中介，它们发行债券的目的主要有两个方面：一是筹资用于某种特殊用途；二是改变本身的资产负债结构。金融债券的期限以中期较为多见。在资金运用方面，发行金融债券筹集的资金，一般情况下是专款专用，用于定向的特别贷款。在筹资权利方面，发行金融债券是集中的，它具有间断性，而且有一定的规模限额。在某种意义上金融债券操作的主动权完全在于金融机构。在筹资成本方面，金融债券一般利率较高，相对来说成本较大。而相同期限存款的利率，往往比金融债券低，成本较小。

3. 公司债券

公司债券是公司依照法定程序发行、约定在一定期限还本付息的有价证券。公司债券属于债券体系中的一个品种，它表示发行债券的公司和债券投资者之间的债权债务关系。债券持有者是公司的债权人，不是股东。他无权参与公司的经营管理决策，但有权按期取得利息，并且利息分配顺序优先于股东。如果公司因经营不善而破产，在清理资产时，债券持有者也可优先于股东收回本金。公司债券与政府债券或金融债券比较，风险较大，这是由于公司债券的发行主体是公司。公司经营的稳定性不能与政府信誉相比较；就是与金融机构相比，公司的风险相对来说一般也比较大。

（二）按付息方式划分

1. 附息债券

附息债券是平价发行，分期计息、也分期支付利息。债券上附有息票，息票上标有利息额、支付利息的期限和债券号码等内容。投资者可以从债券上剪下息票，并凭息票领取利息。附息债券的利息支付方式一般应为在偿还期内按期付息。

2. 贴现债券

贴现债券是指在票面上不规定利率，发行时按某一折扣率，以低于票面金额的价格发行，到期时仍按面额偿还本金的债券。期间的差价就是债券投资者的收益。贴现债券是属于折价方式发行的债券。

（三）按利率是否浮动划分

1. 固定利率债券

固定利率债券就是在偿还期内利率不变的债券。在该偿还期内，无论市场利率如何变化，债券持有人将按债券票面载明的利率获取债息。这种债券有可能为债券持有人带来风险。当偿还期内的市场利率上升且超过债券票面利率时，债券持有人就要承担相对利率较低或债券价格下降的风险。当然，在偿还期内如果市场利率下降且低于债券票面利率，债券持有人也就相当于获得了由于利率下降而带来的额外利益。

2. 浮动利率债券

浮动利率债券是指利率可以变动的债券。这种债券利率的确定与市场利率挂钩，一般高于市场利率的一定百分点。当市场利率上升时，债券的利率也相应上浮；反之，当市场利率下降时，债券的利率就相应下调。这样，浮动利率债券就可以避开因市场利率波动而产生的风险。

（四）按债券形态划分

1. 实物债券

实物债券是一种具有标准格式实物券面的债券。在标准格式的债券券面上，一般印有债券面额、债券利率、债券期限、债券发行人全称、还本付息方式等各种债券票面要素。在我国现阶段的国债种类中，无记名国债就属于这种实物债券，它以实物券的形式记录债权、面值等，不记名，不挂失，可上市流通。实物债券是一般意义上的债券。

2. 凭证式债券

凭证式债券的形式是一种债权人认购债券的收款凭证，而不是债券发行人制定的标准格式的债券。我国近年通过银行系统发行的凭证式国债，券面上不印制票面金额，而是根据认购者的认购额填写实际的缴款金额，是一种国家储蓄债，可记名、挂失，以"凭证式国债收款凭证"记录债权，不能上市流通，从购买之日起计息。在持有期内，持券人如果遇到特殊情况需要提取现金，可以到购买网点提前兑取。

3. 记账式债券

记账式债券没有实物形态的票券，而是在电脑账户中作记录。在我国，上海证券交易所和深圳证券交易所已为证券投资者建立电脑证券账户，因此，可以利用证券交易所的交易系统来发行债券。我国近年来通过沪、深交易所的交易系统发行和交易的记账式国债就是这方面的实例。如果投资者进行记账式债券的买卖，就必须在证券交易所设立账户。由于记账式债券的发行和交易均无纸化，所以效率高、成本低、交易安全。

（五）按债券发行区域划分

1. 国内债券

国内债券就是指借款人在国内市场上，以本币为面值，向国内投资者发行的债券。一般意义上的债券皆是指国内债券。

2. 国际债券

国际债券是指一国借款人在国际证券市场上，以外国货币为面值，向外国投资者发行的债券。他又可以分为外国债券和欧洲债券两种。外国债券是指某一国借款人在本国以外的某一国家发行以市场所在国货币为面值的债券。例如，武士债券是指日本国以外的债券发行人在日本债券市场上发行的以日元为面值的债券。欧洲债券是指借款人在本国境外市场发行的，不以发行市场所在国的货币为面值的国际债券。它的特点是债券发行者、债券发行地点和债券面值所使用的货币可以分别属于不同的国家。欧洲债券票面使用的货币一般是可自由兑换的货币，主要为美元，其次还有欧元、英镑、日元等。

（六）按债券可否转换为公司股票划分

1. 不可转换债券

不可转换债券是指债权人只享有到期得到还本付息的权利。不可转换债券由于不能转换成公司股份，其利率一般高于可转换公司债券。

2. 可转换债券

可转换债券是指债券持有者可以在一定时期内按一定价格将之转换成一定数量股票的证券。

可转换证券是一种附有认股权的债券，兼有公司债券和股票的双重特征。在转换以前，它是一种公司债券，具备债券的一切特征，体现的是债权债务关系，持有者是债权人；在转换成股票后，它变成了股票，具备股票的一般特征，体现所有权关系，持有者由债权人变成了股权所有者。

可转换债券的转换期限是指可转换债券转换为普通股份的起始日至结束日的期间。在大多数情况下，发行人都规定一个特定的转换期限，在该期限内，允许可转换债券的持有人按转换比例或转换价格转换成发行人的股票。我国现行法规规定，可转换公司债的期限最短为3年，最长为5年，自发行之日起6个月后可转换为公司股票。

转换比例是指一定面额可转换债券可转换成普通股的股数。用公式表示为：

$$转换比例 = 可转换债券面值 \div 转换价格$$

以可转换债券为例，如果债券面额为100元，规定其转换价格为20元，则转换比例为5，即面值100元债券可按20元1股的价格转换为5股普通股票。

转换价格是指可转换债券转换为每股普通股份所支付的价格。用公式表示为：

$$转换价格 = 可转换债券面值 ÷ 转换比例$$

可转换债券除了上述普通的可转换债券以外，还包括分离交易的可转换公司债券和可交换公司债券。

分离交易可转换公司债券的全称是"认股权和债券分离交易的可转换公司债券"，它是债券和股票的混合融资品种。分离交易可转债由两大部分组成，一是可转换债券，二是股票权证。股票权证是指在未来规定的期限内，按照规定的协议价买卖股票的选择权证明，根据买或卖的不同权利，可分为认购权证和认沽权证。因此对于分离交易可转债可简单地理解成"买债券送权证"的创新品种。分离交易可转债与普通可转债的本质区别在于债券与期权可分离交易。也就是说，分离交易可转债的投资者在行使了认股权利后，其债权依然存在，仍可持有到期得到本金的偿还和利息的支付；而普通可转债的投资者一旦行使了认股权利，则其债权就不复存在。

可交换公司债券的全称为"可交换他公司股票的债券"，是指上市公司股份的持有者通过抵押其持有的股票给托管机构进而发行的公司债券，该债券的持有人在将来的某个时期内，能按照债券发行时约定的条件用持有的债券换取发债人抵押的上市公司股权。可交换债券是一种内嵌期权的金融衍生品，严格地可以说是可转换债券的一种。可交换债券相比于可转换公司债券，有其相同之处，其要素与可转换债券类似，也包括票面利率、期限、换股价格和换股比率、换股期等；不同之处在于：一是发债主体和偿债主体不同，可交换债券是上市公司的股东，可转换债券是上市公司本身；二是所换股份的来源不同，可交换债券是发行人持有的其他公司的股份，可转换债券是发行人本身未来发行的新股；三是可交换公司债券换股不会导致标的公司的总股本发生变化，也无摊薄收益的影响，可转换债券转股会使发行人的总股本扩大，摊薄每股收益。

第二节　债券的发行

一、债券发行的方式

（一）直接发行

直接发行一般指作为发行主体的财政部直接将国债定向发行给特定的机构投资者，也称定向私募发行。而国家财政部每次国债发行额较大，如美国每星期仅中长期国债就发行100亿美元，我国每次发行的国债至少也达上百亿元人民币，仅靠发行主体直接推销巨额国债有一定难度，因此使用该种发行方式较为少见。

（二）代销

代销是指由债券发行体委托代销者利用代销者的网络网点代为向社会出售债券的销售方式。因代销者只是按预定的发行条件，于约定日期内代为推销，代销期终止，若有未销出余额，全部退给发行主体，代销者不承担任何风险与责任，因此代销方式的缺点主要有：不能保证按当时的供求情况形成合理的发行条件、推销效率难尽人意、发行期较长。所以代销发行仅适用于证券市场不发达、金融市场秩序不良、机构投资者缺乏承销条件和积极性的情况。

（三）承购包销

承购包销是指大宗机构投资者组成承购包销团，按一定条件承购包销债券，并由其负责在市场上转售，任何未能售出的余额均由承销者包购的销售方式。这种发行方式的特征是：一是承购包销要求承销者向社会再出售，发行条件的确定，由债券发行人与承销团达成协议，一切承购手续完成后，国债方能与投资者见面，因而承销者是作为发行主体与投资者间的媒介而存在的；二是承购包销是用经济手段发行债券的标志，是债券发行市场化的一种形式。承购包销方式目前主要运用于不可上市流通的凭证式国债的发行。

（四）公开招标

公开招标是指债券发行人直接向大宗机构投资者招标，投资者中标认购后，不再向社会销售，中标者即为债券认购者，中标者也可以按一定价格向社会再行出售的发行方式。相对承购包销发行方式，公开招标发行不仅实现了发行者与投资者的直接见面，减少了中间环节，而且使竞争和其他市场机制通过投资者对发行条件的自主选择投标而得以充分体现，有利于形成公平合理的发行条件，也有利于缩短发行期限，提高市场效率，降低发行主体的发行成本。

（五）拍卖发行

拍卖发行是指在拍卖市场上，按照例行的经常性的拍卖方式和程序，由发行人主持，公开向投资者拍卖国债，发行价格与利率完全由市场决定的发行方式。债券的拍卖发行实际是在公开招标发行基础上更加市场化的做法，是债券发行市场高度发展的标志。目前我国记账式国债的发行主要采用公开招标拍卖发行方式。

二、债券发行的条件

（一）企业发行债券的条件

中央企业发行企业债券，由中国人民银行会同国家发展和改革委员会审批；地方企业发行企业债券，由中国人民银行省、自治区、直辖市、计划单列市分行会同同级计划主管部门审批。企业发行企业债券必须符合下列条件：

所筹资金用途符合国家产业政策和行业发展规划；净资产规模达到规定的要求；经济效益良好，近三个会计年度连续盈利；现金流状况良好，具有较强的到期偿债能力；近三年没有违法和重大违规行为；前一次发行的企业债券已足额募集；已经发行的企业债券没有延迟支付本息的情形；企业发行债券余额未超过其净资产的40%，用于固定资产投资项目的，累计发行额不得超过该项目总投资的20%（目前执行30%）；符合国家发展改革委根据国家产业政策、行业发展规划和宏观调控需要确定的企业债券重点支持行业、最低净资产规模以及发债规模的上下限；符合相关法律法规的规定。

（二）金融债券发行条件

1. 商业银行发行金融债券应具备的条件

具有良好的公司治理机制；核心资本充足率不低于4%；最近三年连续盈利；贷款损失准备计提充足；风险监管指标符合监管机构的有关规定；最近三年没有重大违法、违规行为；中国人民银行要求的其他条件。

2. 企业集团财务公司发行金融债券应具备的条件

具有良好的公司治理机制；资本充足率不低于 10%；风险监管指标符合监管机构的有关规定；最近三年没有重大违法、违规行为；中国人民银行要求的其他条件。

3. 证券公司发行金融债券应具备的条件

发行人为综合类证券公司；最近一期期末经审计的净资产不低于 10 亿元；各项风险监控指标符合中国证监会的有关规定；最近两年内未发生重大违法违规行为；具有健全的股东会、董事会运作机制及有效的内部管理制度，具备适当的业务隔离和内部控制技术支持系统；资产未被具有实际控制权的自然人、法人或其他组织及其关联人占用；中国证监会规定的其他条件。

三、债券发行的承销

（一）国债的承销

我国国债的承销主体是国债一级自营商。国债一级自营商是指具备一定资格条件并经财政部、中国人民银行和中国证监会共同审核确认的银行、证券公司和其他非银行金融机构。国债一级自营商可直接向财政部承销和投标国债，并通过开展分销、零售业务，促进国债发行，维护国债市场顺畅运转。

我国在 1993 年，根据《中华人民共和国国债一级自营商管理办法》在国债承销中试行了国债一级自营商制度，并制定了一系列自营商的管理办法。申请成为国债一级自营商须符合以下条件：

具有法定最低限额以上的实收货币资本；有能力且自愿履行国债一级自营商的各项义务；在批准的经营范围内依法开展业务活动，且前 2 年中无违法和违章经营的记录，具有良好的信誉；在申请成为国债一级自营商之前，有参与国债一级市场和二级市场业务 1 年以上的良好经营业绩。

国债一级自营商可直接参加每期由财政部组织的全国性的国债承购包销团，在每期国债发行前可通过正常程序同财政部商议发行条件，每期承销量不得低于该期承销团承销总量的 1%。

记账式国债是一种无纸化国债，主要通过全国银行间国债券市场向具有全国银行间债券市场国债承购包销资格的商业银行、证券公司、保险公司、信托投资公司等机构发行，以及通过证券交易所的交易系统向具备证券交易所国债承购包销资格的证券公司、保险公司和信托公司以及其他投资者发行。证券交易所发行的国债，承销商可以在场内挂牌分销，也可以在场外分销。全国银行间债券市场发行的国债，承销人分销国债应按照债券发行办法的规定办理分销的手续，并与分销认购人签订分销认购协议。分销认购人应是全国银行间债券市场参与者，并已在中央国债登记结算有限公司开立托管账户。

凭证式国债是一种不能上市流通的储蓄性债券，由具备凭证式国债承销团资格的机构承销。国家财政部和中国人民银行一般每年确定一次凭证式国债的承销团资格，各类商业银行均有资格申请加入凭证式国债承销团。

国家财政部一般委托中国人民银行分配承销数额。承销商在分得国债后，通过各自的代理网点发售，发售采取向购买人开具"凭证式国债收款凭证"的方式，发售数量不能突破所承销的国债数量。由于凭证式国债采用"随买随卖"、利率按实际持有天数分档计付的方式，因此在收款凭证中除了注明投资者的身份外，还要注明购买日期、期限、发行利率等。

（二）企业债券的承销

企业发行企业债券，应当由证券经营机构承销。证券经营机构承销企业债券，应当对债券的发行章程和其他有关文件的真实性、准确性、完整性进行核查。企业债券的转让，应当在经批准的可以进行债券交易的场所进行。非证券经营机构和个人不得经营企业债券的承销和转让业务。中国人民银行及其分支机构和国家证券监督管理机构，依照规定的职责，负责对企业债券的发行和交易活动，并进行监督检查。

四、债券发行价格和票面利率的确定

（一）附息债券

附息债券通常按面值发行，因此发行价格就是面值。对于凭证式债券，票面利率由发行人确定，而记账式债券的票面利率通常以招标拍卖的方式确定。

债券投标者进行投标，报出自己的投标利率和购买数量；发行人将投标者投标的利率从低到高排列，直到债券发行数量售完为止。如果按照荷兰式投标，中标的最高利率就是票面利率；如果是美国式投标，所有中标利率的加权平均就是票面利率。

（二）贴现债券

贴现债券是指发行价格低于面值，发行人不再额外支付利息的债券。发行贴现债券时，债券投标者先报出各自的投标价格和购买数量，发行人按照投标价格从高到低进行排列，直到债券发行数量售完为止。如果按照荷兰式投标，中标的最低价格就是发行价格；如果是美国式投标，所有中标价格的加权平均就是发行价格。

例如：3个月期国债竞争性招标量为面值250亿元，贴现发行。在实际招标过程中，分别有承销商A、B、C、D参与投标，投标的价格和数量分别是：

承销商A以98.00元认购面值100亿元；

承销商B以97.00元认购面值80亿元；

承销商C以96.00元认购面值70亿元；

承销商D以95.00元认购面值50亿元。

按照认购价格从高到低的顺序进行排队，承销商A、B、C的认购数量之和为250亿元，等于国债发行数量，则承销商A、B、C中标，承销商D落标。

如果是"荷兰式"招标，国债的发行价为96.00元，承销商A、B、C都以96.00元的价格从财政部购得面值100亿元、80亿元、70亿元的国债，三个承销商再自定价格在证券交易场所分销和零售购得的国债。

如果是"美国式"招标，则承销商A以98.00元购得100亿元，承销商B以97.00元购得80亿元，承销商C以96.00元购得70亿元。国债发行价格为三个承销商的加权平均价97.12元（100/250×98.00+80/250×97.00+70/250×96.00＝97.12元），三个承销商再自定价格在证券交易场所分销和零售购得的国债。

五、债券的信用评级

（一）债券信用评级的概念

债券信用评级是指对债务发行人的特定债务或相关负债在有效期限内能及时偿付

的能力和意愿的鉴定。其基本形式是人们专门设计的信用评级符号。证券市场参与者只需看到这些专用符号便可得知其真实含义，而无须另加复杂的解释或说明。

（二）债券信用评级的形式

所评债券分为长期和短期两种，一般以一年为区分两者的界限。对于某家公司所发债券的等级评定，通常可采用两种形式：一是公司直接告知评级机构想要得到的级别，由评级机构对债券的发行量、期限等提出建议和意见，告诉公司采取某些结构调整、成立子公司、把优良资产和部门单列出来等措施，即通过所谓的资产重组、购并、不良资产剥离等方式，以保证达到所需的等级。二是评级公司按照正常的程序，通过对发债公司的基本情况、产业结构、财务状况和偿债能力分析的了解，按实地调查分析结果实事求是告知公司能够达到的级别。

债券信用级别与发行价格是直接相关的，级别越高，利率越低。风险意识重于盈利意识的人们一般不会为投资报酬较高而风险很大的低级别债券劳神。反之，如某债券中途遭降级，发行人每年就将多支出一大笔利息，甚至还会影响投资者的信心。

（三）信用评级过程

信用评级过程一般包括收集足够的信息来对发行人和所申报的债券进行评估，在充分的数据和科学的分析基础上评定出适当的等级，然后，监督已定级的债券在一段时期内的信用质量，及时根据发行人的财务状况变化的反馈作出相应的信用级别调整，并将此信息告知发行人和投资者。

（四）标准普尔公司债券评级

国际最著名、最具权威性的信用评级机构是美国标准普尔公司、穆迪投资评级公司和欧洲的惠誉评级公司。这三家公司不仅对美国境内上万家公司和地方政府发行的各类债券、商业票据、银行汇票及优先股股票施行评级，还对美国境外资本市场发行的长期债券、外国债券、欧洲债券及各类短期融资券予以评级。所评出的信用等级历来被认为是权威、公正、客观的象征，在国际评级机构中享有盛誉。

标准普尔公司把债券的评级定为四等十二级：AAA、AA、A、BBB、BB、B、CCC、CC、C、DDD、DD、D。为了能更精确地反映出每个级别内部的细微差别，在每个级别上还可视情况不同加上"+"或"-"符号，以示区别。这样又可组成几十个小的级别。

AAA是信用最高级别，表示无风险，信誉最高，偿债能力极强，不受经济形势任何影响；AA是表示高级，最少风险，有很强的偿债能力；A是表示中上级，较少风险，支付能力较强，在经济环境变动时，易受不利因素影响；BBB表示中级，有风险，有足够的还本付息能力，但缺乏可靠的保证，其安全性容易受不确定因素影响，这也是在正常情况下投资者所能接受的最低信用度等级，或者说，以上这四种级别一般被认为属于投资级别，其债券质量相对较高。后八种级别则属投机级别，其投机程度依次递增，这类债券面临大量不确定因素。特别是C级，一般被认为是濒临绝境的边缘，也是投机级中资信度最低的。至于D等信用度级别，则表示该类债券是属违约性质，根本无还本付息希望，如被评为D级，那发行人离倒闭关门就不远了，因此是三个D还是两个D意义已不大。

（五）我国债券信用评级简介

在新中国建立之后的较长时间里，我国处于高度集权的计划经济体制，并不存在信用评级机构和业务。我国的资信评级机构是随着企业债券的发行而产生的。1987 年，国务院颁布了《企业债券管理暂行条例》，开始对债券进行统一管理。为此，银行系统的一些机构组建了我国最早的信用评级机构。经过二十多年的发展，到目前为止，我国的信用评估机构大约有数百家，但尚无行业内统一认可的权威的信用评级机构。

1. 银行间债券市场金融产品信用评级

对金融产品发行主体评级应主要考察以下要素：宏观经济和政策环境，行业及区域经济环境，企业自身素质，包括公司产权状况、法人治理结构、管理水平、经营状况、财务质量、抗风险能力等。对金融机构债券发行人进行资信评估还应结合行业特点，考虑市场风险、信用风险和操作风险管理、资本充足率、偿付能力等要素。

对金融产品评级应包括以下要素：募集资金拟投资项目的概况、可行性、主要风险、盈利及现金流预测评价、偿债保障措施等。

（1）银行间债券市场长期债券信用等级

银行间债券市场长期债券信用等级划分为三等九级，符号表示分别为：AAA、AA、A、BBB、BB、B、CCC、CC、C。等级含义如下：

AAA 级：偿还债务的能力极强，基本不受不利经济环境的影响，违约风险极低。

AA 级：偿还债务的能力很强，受不利经济环境的影响不大，违约风险很低。

A 级：偿还债务能力较强，较易受不利经济环境的影响，违约风险较低。

BBB 级：偿还债务能力一般，受不利经济环境影响较大，违约风险一般。

BB 级：偿还债务能力较弱，受不利经济环境影响很大，有较高违约风险。

B 级：偿还债务的能力较大地依赖于良好的经济环境，违约风险很高。

CCC 级：偿还债务的能力极度依赖于良好的经济环境，违约风险极高。

CC 级：在破产或重组时可获得保护较小，基本不能保证偿还债务。

C 级：不能偿还债务。

除 AAA 级，CCC 级以下等级外，每一个信用等级可用"+"或"-"符号进行微调，表示略高或略低于本等级。

（2）银行间债券市场短期债券信用等级

银行间债券市场短期债券信用等级划分为四等六级，符号表示分别为：A-1、A-2、A-3、B、C、D。等级含义如下：

A-1 级：为最高级短期债券，其还本付息能力最强，安全性最高。

A-2 级：还本付息能力较强，安全性较高。

A-3 级：还本付息能力一般，安全性易受不良环境变化的影响。

B 级：还本付息能力较低，有一定的违约风险。

C 级：还本付息能力很低，违约风险较高。

D 级：不能按期还本付息。

每一个信用等级均不进行微调。

2. 借款企业信用评级

信用评级机构对企业进行信用评级应主要考察以下方面内容：企业素质，包括法定代表人素质、员工素质、管理素质、发展潜力等；经营能力，包括销售收入增长率、流动资产周转次数、应收账款周转率、存货周转率等；获利能力，包括资本金利润率、成本费用利润率、销售利润率、总资产利润率等；偿债能力，包括资产负债率、流动比率、速动比率、现金流等；履约情况，包括贷款到期偿还率、贷款利息偿还率等；发展前景，包括宏观经济形势、行业产业政策对企业的影响；行业特征、市场需求对企业的影响；企业成长性和抗风险能力等。借款企业信用等级应按不同行业分别制定评定标准。

借款企业信用等级分三等九级，即：AAA、AA、A、BBB、BB、B、CCC、CC、C。等级含义如下：

AAA级：短期债务的支付能力和长期债务的偿还能力具有最大保障；经营处于良性循环状态，不确定因素对经营与发展的影响最小。

AA级：短期债务的支付能力和长期债务的偿还能力很强；经营处于良性循环状态，不确定因素对经营与发展的影响很小。

A级：短期债务的支付能力和长期债务的偿还能力较强；企业经营处于良性循环状态，未来经营与发展易受企业内外部不确定因素的影响，盈利能力和偿债能力会产生波动。

BBB级：短期债务的支付能力和长期债务偿还能力一般，目前对本息的保障尚属适当；企业经营处于良性循环状态，未来经营与发展受企业内外部不确定因素的影响，盈利能力和偿债能力会有较大波动，约定的条件可能不足以保障本息的安全。

BB级：短期债务支付能力和长期债务偿还能力较弱；企业经营与发展状况不佳，支付能力不稳定，有一定风险。

B级：短期债务支付能力和长期债务偿还能力较差；受内外不确定因素的影响，企业经营较困难，支付能力具有较大的不确定性，风险较大。

CCC级：短期债务支付能力和长期债务偿还能力很差；受内外不确定因素的影响，企业经营困难，支付能力很困难，风险很大。

CC级：短期债务的支付能力和长期债务的偿还能力严重不足；经营状况差，促使企业经营及发展走向良性循环状态的内外部因素很少，风险极大。

C级：短期债务支付困难，长期债务偿还能力极差；企业经营状况一直不好，基本处于恶性循环状态，促使企业经营及发展走向良性循环状态的内外部因素极少，企业濒临破产。

每一个信用等级可用"+"或"-"符号进行微调，表示略高或略低于本等级，但不包括 AAA+。

3. 担保机构信用评级

信用评级机构对担保机构进行信用评级应主要考察以下方面内容：经营环境，主要包括宏观和地区经济环境、行业环境、监管与政策、政府支持等；管理风险，主要包括管理层、专业人员等人力资本、法人治理结构、内部管理和运营体制；担保风险管理，包括担保政策、策略与原则，担保业务的风险管理制度、程序，实际运作情况；担保资产质量，包括担保资产信用风险、集中程度、关联担保风险，并根据各方面的情况对未来的担保风险进行预测；担保资本来源与担保资金运作风险，包括担保资本补偿与增长机制、担保资金流动性、安全性和盈利性等；偿债能力与资本充足性，主要包括资本充足率、货币资本充足率、流动性等。

担保机构信用等级的设置采用三等九级，符号表示分别为：AAA、AA、A、BBB、BB、B、CCC、CC、C。等级含义如下：

AAA 级：代偿能力最强，绩效管理和风险管理能力极强，风险最小。

AA 级：代偿能力很强，绩效管理和风险管理能力很强，风险很小。

A 级：代偿能力较强，绩效管理和风险管理能力较强，尽管有时会受经营环境和其他内外部条件变化的影响，但是风险小。

BBB 级：有一定的代偿能力，绩效管理和风险管理能力一般，易受经营环境和其他内外部条件变化的影响，风险较小。

BB 级：代偿能力较弱，绩效管理和风险管理能力较弱，有一定风险。

B 级：代偿能力较差，绩效管理和风险管理能力弱，有较大风险。

CCC 级：代偿能力很差，在经营、管理、抵御风险等方面存在问题，有很大风险。

CC 级：代偿能力极差，在经营、管理、抵御风险等方面有严重问题，风险极大。

C 级：濒临破产，没有代偿债务能力。

除 CCC 级以下等级外，每一个信用等级可用"＋"或"－"符号进行微调，表示略高或略低于本等级，但不包括 AAA+。

我国的债券评级仍然处于初级阶段，因此存在着很多的问题。目前我国债券信用评级制度存在着六方面的不足和问题，主要表现在：一是经济体制改革进程和市场化程度的影响，市场的风险机制不够健全，企业的信用价值未能充分体现；二是信用评级的权威性低，公正性差；三是相关法律、法规不够健全、配套；四是在债券市场风险控制方面，比较侧重于依赖政府对发行申请的行政审批和提供发行、上市担保，一定程度上也不利于债券市场机制的培育和信用评级制度的成长；五是信用评级的程序不够健全、严明，在评级实践中，不太重视程序并导致在评级过程中程序的混乱；六是我国债券市场不够统一，存在所谓的企业债券、公司债券、金融债券等不同债券之分，债券信用评级也缺乏统一的法律制度。

第三节　债券的交易

一、债券交易市场

债券交易市场又称债券流通市场、债券二级市场，是指已发行的债券买卖转让的市场。债券一经认购，即确立了一定期限的债权债务关系，再通过债券流通市场，投资者可以转让债权或把债券变现。债券发行市场和流通市场相辅相成，是互相依存的整体。根据市场组织形式，债券流通市场又可进一步分为场内交易市场和场外交易市场。目前，我国债券流通市场由三部分组成，即沪深证券交易所市场、银行间交易市场和证券经营机构柜台交易市场。美国的债券流通市场可分为场内市场、柜台市场、第三市场、第四市场等。

（一）证券交易所市场

证券交易所是专门进行证券买卖的场所，如我国的上海证券交易所和深圳证券交易所。在证券交易所内买卖债券所形成的市场，就是场内交易市场，这种市场组织形式是债券流通市场的较为规范的形式，交易所作为债券交易的组织者，本身不参加债券的买卖和价格的决定，只是为债券买卖双方创造条件、提供服务、并进行监管。参与者主要以中小投资者为主。与买卖股票类似，投资者需要先开立上海或深圳证券账户（或国债账户、基金账户）才可以买卖债券。

（二）柜台市场

柜台市场为场外交易市场的主体。许多证券经营机构都设有专门的证券柜台，通过柜台进行债券买卖。在柜台交易市场中，证券经营机构既是交易的组织者，又是交易的参与者。

（三）全国银行间债券市场

全国银行间债券市场是指依托于全国银行间同业拆借中心和中央国债登记结算公司、商业银行、农村信用联社、保险公司、证券公司等金融机构进行国债交易的市场。参与者主要是机构投资者，包括金融机构法人及其授权分支机构、非金融机构法人和基金等。机构投资者需要在中央国债登记结算公司开立国债托管账户才可进行国债的交易。

二、债券的上市

债券上市是指已经依法发行的债券经证券交易所批准后，在交易所公开挂牌交易的法律行为。债券上市是连接债券发行和债券交易的桥梁。凡是在证券交易所内买卖的债券就称之为上市债券。

发行人申请债券上市，应当符合下列条件：①经有权部门批准并发行；②债券的期限为一年以上；③债券的实际发行额不少于人民币五千万元；④债券须经资信评级机构评级，且债券的信用级别良好；⑤申请债券上市时仍符合法定的公司债券发行条件；⑥证券交易所规定的其他条件。

交易所对债券上市实行上市推荐人制度，债券在交易所申请上市，必须由一至二个交易所认可的机构推荐并出具上市推荐书。

三、债券交易的流程

债券交易的流程与股票交易的流程基本一致，也要经过开户、委托、竞价、成交、交割、过户等步骤。下面主要介绍债券交易与股票交易不同之处。

（一）债券现货交易

债券现货实行净价交易，并按证券账户进行申报。现货交易中，当日买入的债券当日可以卖出。

债券现货交易集中竞价时，其申报应当符合下列要求：交易单位为手，人民币1 000元面值的债券为1手；计价单位为每百元面值债券的价格；申报价格最小变动单位为0.01元；申报数量为1手或其整数倍，单笔申报最大数量不超过1万手；申报价格限制按照交易规则的规定执行。

债券现货交易开盘价，为当日该债券集合竞价中产生的价格；集合竞价不能产生开盘价的，连续竞价中的第一笔成交价为开盘价。

债券现货交易收盘价为当日该债券最后一笔成交前一分钟所有成交价的加权平均价（含最后一笔成交）。当日无成交的，以前一交易日的收盘价为当日收盘价。

（二）债券回购交易

债券回购交易实行质押库制度，融资方应在回购申报前，通过证券交易所交易系统申报提交相应的债券作质押。用于质押的债券，按照证券登记结算机构的相关规定，转移至专用的质押账户。

会员接受投资者的债券回购交易委托时，应要求投资者提交质押券，并对其证券账户内可用于债券回购的标准券余额进行检查。标准券余额不足的，债券回购的申报无效。

债券回购交易申报中，融资方按"买入"予以申报，融券方按"卖出"予以申报。当日购买的债券，当日可用于质押券申报，并可进行相应的债券回购交易业务。

债券回购交易集中竞价时，其申报应当符合下列要求：申报单位为手，1 000 元标准券为 1 手；计价单位为每百元资金到期年收益；申报价格最小变动单位为 0.005 元或其整数倍；申报数量为 100 手或其整数倍，单笔申报最大数量不超过 1 万手；申报价格限制按照交易规则的规定执行。

债券回购交易设 1 天、2 天、3 天、4 天、7 天、14 天、28 天、91 天和 182 天等回购期限。

债券回购交易实行"一次成交、两次结算"制度，具体的清算交收，按照证券登记结算机构的规则办理。回购到期日，证券登记结算机构根据购回价公式计算应进行交割的资金和质押券数量。

购回价计算公式为：

$$购回价 = 100 \text{ 元} + 年收益率 × 100 \text{ 元} × 回购天数/360$$

债券回购交易期限按日历时间计算。若到期日为非交易日，顺延至下一个交易日。

四、债券交易的价格

（一）开盘价

开盘价是针对现券交易而言，债券现货交易开盘价，为当日该债券集合竞价中产生的价格；集合竞价不能产生开盘价的，连续竞价中的第一笔成交价为开盘价。

（二）收盘价

收盘价是针对现券交易而言，债券现货交易收盘价为当日该债券最后一笔成交前一分钟所有成交价的加权平均价（含最后一笔成交）。当日无成交的，以前一交易日的收盘价为当日收盘价。

（三）涨跌幅度限制

债券交易没有涨跌幅度限制。

（四）净价

债券现货实行净价交易，净价交易是以不含利息的价格进行的交易，这种交易方式是将债券的报价与应计利息分解，价格只反应本金市值的变化，利息按面值利率以天计算，持有人享有持有期的利息收入。

（五）全价

全价是指目前的银行间债券市场和交易所债券市场在结算时，在采用全价价格，也就是买方除按净价支付成交价款外，还要另向卖方支付应计利息，净价和利息这两项在交割单中分别列示。

$$全价 = 净价 + 应计利息$$

$$应计利息 = 票面利率 ÷ 365 \text{ 天} × 已计息天数 × 债券面值$$

已计息天数是指上一个付息日至交割日所含实际天数。

例如：比如某投资者在 2001 年 8 月 1 日以 102.20 元的价格购入一手面值 100 元、票面利率为 2.63%、7 年期附息国债 010010，那么这 102.20 元除了包含这面值为 100 元的债券本金的当日市价，还包含自 2000 年 11 月 14 日至 2001 年 8 月 1 日共 260 天 1.87 元的应计利息。

全价 = 102.20（元）

应计利息 = 2.63% × 260 ÷ 365 × 100 = 1.87（元）

净价 = 102.20 − 2.63% × 260 ÷ 365 × 100 = 100.33（元）

在净价交易下，买卖双方都以国库券的净价进行报价，而交割价仍是全价，即净价加上应计利息才是实际的交割价。

五、债券交易的运行制度

（一）挂牌、摘牌制度

证券交易所对上市股票实行挂牌交易。债券上市期届满或依法不再具备上市条件的，证券交易所终止其上市交易，称为摘牌。

债券交易出现异常波动的，交易所可以决定停牌。停牌是指暂停有关债券的交易。暂停交易的债券恢复交易称之为复牌。

（二）债券交易信息公开制度

证券交易所每个交易日公开发布债券交易即时行情、债券指数、债券交易公开信息等交易信息，及时编制反映市场成交情况的各类日报表、周报表、月报表和年报表，并公开发布。

（三）大宗交易制度

大宗交易指一笔数额较大的债券买卖。债券买卖符合以下条件的，可以采用大宗交易方式：

国债及债券回购大宗交易的单笔买卖申报数量应当不低于 1 万手，或者交易金额不低于 1 000 万元；

其他债券单笔买卖申报数量应当不低于 1 000 手，或者交易金额不低于 100 万元。

（四）回转交易制度

回转交易是指当日（T 日）买入的股票，在交割日之前卖出的交易。其中 T+0 回转交易制度是指在该项制度下，投资者可以在该交易日的任何营业时间内反向卖出已经买入但尚未交收的债券。目前只有债券可以进行 T+0 回转交易，

（五）分类管理制度

为防范债券未来产生还本付息风险，保护中小投资者合法权益，证券交易所对债券的上市交易采取分类管理制度。相关债券如只符合基本上市条件的，证券交易所将仅允许其通过综合协议交易平台挂牌交易；如相关债券拟通过集中竞价系统和综合协议交易平台同时挂牌交易，则相关债券发行人需在满足基本上市条件的同时，还需满足新增设的资信评级、资产负债率、利息保障倍数等条件，具体为：债券评级须达到 AA 级（含）以上、发行前最近一期末资产负债率不超过 70%、最近三年平均可分配利润应能达到本期债券一年利息的 1.5 倍以上。

（六）债券交易警示制度

债券在集中竞价系统上市交易后，如发行人股票被特别处理或发行人发生不能按

时付息情况的，将以债券简称前加 ST 特殊标识的方式向投资者提示交易风险。

（七）债券跟踪评级制度

证券交易所对债券上市后定期报告（年报和中报）、临时公告的格式要求做出了明确规定，强化了发行人和上市推荐机构的信息披露责任，并要求信用评级机构于每年 6 月 30 日前完成上一年度的债券信用跟踪评级报告并对外公告。

六、债券的退市

债券上市交易后，发行人有下列情形之一的，证券交易所对该债券停牌，并在 7 个交易日内决定是否暂停其上市交易：①公司出现重大违法行为；②公司情况发生重大变化不符合债券上市条件；③发行公司债券所募集的资金不按照核准的用途使用；④未按照债券募集办法履行义务；⑤公司最近两年连续亏损。

债券出现下列情况之一时，交易所终止其上市交易：①发行人有债券暂停上市第 1 项、第 4 项所列情形之一，经查实后果严重的，或者有第 2 项、第 3 项、第 5 项所列情形之一，在限期内未能消除的，由证券交易所决定终止该债券上市；②公司解散、依法被责令关闭或者被宣告破产的，由证券交易所终止其债券上市；③债券到期前一周终止上市交易。

思考题：

1. 简述债券与股票的区别。
2. 我国采用的国债招标方式有哪些？
3. 试述标准普尔公司的债券评级标准。
4. 我国债券信用评级存在的问题有哪些？
5. 债券退市的条件有哪些？

第四章
证券投资基金

教学目的与要求：

通过本章的学习，使学生掌握证券投资基金的含义和特点，证券投资基金的分类，证券投资基金的主体，封闭式基金的交易，开放式基金的申购和赎回；理解证券投资基金与股票、债券的区别，开放式基金与封闭式基金的区别，证券投资基金的收益及分配、税费与信息披露。

第一节　证券投资基金概述

一、证券投资基金的概念

证券投资基金是指通过发售基金份额，将众多投资者的资金集合起来，形成独立财产，由基金托管人托管，管理人管理，以投资组合的方法进行证券投资的一种利益共享、风险共担的集合投资方式。

证券投资基金通过发行基金份额的方式募集资金，由基金管理人进行股票、债券分散化的组合投资。个人投资者或机构投资者通过购买一定数量的基金份额参与基金投资。基金投资者是基金的所有者。基金投资收益在扣除由基金承担的费用后的盈余全部归基金投资者所有，并依据各个投资者所购买的基金份额的多少在投资者之间进行分配。

证券投资基金在美国被称为"共同基金"，在英国和我国香港地区被称为"单位信托基金"，在日本和我国台湾省被称为"证券投资信托基金"，而在欧洲常被称为"集合投资基金"。

二、证券投资基金的特点

（一）集合理财，专业管理

基金将众多投资者的资金集中起来，委托基金管理人进行共同投资，表现出了集合理财的特点。通过汇集众多投资者的资金，积少成多，有利于发挥资金的规模优势，降低投资成本。基金由基金管理人进行投资管理和运作，基金管理人一般拥有大量的专业投资研究人员和强大的信息网络，能够更好地对证券市场进行全方位的动态跟踪与分析。

（二）组合投资，分散风险

为降低投资风险，基金通常以组合投资的方式进行基金的投资运作。中小投资者由于资金量小，一般无法通过购买不同的股票分散投资风险。基金通常会购买几十种甚至上百种股票，投资者购买基金就相当于用很少的资金购买了一揽子股票，某些股票下跌造成的损失可以用其他股票上涨的盈利来弥补，因此可以充分享受到组合投资、分散风险的好处。

（三）利益共享，风险共担

基金投资者是基金的所有者，基金投资收益在扣除由基金承担的费用后的盈余全部归基金投资者所有，并依据各投资者所持有的基金份额比例进行分配。为基金提供服务的基金托管人、基金管理人只能按规定收取一定的托管费、管理费，并不参与基金收益的分配。

（四）严格监管，信息透明

为切实保护投资者的利益，增强投资者对基金投资的信心，各国基金监管机构都对基金业实行严格的监管，对各种有损投资者利益的行为进行严厉的打击，并强制基金进行较为充分的信息披露。

（五）独立托管，保障安全

基金管理人负责基金的投资操作，本身并不经手基金财产的保管，基金财产的保管由独立于基金管理人的基金托管人负责。这种相互制约、相互监督的制衡机制对投资者的利益提供了重要的保护。

三、证券投资基金与股票、债券的区别

（一）反映的经济关系不同

股票是一种所有权凭证，反映的是一种所有权关系；债券是一种债权凭证，反映的是一种债权债务关系；投资基金则是一种受益凭证，反映的是一种信托关系。

（二）所筹资金的投向不同

股票和债券是直接投资工具，筹集的资金主要投向实业领域；基金是一种间接投资工具，所筹集的资金主要投向有价证券等金融工具。

（三）投资收益和风险的大小不同

一般情况下，股票价格的波动性较大，是一种高风险、高收益的投资品种，其收益取决于市场客观环境、投资者操作水平等，风险很大；债券的收益率一般是事先确定的，债券价格的波动也较小，所面临的风险也较小；投资基金主要投资于证券市场的股票和债券，通常情况下投资基金的收益和风险介于股票和债券之间。

四、证券投资基金的分类

（一）按基金的组织形式可分为

1. 契约型基金

契约型基金又称为单位信托基金，是指把投资者、管理人、托管人三者作为基金的当事人，通过签订基金契约的形式发行基金份额而设立的一种基金。契约型基金起

源于英国，后在新加坡、印度尼西亚、中国香港等国家和地区十分流行。契约型基金是基于契约原理而组织起来的代理投资行为，没有基金章程，也没有公司董事会，而是通过基金契约来规范三方当事人的行为。基金管理人负责基金的管理操作；基金托管人作为基金资产的名义持有人，负责基金资产的保管和处置，对基金管理人的运作实行监督。

2. 公司型基金

公司型基金是按照公司法以公司形态组成的，该基金公司以发行股份的方式募集资金，一般投资者则为了认购基金而购买该公司的股份，也就成为该公司的股东，凭其持有的股份依法享有投资收益。公司型基金在组织形式上与股份有限公司类似，基金公司资产为投资者（股东）所有，由股东选举董事会，由董事会选聘基金管理公司，基金管理公司负责管理基金业务。

（二）按基金价格决定方式划分

1. 封闭式基金

封闭式基金是指事先确定基金发行总份额，在封闭期内基金单位规模不变，基金上市后投资者可以通过证券市场转让、买卖基金份额的投资基金。

2. 开放式基金

开放式基金是指基金发行总份额不固定，基金份额总数随时增减，投资者可以按基金净值在国家规定的营业场所申购或者赎回基金份额的投资基金。

（三）按投资目标划分

1. 成长型基金

成长型基金是基金中最常见的一种，它追求的是基金资产的长期增值。为了达到这一目标，基金管理人通常将基金资产投资于信誉度较高、有长期成长前景或长期盈余的所谓成长公司的股票。成长型基金又可分为稳健成长型基金和积极成长型基金。

2. 收入型基金

收入型基金主要投资于可带来现金收入的有价证券，以获取当期的最大收入为目的。收入型基金资产成长的潜力较小，损失本金的风险相对也较低，一般可分为固定收入型基金和股票收入型基金。固定收入型基金的主要投资对象是债券和优先股，因而尽管收益率较高，但长期成长的潜力很小，而且当市场利率波动时，基金净值容易受到影响。股票收入型基金的成长潜力比较大，但易受股市波动的影响。

3. 平衡型基金

平衡型基金将资产分别投资于两种不同特性的证券上，并在以取得收入为目的的债券及优先股和以资本增值为目的的普通股之间进行平衡。这种基金一般将25%～50%的资产投资于债券及优先股，其余的投资于普通股。平衡型基金的主要目的是从其投资组合的债券中得到适当的利息收益，与此同时又可以获得普通股的升值收益。投资者既可获得当期收入，又可得到资金的长期增值。平衡型基金的优点是风险比较低，缺点是成长潜力不大。

（四）依据投资对象划分

1. 股票基金

股票基金是指以股票为主要投资对象的基金。

2. 债券基金

债券基金主要以债券为投资对象。

3. 货币市场基金

货币市场基金以货币市场工具为投资对象。

4. 混合基金

混合基金同时以股票、债券等为投资对象。

（五）依据投资理念划分

1. 主动型基金

主动型基金是一类力图取得超越基准组合表现的基金。

2. 被动（指数）型基金

被动型基金并不主动寻求取得超越市场的表现，而是试图复制指数的表现。被动型基金一般选取特定的指数作为跟踪对象，因此通常又被称为指数型基金。

（六）根据募集方式划分

1. 公募基金

公募基金是指可以面向社会公众公开发售的一类基金。公募基金的主要特征：可以面向社会公众公开发售基金份额和宣传推广，基金募集对象不固定；投资金额要求低，适宜中小投资者参与；必须遵守基金法律和法规的约束，并接受监管部门的严格监管。

2. 私募基金

私募基金是指采取非公开方式，面向特定投资者募集发售的基金。私募基金不能进行公开的发售和宣传推广，投资金额要求高，投资者的资格和人数常常受到严格的限制。私募基金在运作上具有较大的灵活性，所受到的限制和约束也较少。它既可以投资于衍生金融产品进行买空卖空交易，也可以进行汇率、商品期货投机交易等。私募基金的投资风险较高，主要以具有较强风险承受能力的富裕阶层为目标客户。

（七）根据基金资金来源和用途划分

1. 在岸基金

在岸基金是指在本国募集资金并投资于本国证券市场的证券投资基金。

2. 离岸基金

离岸基金是指一国的证券投资基金组织在他国发售证券投资基金份额，并将募集的资金投资于本国或第三国证券市场的证券投资基金。

（八）特殊类型基金

1. 系列基金

系列基金又称为伞形基金，是指多个基金共用一个基金合同，子基金独立运作，子基金之间可以进行相互转换的一种基金结构形式。

2. 基金中的基金

基金中的基金是指以其他证券投资基金为投资对象的基金，其投资组合由其他基金组成。我国目前尚无此类基金存在。

3. 保本基金

保本基金是指通过采用投资组合保险技术，保证投资者在投资到期时至少能够获得投资本金或一定回报的证券投资基金。保本基金的投资目标是在锁定下跌风险的同时力争有机会获得潜在的高回报。目前我国已有多只保本基金。

4. 交易型开放式指数基金（Exchange Traded Fund，ETF）

交易型开放式指数基金，是一种在交易所上市交易的、基金份额可变的一种开放式基金。ETF 联接基金结合了封闭式基金与开放式基金的运作特点。ETF 联接基金，是将其绝大部分基金财产投资于跟踪同一标的指数的 ETF（简称目标 ETF）、密切跟踪标的指数表现、采用开放式运作方式、可以在场外申购或赎回的基金。

5. 上市开放式基金（Listed Open-Ended Fund，LOF）

上市开放式基金是一种既可以在场外市场进行基金份额申购、赎回，又可以在交易所（场内市场）进行基金份额交易和基金份额申购或赎回的开放式基金。

6. QDII（合格境内投资者，Qualified Domestic Institutional Investor）基金

QDII 基金是指在一国境内设立，经该国有关部门批准从事境外证券市场的股票、债券等有价证券投资的基金。

7. 分级基金

分级基金是指在一只基金内部通过结构化的设计或安排，将普通基金份额拆分为具有不同预期收益与风险的两类（级）或多类（级）份额并可分离上市交易的一种基金产品。

8. 创新型封闭式基金

创新型封闭式基金是指在传统的封闭式基金基础上通过创新改变基金治理结构、投资范围、投资比例限制、存续期限、交易手段以及费率的新型封闭式基金。其产品设计主要交由基金公司自行研发，监管部门不会主动参与。

第二节 证券投资基金的参与主体

依据所承担的职责不同，可以将基金市场的参与主体分为基金当事人、基金市场服务机构两大类。

一、证券投资基金的当事人

我国的证券投资基金依据基金合同设立，基金份额持有人、基金管理人与基金托管人是基金的当事人。

（一）基金份额持有人

1. 基金份额持有人的概念

基金份额持有人即基金投资者，是基金的出资人、基金资产的所有者和基金投资收益的受益人。基金份额持有人享有的主要权利有：分享基金财产收益，参与分配清算后的剩余基金财产，依法转让或者申请赎回其持有的基金份额，按照规定要求召开基金份额持有人大会，对基金份额持有人大会审议事项行使表决权，查阅或者复制公开披露的基金信息资料，对基金管理人、基金托管人、基金份额发售机构损害其合法权益的行为依法提出诉讼。

2. 基金份额持有人的权利

根据有关规定，我国基金投资人享有如下权利：

（1）出席或委派代表出席基金投资人大会；

（2）取得基金收益；

（3）监督基金经营情况，获得基金业务及财务状况方面的资料；

（4）申购、赎回或转让基金单位；

（5）取得基金清算后的剩余资产；

（6）基金契约规定的其他权利。

3. 基金份额持有人的义务

基金投资人在享有权利的同时，也必须承担的义务包括：

（1）遵守基金契约；

（2）缴纳基金认购款项及规定的费用；

（3）承担基金亏损或终止的有限责任；

（4）不从事任何有损基金及其他基金投资人利益的活动。

（二）证券投资基金管理人

1. 证券投资基金管理人的概念

基金管理人是基金产品的募集者和基金的管理者，其最主要的职责就是按照基金合同的约定，负责基金资产的投资运作，在风险控制的基础上为基金投资者争取最大的投资收益。基金管理人在基金运作中具有核心作用，在我国基金管理人只能由依法设立的基金管理公司担任。

基金管理公司的主要业务活动有：基金产品的设计和销售业务，投资管理业务，基金份额的销售与注册登记、核算与估值、基金清算和信息披露业务，以及受托资产的管理业务。

2. 基金管理人的资格

基金管理人的主要业务是发起设立基金和管理基金。由于基金的持有人通常是人数众多的中小投资者，为了保护这些投资者的利益，必须对基金管理人的资格作出严格规定，使基金管理人更好地负起管理基金的责任。

对基金管理人需具备的条件，各个国家和地区有不同的规定。依照我国《中华人民共和国证券投资基金法》（以下简称《证券投资基金法》）的规定，基金管理人须符合以下条件：

（1）有符合本法和《中华人民共和国公司法》规定的章程；

（2）注册资本不低于一亿元人民币，且必须为实缴货币资本；

（3）主要股东具有从事证券经营、证券投资咨询、信托资产管理或者其他金融资产管理的较好的经营业绩和良好的社会信誉，最近三年没有违法记录，注册资本不低于三亿元人民币；

（4）取得基金从业资格的人员达到法定人数；

（5）有符合要求的营业场所、安全防范设施和与基金管理业务有关的其他设施；

（6）有完善的内部稽核监控制度和风险控制制度；

（7）法律、行政法规规定的和经国务院批准的国务院证券监督管理机构规定的其他条件。

3. 基金管理人的职责

依照我国《证券投资基金法》的规定，基金管理人应：

（1）依法募集基金，办理或者委托经国务院证券监督管理机构认定的其他机构代为办理基金份额的发售、申购、赎回和登记事宜；

（2）办理基金备案手续；

（3）对所管理的不同基金财产分别管理、分别记账，进行证券投资；

（4）按照基金合同的约定确定基金收益分配方案，及时向基金份额持有人分配收益；

（5）进行基金会计核算并编制基金财务会计报告；

（6）编制中期和年度基金报告；

（7）计算并公告基金资产净值，确定基金份额申购、赎回价格；

（8）办理与基金财产管理业务活动有关的信息披露事项；

（9）召集基金份额持有人大会；

（10）保存基金财产管理业务活动的记录、账册、报表和其他相关资料；

（11）以基金管理人名义，代表基金份额持有人利益行使诉讼权利或者实施其他法律行为；

（12）国务院证券监督管理机构规定的其他职责。

（三）证券投资基金托管人

1. 证券投资基金托管人的概念

基金托管人是根据法律法规的要求，在证券投资基金运作中承担资产保管、交易监督、信息披露、资金清算与会计核算的当事人。其职责主要体现在基金资产保管、基金资金清算、会计复核以及基金投资运作的监督等方面。我国基金托管人只能由依法设立并取得基金托管资格的商业银行担任。

基金托管人的作用主要体现在以下几方面：基金托管人的介入，使基金资产的所有权、使用权与保管权分离，基金托管人、基金管理人和基金份额持有人之间形成一种相互制约的关系，从而防止基金财产挪作他用，有效保障资产安全；通过基金托管人对基金管理人的投资运作包括投资目标、投资范围、投资限制等进行监督，可以及时发现基金管理人是否按照有关法规要求运作，托管人对于基金管理人违法、违规行为可以及时向监督管理部门报告；通过托管人的会计核算和估值，可以及时掌握基金资产的状况，避免黑箱操作给基金资产带来的风险。

2. 基金托管人的资格

基金托管人的作用决定了它对所托管的基金承担着重要的法律及行政责任，因此，有必要对托管人的资格作出明确规定。概括地说，基金托管人应该是完全独立于基金管理机构、具有一定的经济实力、实收资本达到相当规模、具有行业信誉的金融机构。依照我国《证券投资基金法》的规定，经批准设立的基金应委托商业银行作为托管人。基金托管人主要条件如下：

（1）净资产和资本充足率符合有关规定；

（2）设有专门的基金托管部门；

（3）取得基金从业资格的专职人员达到法定人数；

（4）有安全保管基金财产的条件；

（5）有安全高效的清算、交割系统；

（6）有符合要求的营业场所、安全防范设施和与基金托管业务有关的其他设施；

（7）有完善的内部稽核监控制度和风险控制制度；

（8）法律、行政法规规定的和经国务院批准的国务院证券监督管理机构、国务院银行业监督管理机构规定的其他条件。

3. 基金托管人的职责

（1）安全保管基金财产；

（2）按照规定开设基金财产的资金账户和证券账户；

（3）对所托管的不同基金财产分别设置账户，确保基金财产的完整与独立；

（4）保存基金托管业务活动的记录、账册、报表和其他相关资料；

（5）按照基金合同的约定，根据基金管理人的投资指令，及时办理清算、交割事宜；

（6）办理与基金托管业务活动有关的信息披露事项；

（7）对基金财务会计报告、中期和年度基金报告出具意见；

（8）复核、审查基金管理人计算的基金资产净值和基金份额申购、赎回价格；

（9）按照规定召集基金份额持有人大会；

（10）按照规定监督基金管理人的投资运作；

（11）国务院证券监督管理机构规定的其他职责。

二、证券投资基金的服务机构

基金管理人、基金托管人既是基金的当事人，又是基金的主要服务机构。另外还有许多面向基金提供各类服务的其他服务机构。

（一）基金销售机构

基金销售机构是受基金管理公司委托从事基金代理销售的机构。通常只有大的投资者才能直接通过基金管理公司进行基金份额的直接买卖，普通投资者只能通过基金代销机构进行基金的买卖。在我国，只有中国证监会认定的商业银行、证券公司、证券投资咨询机构、专业基金销售机构以及证监会规定的其他机构才能从事投资基金的代理销售。

（二）基金注册登记机构

基金注册登记机构是指负责基金登记、存管、清算和交收业务的机构。具体业务包括投资者基金账户管理、基金份额注册登记、清算及基金交易确认、发放红利、建立并保管基金份额持有人名册等。我国目前承担基金份额注册登记工作的主要是基金管理公司自身和中国证券登记结算有限责任公司。

（三）律师事务所

律师事务所作为专业、独立的中介服务机构，为基金提供法律服务。

（四）会计师事务所

会计师事务所作为专业、独立的中介服务机构，为基金提供会计服务。

（五）基金投资咨询公司

基金投资咨询公司是向基金投资者提供基金投资咨询建议的中介机构。

（六）基金评级机构

基金评级机构则是一类向投资者以及其他参与主体提供基金资料与数据服务的机构。

第三节　封闭式基金的募集与交易

一、封闭式基金的募集

（一）封闭式基金募集的条件

依据 2004 年 7 月 1 日《证券投资基金运作管理办法》的规定，封闭式基金申请募集基金，拟募集的基金应当具备下列条件：

（1）有明确、合法的投资方向；

（2）有明确的基金运作方式；

（3）符合中国证监会关于基金品种的规定；

（4）不与拟任基金管理人已管理的基金雷同；

（5）基金合同、招募说明书等法律文件草案符合法律、行政法规和中国证监会的规定；

（6）基金名称表明基金的类别和投资特征，不存在损害国家利益、社会公共利益，欺诈、误导投资人，或者其他侵犯他人合法权益的内容；

（7）中国证监会根据审慎监管原则规定的其他条件。

（二）封闭式基金募集的程序

封闭式基金的募集又称封闭式基金的发售，是指基金管理公司根据有关规定向国务院证券监督管理机构提交募集文件，发售基金份额，募集基金的行为。封闭式基金的募集一般要经过申请、核准、发售、备案、公告五个步骤。

1. 封闭式基金募集申请文件

我国基金管理人进行封闭式基金的募集，必须依据法律法规，向国务院证券监督管理机构提交相关文件。申请募集封闭式基金应提交的主要文件包括：基金申请报告、基金合同草案、基金托管协议草案、招募说明书草案等。

2. 募集申请的核准

根据《证券投资基金法》的要求，国务院证券监督管理机构应当自受理封闭式基金募集申请之日起 6 个月内做出核准或者不予核准的决定。封闭式基金募集申请经国务院证券监督管理机构核准后方可发售基金份额。

3. 封闭式基金份额的发售

基金管理人应当自收到核准文件之日起 6 个月内进行封闭式基金份额的发售。封闭式基金的募集期限自基金份额发售之日起计算，一般为 3 个月。

封闭式基金份额的发售由基金管理人负责办理。基金管理人应当在基金份额发售的 3 日前公布招股说明书、基金合同及其他有关文件。

我国封闭式基金的发售价格一般采用 1 元基金份额面值加计 0.01 元发售费用的方式加以确定。

4. 封闭式基金的备案与公告

封闭式基金募集期限届满，基金份额总额达到核准规模的 80% 并且基金份额持有人人数达到 1 000 人以上，基金管理人应当自募集期限届满之日起 10 日内聘请法定验资机构验资。自收到验资报告之日起 10 日内，向国务院证券监督管理机构提交备案申请和验资报告，办理基金备案手续，刊登基金合同生效公告。

二、封闭式基金的交易

（一）封闭式基金上市的条件

封闭式基金的基金份额，经基金管理人申请，国务院证券监督管理机构核准，可以在证券交易所上市交易。基金份额上市交易，应符合下列条件：

基金的募集符合《证券投资基金法》的规定；基金合同期限为 5 年以上；基金募集金额不低于 2 亿元人民币；基金份额持有人不少于 1 000 人；基金份额上市交易规则规定的其他条件。

（二）封闭式基金交易的规则

封闭式基金的交易时间为每周一至周五，每天上午 9：30~11：30、下午 13：00~15：00，法定公众假期除外。

封闭式基金的交易遵从"价格优先、时间优先"的原则。价格优先是指较高价格买进申报的成交优先于较低价格买进申报，较低价格卖出申报的成交优先于较高价格卖出申报。时间优先是指买卖方向、价格相同的，先申报者优先于后申报者。

封闭式基金的报价单位为每份基金价格。基金的申报价格最小变动单位为 0.001元人民币。买入与卖出封闭式基金份额，申报数量应当为 100 份或者其整数倍。基金单笔最大数量应当低于 100 万份。

我国封闭式基金的交易采用电脑集合竞价和连续竞价两种方式。集合竞价是指对一段时间内接收的买卖申报一次性集中撮合的竞价方式，集合竞价的时间为上午 9：15~9：25；连续竞价是指对买卖申报逐笔连续撮合的竞价方式，连续竞价的时间为上午 9：30~11：30、下午 13：00~15：00。

封闭式基金的交易实行每日价格涨跌幅限制，涨跌幅比例为上一个交易日收盘价格的 10%（基金上市首日除外）。

封闭式基金实行 T+1 日交割、交收。

（三）封闭式基金交易的税费

目前封闭式基金交易向基金投资者收取成交额 0.25% 的佣金，不足 5 元的按 5元收取。除此之外，上海证券交易所还按成交面值的 0.05% 向投资者收取登记过户费用。

在上海、深圳证券交易所上市的封闭式基金不收取印花税。

第四节　开放式基金的募集与交易

一、开放式基金与封闭式基金的比较

（一）封闭式基金与开放式基金的区别

1. 期限不同

封闭式基金一般有一个固定的存续期；而开放式基金一般是无期限的。我国《证券投资基金法》规定，封闭式基金的存续期应在 5 年以上，我国封闭式基金的存续期大多在 15 年以上。

2. 规模限制不同

封闭式基金的基金规模是固定的，在封闭期限内未经法定程序认可不能增减；开放式基金没有规模限制，投资者可随时提出申购或赎回申请，基金规模会随之增加或减少。

3. 交易场所不同

封闭式基金规模固定，完成募集的基金份额在证券交易所上市交易，投资者买卖封闭式基金份额，只能委托证券公司在证券交易所按市价买卖，交易在投资者之间完成；开放式基金规模不固定，投资者可以按照基金管理人确定的时间和地点向基金管理人或其销售代理人提出申购、赎回申请，交易在投资者与基金管理人之间完成。投资者既可以通过基金管理人设立的直销中心买卖开放式基金份额，也可以通过基金管理人委托的证券公司、商业银行等销售代理人进行开放式基金的申购、赎回。

4. 价格形成方式不同

封闭式基金的交易价格主要受二级市场供求关系的影响。当需求旺盛时，封闭式基金二级市场的交易价格会超过基金份额净值而出现溢价交易现象，当需求低迷时，交易价格会低于基金份额净值而出现折价交易现象；开放式基金的买卖价格以基金份额净值为基础，不受市场供求关系的影响。

5. 激励约束机制与投资策略不同

封闭式基金规模固定，即使基金表现好，其扩展能力也受到较大的限制，如果表现不尽如人意，由于投资者无法赎回投资，基金经理也不会在经营上面临直接的压力；开放式基金的业绩如果表现好，就会吸引到新的投资，基金管理人的管理费收入也会随之增加，如果基金表现差，开放式基金则会面临来自投资者要求赎回投资的压力。

（二）开放式基金与封闭式基金相比的优势

1. 市场优胜劣汰机制强

如果开放式基金业绩优良，投资者购买基金的资金持续流入，导致基金资产增加；如果基金经营不善，投资者通过赎回基金的方式撤出资金，导致基金资产减少。这样就使规模大的基金业绩更好，愿意买它的人更多，从而规模变得更大，形成良性循环。开放式基金的这种优胜劣汰机制，建立了良好的市场选择功能。另外，由于基金管理公司是按照基金规模提取管理费的，所以开放式基金对基金管理人的激励约束效应明显要强于封闭式基金。

2. 流动性好

开放式基金管理人必须保持基金资产充分的流动性，以应付可能出现的大规模赎回，其不会集中持有大量难以变现的资产，以此来减少基金的流动性风险。

3. 透明度高

除履行必备的信息披露外，开放式基金一般每日公布资产净值，随时准确地体现出基金的真实价值。

4. 便于投资

投资人可以随时在开放式基金的各个指定销售场所进行申购和赎回，由于开放式基金往往会选择营业网点分布广泛的机构如全国性商业银行作为代销机构，所以投资开放式基金十分便利。

5. 直接面对投资者

开放式基金的基金管理公司会同投资者直接打交道，投资人可以享受到基金管理公司或代销商的一系列服务，比如，基金资产净值、费率、基金账户的查询和各种理财咨询等；而封闭式基金一旦发行完毕，投资者和基金管理公司之间就没有多少联系，投资者享受到的服务十分有限。

二、开放式基金的募集和认购

（一）开放式基金募集的条件

封闭式基金的募集条件同样也适用于开放式基金的募集，这里不再赘述。

（二）开放式基金募集的程序

开放式基金的募集是指基金管理公司根据有关规定向国务院证券监督管理机构提交募集文件，首次发售基金份额，募集基金的行为。开放式基金的募集一般要经过申请、核准、发售、备案、公告五个步骤。

1. 开放式基金募集的申请

我国基金管理人进行开放式基金的募集，必须依据法律法规，向国务院证券监督管理机构提交相关文件。申请募集开放式基金应提交的主要文件包括：基金申请报告、基金合同草案、基金托管协议草案、招募说明书草案等。

2. 募集申请的核准

根据《证券投资基金法》的要求，国务院证券监督管理机构应当自受理开放式基金募集申请之日起 6 个月内做出核准或者不予核准的决定。开放式基金募集申请经国务院证券监督管理机构核准后方可发售基金份额。

3. 开放式基金份额的发售

基金管理人应当自收到核准文件之日起 6 个月内进行开放式基金份额的发售。开放式基金的募集期限自基金份额发售之日起计算，一般为 3 个月。

开放式基金份额的发售由基金管理人负责办理。基金管理人可以委托经证监会认定的商业银行、证券公司以及其他机构代理销售基金份额。基金管理人应当在基金份额发售的 3 日前公布招股说明书、基金合同及其他有关文件。

4. 开放式基金的备案与公告

开放式基金募集期限届满，基金份额总额不少于 2 亿份并且基金份额持有人人数不少于 200 人，基金管理人应当自募集期限届满之日起 10 日内聘请法定验资机构验资。自收到验资报告之日起 10 日内，向国务院证券监督管理机构提交备案申请和验资报告。自收到证监会书面确认之日起，基金备案手续办理完毕，刊登基金合同生效公告。

（三）开放式基金的认购

开放式基金的认购是指基金投资者在基金募集期内购买基金份额的行为。

投资者可以通过基金公司自身的直销中心或基金管理公司的网站直接认购，或者通过基金管理公司指定的商业银行和证券公司等基金代销机构在各地的营业网点和营业部认购。

1. 开放式基金认购的步骤

（1）开立基金账户。

基金账户是基金登记注册机构为基金投资者开立的，记录投资者持有的基金份额余额和变动情况的账户。

基金投资者要认购开放式基金必须拥有基金账户。基金账户由基金登记注册机构为投资者开立，投资者可以通过基金代销机构办理。

（2）开立基金交易账户。

基金交易账户即资金账户，是投资者在代销银行或证券公司开立的用于基金业务的结算账户。投资者认购、申购、赎回基金份额，以及分红、无效认购和申购的资金退款等资金结算均通过该账户进行。

（3）基金的认购。

投资者在基金交易账户存入足够的现金，填写基金认购申请表认购基金。一般情况下，基金认购申请一经提交不得撤销。

（4）基金认购的确认。

投资者 T 日提交认购申请后，可于 T+2 日到办理认购的网点查询认购申请的受理情况。销售网点对认购申请的受理不表示投资者认购成功，而仅仅表示销售网点确实接受了认购申请，认购成功与否应以基金登记人的确认登记为准，认购申请被确认无效的，认购资金将会退还给投资者。

2. 开放式基金认购的方式

开放式基金采取金额认购的方式。金额认购是指投资者在办理认购申请时，不是直接以认购数量提出申请，而是以金额申请，在扣除相应费用后，再除以基金面值得到认购的基金数量。

3. 前端收费模式和后端收费模式

认购开放式基金的收费模式分为前端收费和后端收费。前端收费模式是指投资者在认购基金份额时便支付认购费用的付费模式；后端收费模式是指投资者在认购基金份额时不支付认购费，而等到赎回基金份额时和赎回费用一起支付的付费模式。

前端收费适合短期投资者。当股市火爆的时候，基金投资者就会大量增加，其中很多人并不是想进行长期投资，而是趁着股市好的时候利用基金赚取短期收益。因为部分基金公司规定短期投资的后端收费较高，所以，这时选择前端收费会节省投资成本。

后端收费的优点主要是可以满足那些愿意长期持有基金的投资者的需求。在后端收费模式下，持有基金的年限越长，认购收费率越低，一般按每年 20% 的速度递减，投资者投资时间越长，投资成本越低，甚至实现零费用投资，所以当准备长期持有某基金时，选择后端收费方式有利于降低成本。

4. 认购费用

$$认购费用 = 认购金额 × 认购费率$$
$$净认购金额 = 认购金额 - 认购费用 + 认购期利息$$
$$认购份额 = 净认购金额 ÷ 基金份额面值$$

认购费用、认购份额四舍五入，通常保留小数点后两位。开放式基金份额面值通常为 1 元人民币。

例如，某投资者投资 1 万元，在基金成立前 20 日认购某开放式基金，认购费率为 1.0%，基金单位面值为 1.00 元，利率为 1.62%。（由于资金结算原因，起息日为 T+2，故实际计息日为 18 天），则其可得到的认购份额为：

认购费用＝10 000×1.0%＝100（元）

认购资金利息＝10 000×1.62%×18÷360＝8.10（元）

投资净额＝10 000－100＋8.10＝9 908.10（元）

认购份额＝9 908.10÷1.00＝9 908（份）

即投资者在基金成立前20日投资1万元认购该基金，可得9 908份基金份额。

基金的认购费率随认购金额的增加而递减，如表4-1所示。

表 4-1　　　　　　　　　　　基金的认购费率和认购金额的关系

认购金额	认购费率
认购金额<50万元	1.0%
50万元≤认购金额<200万元	0.8%
200万元≤认购金额<1 000万元	0.4%
1 000万元≤认购金额	0.1%

三、开放式基金的申购和赎回

（一）申购和赎回的概念

开放式基金的申购是指在募集发行结束后投资者申请购买基金份额的行为。基金的申购和认购没有本质上的区别，只不过购买基金份额的时间不同：认购是在募集期内，而申购是在开放式基金合同生效宣告成立后。

开放式基金的赎回是指基金份额持有人卖出基金份额，收回现金的行为，即基金份额持有人要求基金管理人购回其持有的基金份额的行为。

（二）申购、赎回的时间和场所

开放式基金合同生效后，基金会有一个短暂的封闭期。一般是在基金合同生效之日起不超过30个工作日的时间开始办理申购，自基金合同生效日起不超过3个月的时间起开始办理赎回。封闭期结束后即进入正常的连续申购和赎回。

目前投资者可办理申购、赎回等业务的开放日为上海证券交易所、深圳证券交易所的交易日，在基金开放日，投资者提出的有效申购、赎回申请时间为上海证券交易所与深圳证券交易所的交易时间，即上午9：30~11：30、下午13：00~15：00。

投资者进行申购和赎回的场所与认购渠道一样，可以通过基金管理人的直销中心、代销机构的代销网点等办理申购和赎回。

（三）申购和赎回的原则

1."未知价"交易原则

即投资者在申购、赎回时并不能及时获知买卖的成交价格，申购、赎回价格只能以申购、赎回日交易时间结束后，基金管理人公布的基金份额净值为基准进行计算。这与股票、封闭式基金等大多数金融产品按照"已知价"原则进行买卖不同。

2."金额申购、份额赎回"原则

即申购时以金额提出申请，赎回时则以份额提出申请，这是适应"未知价"原则的一种最为简便、安全的交易方式。在此原则下，确切的购买数量和赎回金额在买卖当时是无法确定的，只有在交易次日才能获知。

3."先进先出"原则

基金份额持有人在赎回基金份额时,基金管理人对该基金份额持有人在该销售机构托管的基金份额进行处理,申购确认日期在先的基金份额先赎回,申购确认日期在后的基金份额后赎回,以此确定所适用的赎回费率。

(四)申购与赎回的费用

1.申购费用及申购份额

申购费不列入基金资产,用于基金的市场推广、销售、注册登记等各项费用。赎回费按一定比例列入基金资产,其余用于支付注册登记费和其他必要的手续费。

申购费用通过申购费率来确定。申购费用也有前端收费和后端收费之分。同认购费率一样,随申购金额的增加申购费率逐渐降低。如表4-2所示。

表4-2 基金的申购费率和申购金额的关系

申购金额	申购费率
申购金额<50万元	1.5%
50万元≤申购金额<200万元	1.2%
200万元≤申购金额<1 000万元	0.6%
1 000万元≤申购金额	0.1%

前端收费模式下申购份额的确定:

申购费用=申购金额×申购费率

申购份额=(申购金额-申购费用)÷申购日基金份额面值

认购费用、认购份额四舍五入,通常保留小数点后两位。

后端收费模式下申购份额的确定:

申购份额=申购金额÷申购日基金份额面值

申购费用=申购金额×申购费率

认购费用、认购份额四舍五入,通常保留小数点后两位。

例如,某投资者1万元申购某基金,申购费率为1%。假设申购当日基金单位资产净值为1.10元,则其得到的申购份额为:

申购费用=10 000×1.0%=100(元)

净申购金额=10 000-100=9 900(元)

申购份额=9 900÷1.10=9 000(份)

2.赎回费用及赎回金额

如表4-3所示,随着持有期的延长,费率逐渐降低。

表4-3 基金到期前的赎回费率与持有期的关系

持有年限	赎回费率
持有期≤1年	1.8%
1年<持有期≤2年	1.0%
2年<持有期<3年	0.5%
持有到期日	0

前端收费模式下赎回金额的确定：

$$赎回总额=赎回份额×赎回日基金份额净值$$
$$赎回费用=赎回总额×赎回费率$$
$$赎回金额=赎回总额-赎回费用$$

赎回金额的计算保留到小数点后两位，舍去部分所代表的资产归基金所有。

后端收费模式下赎回金额的确定：

$$赎回金额=赎回总额-赎回费用-后端申购费用$$

例如，某投资者在基金期满前赎回 10 万份基金单位，赎回费率为 2.0%，假设赎回当日基金单位资产净值是 1.168 0 元，则其可得到的赎回金额为：

赎回总额＝1.168 0×100 000＝116 800（元）

赎回费用＝116 800×2.0%＝2 336（元）

赎回金额＝11 680-2 336＝114 464（元）

（五）巨额赎回

1. 巨额赎回的认定

巨额赎回是指单个开放日基金净赎回申请超过上一日基金总份额 10%。

净赎回申请是指赎回申请份额总数加上基金转换中转出申请份额总数后扣除申购申请份额总数及基金转换中转入申请份额总数后的余额。

2. 巨额赎回的处理方式

出现巨额赎回时，基金管理人可以根据本基金当时的资产组合状况决定接受全额赎回或部分延期赎回。

接受全额赎回是当基金管理人认为有能力兑付投资者的全部赎回申请时，按正常赎回程序执行。

部分延期赎回是当基金管理人认为兑付投资者的赎回申请有困难，或认为兑付投资者的赎回申请进行的资产变现可能使基金资产净值发生较大波动时，基金管理人对部分赎回申请延期办理。

当发生巨额赎回和部分延期赎回时，基金管理人应立即向证监会备案并公开披露巨额赎回情况。

（六）非交易过户、转托管、转换与冻结

1. 基金的非交易过户

基金的非交易过户是指由于司法强制执行、继承、捐赠等原因，基金登记注册机构将某一基金账户的基金份额全部或部分直接划转至另一账户。

投资者办理非交易过户时，必须按基金登记注册机构的要求提供相关资料，到基金登记注册机构的柜台办理，并按规定的标准缴纳过户费用。

2. 基金的转托管

基金持有人可以以同一基金账户在多个销售机构申购（认购）基金份额，但必须在原申购（认购）的销售机构赎回该部分基金份额。

投资者申购（认购）基金份额后可以向原申购（认购）基金的销售机构发出转托管指令，缴纳转托管手续费，转托管完成后投资者才可以在转入的销售机构赎回其基金份额。

转托管在转出方进行申报，基金份额转托管经过一次申报便可完成。投资者于 T

日转托管基金份额成功后，可于 T+2 日起赎回该部分基金份额。

3. 基金的转换

基金的转换是指投资者不需要先赎回已经持有的基金份额，就可以将其持有的基金份额转换为同一个基金管理人的另一基金份额的业务模式。基金份额的转换通常会收取一定的转换费用。

4. 基金的冻结与解冻

基金登记注册人只受理司法机构依法要求的基金份额的冻结与解冻。基金份额的冻结手续、冻结方式按照基金登记注册人的相关规定办理。

第五节　证券投资基金的运作

一、基金的估值与会计核算

（一）基金的估值

基金的估值指通过对基金所拥有的全部资产及所有负债按一定的原则和方法进行重新估算，进而确定基金资产公允价值的过程。

1. 基金净值和累计净值

基金净值是指在某一基金估值时点上，按照公允价格计算的基金资产的总市值扣除负债后的余额。

单位基金净值是指每一个基金份额所代表的基金资产的净值。

基金累计净值是指基金最新净值与成立以来的分红业绩之和，体现了基金成立以来所取得的累计收益（减去 1 元面值即是实际收益），可以比较直观和全面地反映基金在运作期间的真实业绩水平。

2. 我国基金资产估值的原则和方法

按照《证券投资基金会计核算办法》规定，基金估值应遵循以下原则：

（1）任何上市流通的有价证券，以其估值日在证券交易所挂牌的市价（平均价或收盘价）估值；估值日无交易的，以最近交易日的市价估值。

（2）未上市的股票应区分以下情况处理：配股和增发新股，按估值日在证券交易所挂牌的同一股票的市价估值；首次公开发行的股票，按成本估值。

（3）配股权证，从配股除权日起到配股确认日止，按市价高于配股价的差额估值；如果市价低于配股价，估值为零。

（4）如有确凿证据表明按上述方法进行估值不能客观反映其公允价值的，基金管理公司应根据具体情况与基金托管人商定后，按最能反映公允价值的价格估值。

（5）如有新增事项，按国家最新规定估值。

（二）基金的会计核算

基金的会计核算是指收集、整理、加工有关基金投资运作的会计信息，准确记录基金资产变化情况，及时向相关各方提供财务数据以及会计报表的过程。基金的会计核算主要包括以下几类业务：

1. 证券交易及其清算的核算

证券投资基金主要投资于政策允许范围内的有价证券，包括股票交易、债券交易、回购交易等。

2. 权益事项的核算

权益事项是指与基金持有证券有关的，所有涉及该证券权益变动进而影响基金权益变动的事项，包括新股、红股、红利、配股核算。

3. 各类资产利息的核算

主要包括债券的利息、银行存款利息、清算备付金利息、回购利息等。各类资产利息均应按日计提，并于当日确认为利息收入。

4. 基金费用的核算

包括计提基金管理费、托管费，预提、摊销费用等。这些费用一般也按日计提，并于当日确认为费用。

5. 申购与赎回的核算

6. 投资估值增值的核算

基金逐日对其资产按规定进行估值，并于当日将投资估值增（减）值确认为未实现利得。

7. 本期收益与收益分配的核算

是指会计期末结转基金损益，并按照规定对基金分红进行除权、派息、红利再投资等核算。

8. 基金会计报表

基金管理公司应及时编制并对外提供真实、完整的基金财务会计报告。半年度、年度财务会计报告至少应披露会计报表和会计报表附注的内容。

基金会计报表包括资产负债表、基金经营业绩表、基金收益分配表及净值变动表等报表。

9. 基金会计核算的复核

目前，对于国内证券投资基金的会计核算，基金管理人与基金托管人按照有关规定，分别独立进行账簿设置、账套管理、账务处理及基金净值计算。基金托管人按照规定对基金管理人的会计核算进行复核并出具复核意见。

二、基金的收益

基金收益是基金资产在运作过程中所产生的超过自身价值的收入。基金收益来源主要包括基金投资所得股票股利收入、债券利息收入、证券买卖差价收入、银行存款利息以及其他收入。

（一）股票股利收入

基金的股利收入是指基金通过在一级市场或二级市场购入、持有各公司发行的股票（普通股、优先股），而从上市公司取得的一种分配收益。股利一般有两种形式，即现金股利与股票股利。现金股利是以现金的形式发放的，股票股利是以股票的形式发放的。

（二）债券利息收入

债券利息收入是指基金资产因投资于各种债券（国债、地方政府债券、企业债、金融债等）而定期取得的利息收入。

（三）证券买卖差价收入

证券买卖差价收入又称资本利得收入，是指基金在证券市场上买卖证券形成的价差收益，主要包括股票买卖价差和债券买卖价差。

（四）存款利息收入

存款利息收入是指基金将资金存入银行或中国登记结算有限责任公司所获得的利息收入。这部分收益仅占基金收益很小的一个部分。存款利息收入可以按照规定的利率确认存款利息，利息逐日计提。

（五）其他收入

其他收入是指运用基金资产而带来的成本或费用的节约额，这些收入项目一般根据发生的实际金额确认。

三、基金的费用与税收

（一）基金的费用

在开放式基金销售和运作的过程中会发生一些费用，这些费用最终由基金投资人承担，用来支付基金管理人、基金托管人、销售机构和注册登记机构等提供的服务。开放式基金的费用主要分两大类：

一是基金持有人费用，由基金投资人直接负担。这类费用主要包括基金的申购费、赎回费和转换费，基金交易佣金和过户费等；

二是基金运营费用，基金管理过程中发生的费用。主要包括基金管理费、基金托管费、信息披露费、审计费、律师费、持有人大会费、上市年费和分红手续费等。在实践中，一般是每天计算，从当日的净值中扣除，投资人不需要额外拿钱出来，但在持有而领取分红或赎回时实际上已支付了这笔费用。

（二）基金的税收

1. 营业税

基金管理人运用基金买卖股票、债券的差价收入归基金所有，对基金免征营业税。

基金管理人、基金托管人从事基金管理活动取得收入时，依照税法的规定对基金管理人和托管人征收营业税。

对金融机构买卖基金份额的差价收入征收营业税，对非金融机构买卖基金份额的差价收入不征收营业税。

2. 印花税

基金买卖股票时按股票交易金额的 2‰对基金征收印花税。

机构投资者买卖基金份额时暂免对机构投资者征收印花税。

个人投资者买卖基金份额时暂免对个人投资者征收印花税。

3. 所得税

对基金买卖股票、债券取得的差价收入，免征企业所得税。

基金取得股利收入、债券的利息收入、储蓄存款收入时，对基金征收 20%个人所得税。

基金管理人、基金托管人从事基金管理活动取得收入时，依照税法的规定对基金管理人和托管人征收企业所得税。

对机构投资者买卖基金份额的差价收入征收企业所得税，对从基金分配中取得的收入暂不征收企业所得税。

对个人投资者买卖基金份额获得的差价收入，暂不征收个人所得税，对个人投资者从基金分配中取得的收入暂不征收个人所得税。

四、基金收益的分配

基金收益的分配就是基金实现投资净收益后，将其分配给投资人。基金净收益是指基金收益扣除按照有关规定可以在基金收益中扣除的费用后的余额。

（一）封闭式基金的收益分配

根据相关规定，封闭式基金当年收益应先弥补上一年度亏损，然后才可进行当年收益的分配。如果基金投资的当年发生亏损，则不进行分配。基金分配后的基金份额净值不得低于面值；封闭式基金的收益分配，每年不少于一次，收益分配比例不低于基金年度已实现收益的90%；封闭式基金一般采用现金分红方式。

（二）开放式基金的收益分配

开放式基金按规定需要在基金合同中约定每年基金收益分配的最多次数和最低比例。开放式基金的收益分配有两种方式。

1. 现金分红方式

根据基金收益情况，基金管理人以投资者持有基金单位数量的多少，将收益分配给投资者。这是基金收益分配最普遍的形式。

2. 分红再投资转换为基金份额

就是将应分配的净收益折为等值的新的基金份额进行基金分配的一种方式。《证券投资基金运作管理办法》第三十六条规定："基金收益分配应当采用现金方式。开放式基金的基金份额持有人可以事先选择将所获分配的现金收益，按照基金合同有关基金份额申购的约定转为基金份额；基金份额持有人事先未做出选择的，基金管理人应当支付现金。"

五、基金的信息披露

（一）基金信息披露的含义

基金信息披露是指基金市场上的有关当事人在基金募集、上市交易、投资运作等一系列环节中，依照法律法规规定向社会公众进行的信息披露。

（二）基金信息披露的作用

基金信息披露的作用主要表现在以下几个方面：

1. 有利于投资者进行价值判断

在基金份额的募集过程中，基金招募说明书等募集信息披露文件向公众投资者阐明了基金产品的风险、收益特征及有关募集安排，投资者能据以选择适合自己风险偏好和收益预期的基金产品。在基金运作过程中，通过充分披露基金投资组合、历史业绩和风险状况等信息，现有基金份额持有人可以评价基金经理的管理水平，以及了解基金投资是否符合基金合同的承诺，从而判定该基金产品是否值得继续持有。与此同时，潜在投资者也可以根据自己的风险偏好和收益预期对基金价值进行理性分析，进而做出投资选择。

2. 有利于防止利益冲突与利益输送

资本市场的基础是信息披露，监管的主要内容之一就是对信息披露的监管。相对于实质性审查制度，强制性信息披露的基本推论是投资者在公开信息的基础上"买者自慎"，它可以改变投资者的信息弱势地位，增加资本市场的透明度，防止利益冲突与利益输送，增加对基金运作的公众监督，限制和阻止基金管理不当和欺诈行为的发生。

3. 有利于提高证券市场的效率

由于现实中证券市场的信息不对称问题，投资者无法对基金进行有效甄别，也无法有效克服基金管理人的道德风险，高效率的基金无法吸引到足够的资金进行投资，不能形成合理的资金配置机制。通过强制性信息披露，迫使隐藏的信息得以及时和充分的公开，从而消除逆向选择和道德风险等问题带来的低效无序状况，提高证券市场的有效性。

4. 有效防止信息滥用

如果法规不对基金信息披露进行规范，任由不充分、不及时、不真实（虚假）的信息随意披露，那么市场上便会充斥着各种猜测，投资者可能会受这种市场"噪声"的影响而做出错误的投资决策，甚至给基金运作带来致命性打击，这将不利于整个行业的长远发展。

（三）基金信息披露的内容

一般来说，基金的信息披露包括四种。一是基金在募集时的信息披露，主要是披露基金的组成文件和招募文件；二是基金定期报告的信息披露，包括对基金经营状况的披露和基金投资组合的披露；三是基金的临时公告，即对基金产生影响重大事项的披露；四是基金运作中的信息披露。

1. 基金募集的信息披露

基金募集信息披露可分为首次募集信息披露和存续期募集信息披露。

首次募集信息披露主要包括基金份额发售前至基金合同生效期间进行的信息披露。

存续期募集信息披露是指开放式基金在基金合同生效后每 6 个月披露一次更新的招募说明书。由于开放式基金不是一次募集完成的，而是在存续期间不断进行申购、赎回，这就需要针对潜在的基金投资者披露与后续募集期间相对应的基金募集、运作信息。

在该阶段，基金的发起人应当公开披露的信息主要包括基金组成文件、基金的招募说明书和基金的公开说明书。

（1）基金的组成文件。

基金的组成文件是指契约型基金的基金契约或公司型基金的公司章程。订立基金组成文件的目的是为了明确基金当事人的权利和责任，规范基金的运作，保护基金投资者的利益，它是组成基金的法律基础。基金组成文件应当对基金的设立、投资运作、信息披露等各方面的内容进行规定。

（2）基金的招募说明书。

基金的招募说明书是由基金的发起人编制的，它除了向投资者披露基金本身的情况外，还应当对基金发行等情况进行披露，其中包括本次发行的有关当事人的基本情况；基金发起人、销售机构、律师事务所和经办律师、会计师事务所和经办注册会计师以及其他有关机构、基金管理人的基本情况；主要管理人员情况；部门设置、内部风险控制、监察稽核和财务管理制度、经营状况和经营业绩；基金托管人的基本情况和部门设置、主要人员情况。

（3）基金的公开说明书。

开放式基金成立后，应于每 6 个月结束后的一个月内公告公开说明书，并应在公告时间 15 日前报中国证监会审核。公开说明书的内容包括基金简介、投资组合、经营业绩、重要变更事项和其他应披露事项等。

2. 基金定期报告的信息披露

基金定期报告的信息披露主要指在基金合同生效后至基金合同终止前，基金信息披露义务人依法定期披露基金的上市交易、投资运作及经营业绩等信息，基金定期报告信息的披露时间一般是可以事先预见的。按照我国的规定，证券投资基金定期披露的信息包括以下方面：

（1）年度报告和中期报告。

基金的年报在基金会计年度结束后的 90 日内公告，中期报告在基金会计年度前 6 个月结束后的 30 日内公告。年报和中报主要应披露在报告期间内基金管理人运用基金资产投资的业绩、基金的资产负债情况以及重大事件。

（2）基金资产净值和投资组合。

基金的净资产值每周至少公告一次。基金的投资组合应当每 3 个月至少公告一次，公告的内容一般包括基金投资在股票和债券上的金额、比例，投资金额较大的股票名称和投资数量，以及投资的行业分布情况。

基金在发售时，应当对基金的基本情况进行充分披露，使得投资者能在掌握充分资料的情况下，就是否进行投资做出决策。

3. 基金的临时公告与报告

基金临时信息披露主要指在基金存续期间，当发生重大事件或市场上流传误导性信息，可能引致对基金份额持有人权益或者基金份额价格产生重大影响时，基金信息披露义务人依法对外披露报告或澄清公告。基金临时信息的披露时间一般无法事先预见。

4. 基金运作中的信息披露

基金运作中的信息披露主要是为了让基金的持有人及时地了解基金的经营业绩、基金资产的增值以及基金的投资组合是否符合基金承诺的投资方向。

这些事项主要包括基金持有人大会决议，基金管理人或基金托管人的变更，基金管理人或基金托管人的董事、监事和高级管理人员变动或受到重大处罚，重大关联事项，基金上市，基金提前终止等。

思考题：

1. 基金管理人和托管人的职责有哪些？
2. 证券投资基金与股票和债券的区别是什么？
3. 封闭式基金和开放式基金的交易方式有何不同？
4. 什么是申购、认购和赎回？
5. 申购率和赎回费率是如何计算的？
6. 如何理解开放式基金的"金额申购、份额赎回"原则？
7. 基金的费用有哪些？基金收益的方式有哪几种？
8. 基金信息披露的内容有哪些？

第五章
金融衍生证券

教学目的与要求：

通过本章的学习，使学生掌握期货的含义和分类，期货的交易，期权的含义和分类，期货的交易，权证的含义和交易；理解期货的功能和创设，期权的功能和创设，权证的发行与创设。

金融衍生证券，又称金融衍生产品，是指建立在基础金融证券或基础金融变量之上且价格取决于基础产品价格变动的派生产品。

所谓基础金融证券，就是能够产生衍生证券的传统金融证券，也可称之为标的变量，最常见的是可交易证券的价格。例如，股票期货是一个衍生证券，其价值依附于股票的价格。就衍生品而言，衍生证券可以依附于任何变量，从普通的商品价格到复杂的股票价格指数都能进行衍生品操作。理解金融衍生证券需要注意这样几点：

（一）金融衍生证券的跨期交易特点

金融衍生证券是交易双方通过对利率、汇率、股价等因素变动趋势的预测，约定在未来某一时间按照一定条件进行交易或选择是否交易的合约。无论是哪一种金融衍生证券，都涉及未来某一时间金融资产的转移，跨期交易的特点十分突出，这就要求交易双方对利率、汇率、股价等价格因素的未来变动趋势做出判断，而其判断的准确与否直接决定了其在交易中的成败。

（二）金融衍生证券的杠杆效应

金融衍生证券交易一般只需要支付少量的保证金或权利金就可签订远期大额合约或互换不同的金融证券。例如，期货交易保证金通常是合约金额的 10%，也就是说，期货投资者可以控制 10 倍于所投资金额的合约资产，实现以小博大。因此金融衍生证券交易具有杠杆效应，保证金越低，杠杆效应越大，收益和风险也就越大。基础证券价格的轻微变动也许就会带来投资者的大悲大喜。金融衍生证券的杠杆效应一定程度上决定了其高投机性和高风险性。

（三）金融衍生证券的不确定性和高风险

由于前两个特征，金融衍生品的不确定性和风险性是显而易见的。金融衍生证券的成败有赖于投资者对未来市场价格的预测和判断，金融证券价格的变幻莫测，决定了金融衍生证券交易盈亏的不稳定性，也成为金融衍生证券高风险性的重要诱因。

第一节 期货的发行与交易

一、期货的含义

期货是期货合约的简称，期货合约则是由交易双方订立的、约定在未来某个日期按成交时约定的价格交割一定数量的某种商品的标准化协议。期货合约的格式和内容由期货交易所提供，因而是标准化的。期货合约中未来交割的某种商品被称为标的资产。

二、期货的分类

（一）商品期货

商品期货是指标的资产是实物商品的期货合约。商品期货历史悠久，种类繁多，各国交易的商品期货的品种也不完全相同，这与各国的市场情况直接相关。例如，美国市场进行火鸡的期货交易，日本市场则开发了茧丝、生丝、干茧等品种。除了美国、日本等主要发达国家以外，欧洲、美洲、亚洲的一些国家也先后设立了商品期货交易所。这些国家的期货商品，主要是本国生产并在世界市场上占重要地位的商品。例如，新加坡和马来西亚主要交易橡胶期货，菲律宾交易椰干期货，巴基斯坦、印度交易棉花期货，加拿大主要交易小麦、玉米期货，澳大利亚主要交易生牛、羊毛期货，巴西主要交易咖啡、可可、棉花期货。中国期货市场起步于20世纪90年代初，目前上市的商品期货有农产品、有色金属、化工建材等30多个品种，可以上市交易的期货商品有以下种类：

（1）上海期货交易所：铜、铝、天然橡胶、燃料油和锌；

（2）大连商品交易所：大豆、豆粕、玉米、豆油；

（3）郑州商品交易所：小麦、绿豆、菜籽油、棉花、白砂糖、精对苯二甲酸（Pure Tenephthalic Acid，PTA）。

表5-1为郑州商品交易所小麦期货合约。

表5-1 郑州商品交易所小麦期货合约

交易品种	小麦
交易代码	WT
上市交易所	郑州商品交易所
交易单位	10吨/手
报价单位	元/吨
最小变动价位	1元/吨
涨跌停板幅度	不超过上一交易日结算价±3%
合约交割月份	1、3、5、7、9、11
交易时间	每周一至五上午9:00~11:30，下午1:30~3:00

表5-1(续)

最后交易日	合约交割月份的倒数第七个交易日
交割日	合约交割月份的第一交易日至最后交易日
交割等级	标准品：二等硬冬白小麦 符合 GB 1351-1999 替代品：一、三等硬冬白小麦 符合 GB 1351-1999
交割地点	交易所指定交割仓库
交易保证金	合约价值的 5%
交易手续费	2 元/手（含风险准备金）
交割方式	实物交割

（二）金融期货

金融期货是指标的资产是金融工具的期货合约。金融期货作为期货交易中的一种，具有期货交易的一般特点，但与商品期货相比较，其合约标的物不是实物商品，而是传统的金融商品，如证券、货币、汇率、利率等。金融期货交易产生于 20 世纪 70 年代的美国市场。1972 年，美国芝加哥商业交易所的国际货币市场开始国际货币的期货交易，1975 年芝加哥商业交易所开展房地产抵押券的期货交易，标志着金融期货交易的开始。现在，芝加哥商业交易所、纽约期货交易所和纽约商品交易所等都进行各种金融工具的期货交易，货币、利率、股票指数等都被作为期货交易的对象。目前，金融期货交易在许多方面已经走在商品期货交易的前面，占整个期货市场交易量的 80% 以上，成为西方金融创新成功的例证。与金融相关联的期货合约品种很多，目前已经开发出来的品种主要有三大类：

1. 外汇期货

外汇期货又称货币期货，是以外汇为标的资产的期货合约，是金融期货中最先产生的品种，主要是为了规避外汇风险。目前国际上外汇期货合约交易所涉及的货币主要有英镑、美元、欧元、日元等等。外汇期货交易自 20 世纪 70 年代初在国际货币市场上率先推出后，得到了迅速发展。

2. 利率期货

利率期货是以一定数量的某种与利率相关的商品即各种固定利率的有价证券为标的物的金融期货。利率期货主要是为了规避利率风险而产生的。固定利率有价证券的价格受到现行利率和预期利率的影响，价格变化与利率变化一般呈反比关系。

利率期货产生于 1975 年 10 月，虽然比外汇期货晚了 3 年，但其发展速度与应用范围都远较外汇期货来得迅速和广泛。在美国期货市场上，交易的利率期货主要有：短期国库券期货、3 个月期欧洲美元期货、美国政府长期国债期货。此外在其他国家和地区较为流行的利率期货还有 90 天英镑定期存款期货、英镑长期国债期货、日元长期国债期货以及 3 个月港元利率期货（如表 5-2 所示）等。

3. 股票价格指数期货

股票价格指数期货是金融期货中产生最晚的一个品种，是 20 世纪 80 年代金融创新中出现的最重要、最成功的金融证券之一。股票价格指数是反映整个股票市场上各种股票的市场价格总体水平及其变动情况的一种指标，而股票价格指数期货即是以股票价格指数为标的物的期货交易。

股票指数期货的标的物的特征决定了它独特的交易规则。股价指数期货的交易单位是由标的指数的点数与某一既定的货币金额的乘积表示的。这一乘数是由交易所规定的且赋予每一指数点以一定价值的金额。例如，中国推出的股指期货，1 点指数乘以300 元人民币作为交易的单位。这一固定金额反映了股价指数期货合约的标准化特征。股价指数期货的报价方式是以期货合约标的指数的点数来报出价格的，最小变动价位通常也以一定的指数点来表示。由于股价指数本身并没有任何的实物存在形式，因此股价指数是以现金结算方式来结束交易的。在现金结算方式下，每一未平仓合约将于到期日得到自动冲销，即买卖双方根据最后结算价计算出盈亏金额，通过借记或贷记保证金账户而结清交易。

自 1982 年美国堪萨斯农产品交易所正式开办世界上第一个股票价格指数期货交易以来，美国的股票价格指数期货交易品种已发展至数种，它们是芝加哥商品交易所的标准普尔 500 种股票价格综合指数期货、纽约期货交易所的纽约证券交易所综合指数期货和堪萨斯农产品交易所的价值线综合指数期货。此外 1983 年澳大利亚悉尼期货交易所制定了自己的股票价格指数期货，1984 年伦敦国际金融期货交易所推出了金融时报 100 种股票价格指数期货，中国香港期货交易所开办了恒生价格指数期货，中国金融期货交易所推出沪深 300 股指期货等（如表 5-2 所示）。

表 5-2   **股票指数期货合约**

合约标的	沪深 300 指数
交易代码	IF
上市交易所	中国金融期货交易所
合约乘数	每点 300 元
合约价值	股指期货指数点乘以合约乘数
报价单位	指数点
最小变动单位	0.2 点
合约月份	2013 年 7 月合约
交易时间	上午 9:15~11:30，下午 13:00~15:15
最后交易日	上午 9:15~11:30，下午 13:00~15:00
最大波动限制	上一个交易日结算价的正负 10%
交易保证金	7 月合约的 12%
交割方式	现金交割
最后交易日	2013 年 7 月 19 日
交割日期	同最后交易日
手续费	交易手续费暂定为成交金额的万分之零点五，交割手续费标准为交割金额的万分之一

三、期货的功能

（一）套期保值功能

套期保值是指通过在现货市场与期货市场同时作相反的交易而达到为其现货保值目的的交易方式。

1. 套期保值的原理

期货交易之所以能够套期保值，其基本原理在于某一特定商品或金融资产的期货价格和现货价格受相同经济因素的制约和影响，从而它们的变动趋势是一致的，而且现货价格与期货价格具有市场走势的收敛性，即当期货合约临近到期日时，现货价格与期货价格将逐渐趋合，它们之间的价差即基差将接近于零。

2. 套期保值的基本做法

套期保值的基本做法是：在现货市场买进或卖出某种金融资产的同时，作一笔与现货交易品种、数量、期限相当但方向相反的期货交易，以期在未来某一时间通过期货合约的对冲，以一个市场的盈利来弥补另一个市场的亏损，从而规避现货价格变动带来的风险，实现保值的目的。

（二）价格发现功能

价格发现功能是指在一个公开、公平、高效、竞争的期货市场中，通过集中竞价形成期货价格的功能。期货价格具有预期性、连续性和权威性的特点，能够比较准确地反映出未来商品价格的变动趋势。期货市场之所以具有价格发现功能，是因为期货市场将众多的、影响供求关系的因素集中于交易场所内，通过买卖双方公开竞价，集中转化为一个统一的交易价格。这一价格一旦形成，立即向世界各地传播，并影响供求关系，从而形成新的价格。如此循环往复，使价格不断地趋于合理。

由于期货价格与现货价格走向一致并逐渐趋合，所以，今天的期货价格可能就是未来的现货价格。这一关系使世界各地的套期保值者和现货经营者都利用期货价格来衡量相关现货商品的近远期价格发展趋势，利用期货价格和传播的市场信息来制定各自的经营决策。这样，期货价格就成为世界各地现货成交价的基础。

当然，期货价格并非时时刻刻都能准确地反映市场的供求关系，但这一价格克服了分散、局部的市场价格在时间上和空间上的局限性，具有公开性、连续性、预测性的特点。应该说，它比较真实地反映了一定时期世界范围内供求关系影响下的商品或金融资产的价格水平，而且从理论上也是可以证明这一点的。

四、期货的发行与创设

与股票发行不同，期货合约并不存在一个发行主体。期货合约是投资者在竞价交易过程中创设的。也就是说，投资者竞价卖出、竞价买入期货合约，一旦成交，期货合约就被创设出来。如果平仓对冲，那么期货合约就退出交易市场。如果不平仓，持有到交割日，就可以凭期货合约进行交割。

五、期货的交易

（一）期货交易的流程

期货交易的流程与股票交易的流程基本一致，也要经过开户、委托、竞价、成交、交割、登记等步骤。请参考本教材第二章有关内容。

（二）期货交易的运行制度

1. 保证金制度

保证金制度是期货交易的特点之一，是指在期货交易中任何交易者必须按照其所买卖期货合约价值的一定比例（通常为5%～10%）缴纳资金，用于结算和保证履约。

2. 当日无负债结算制度

期货交易结算是由期货交易所统一组织进行。期货交易所实行当日无负债结算制度，又称"逐日盯市"。它是指每日交易结束后，交易所按当日结算价结算所有合约的盈亏、交易保证金及手续费、税金等费用，对应收应付的款项同时划转，相应增加或减少会员的结算准备金。期货交易所会员的保证金不足时，应当及时追加保证金或者自行平仓。

3. 涨跌停板制度

所谓涨跌停板制度，又称每日价格最大波动限制，即指期货合约在一个交易日中的交易价格波动不得高于或者低于规定的涨跌幅度，超过该涨跌停幅度的报价将被视为无效，不能成交。涨跌停板一般是以合约上一交易日的结算价为基准确定的。

4. 持仓限额制度

持仓限额制度是指交易所规定会员或客户可以持有的，按单边计算的某一合约投机头寸的最大数额。实行持仓限额制度的目的在于防范操纵市场价格的行为和防止期货市场风险过度集中于少数投资者。

5. 大户报告制度

大户报告制度是与持仓限额制度紧密相关的又一个防范大户操纵市场价格、控制市场风险的制度。通过实施大户报告制度，可以使交易所对持仓量较大的会员或投资者进行重点监控，了解其持仓动向、意图，对于有效防范市场风险有积极作用。

6. 交割制度

交割是指合约到期时，按照期货交易所的规则和程序，交易双方通过该合约所载标的物所有权的转移，或者按照规定结算价格进行现金差价结算，了结到期末平仓合约的过程。以标的物所有权转移进行的交割为实物交割，按结算价进行现金差价结算的交割为现金交割。一般来说，商品期货以实物交割为主，金融期货以现金交割为主。

7. 强行平仓制度

强行平仓制度是指当会员、投资者违规时，交易所对有关持仓实行平仓的一种强制措施。强行平仓制度也是交易所控制风险的手段之一。

8. 风险准备金制度

风险准备金制度是指为了维护期货市场正常运转提供财务担保和弥补因不可预见风险带来的亏损而提取的专项资金的制度。

9. 信息披露制度

信息披露制度是指期货交易所按有关规定定期公布期货交易有关信息的制度。期货交易所公布的信息主要包括在交易所期货交易活动中产生的所有上市品种的期货交易行情、各种期货交易数据统计资料、交易所发布的各种公告信息以及中国证监会制定披露的其他相关信息。

第二节　期权的发行与交易

一、期权的含义

期权是期权合约的简称，是指期权合约的购买者在向出售者支付一定费用后，就获得了能在规定期限内以某一特定价格向出售者买进或卖出一定数量的某种商品的权利。期权合约的购买者支付的费用称为期权费或期权价格，期权合约中规定的商品称为标的资产，期权合约中约定的特定价格称为执行价格。

期权交易实际上是一种权利的单方面有偿让渡。期权的买方以支付一定数量的期权费为代价而拥有了这种权利，但不承担必须买进或卖出的义务；期权的卖方则在收取了一定数量的期权费后，在一定期限内必须无条件服从买方的选择并履行成交时的允诺。期权与期货是有区别的，主要区别如下：

1. 标的物不同

期权与期货的标的物不尽相同。一般地说，凡可作期货交易的商品都可作期权交易。然而可作期权交易的商品却未必可作期货交易。在实践中只有期货期权，而没有期权期货，即只有以期货合约为标的资产的期权交易，而没有以期权合约为标的资产的期货交易。随着期权的日益发展，其标的资产还有日益增多的趋势，不少期货无法交易的东西均可作为期权的标的资产，甚至连期权合约本身也成了期权的标的资产，即所谓复合期权。

2. 投资者权利与义务的对称性不同

期货交易的双方权利与义务对称，即对任何一方而言，都既有要求对方履约的权利，又有自己对对方履约的义务。而期权交易双方的权利与义务存在着明显的不对称性，期权的买方只有权利而没有义务，而期权的卖方只有义务而没有权利。

3. 履约保证不同

期货交易双方均需开立保证金账户，并按规定缴纳履约保证金。而在期权交易中，只有期权出售者，尤其是无担保期权的出售者才需开立保证金账户，并按规定缴纳保证金，以保证其履约的义务。至于期权购买者，因期权合约未规定其义务，其无需开立保证金账户，也就无需缴纳任何保证金。

4. 现金流转不同

期货交易双方在成交时不发生现金收付关系，但在成交后，由于实行逐日结算制度，交易双方将因价格的变动而发生现金流转，即盈利一方的保证金账户余额将增加，而亏损一方的保证金账户余额将减少。当亏损方保证金账户余额低于规定的维持保证金时，他必须按规定及时缴纳追加保证金。因此，期货交易双方都必须保有一定的流动性较高的资产，以备不时之需。

而在期权交易中，在成交时，期权购买者为取得期权合约所赋予的权利，必须向期权出售者支付一定的期权费。但在成交后，除了到期履约外，交易双方不发生任何现金流转。

5. 盈亏的特点不同

期货交易双方都无权违约也无权要求提前交割或推迟交割，而只能在到期前的任一时间通过反向交易实现对冲或到期进行实物交割。而在对冲或到期交割前，价格的变动必然使其中一方盈利而另一方亏损，其盈利或亏损的程度决定于价格变动的幅度。因此从理论上说，期货交易中双方潜在的盈利和亏损都是无限的。

相反，在期权交易中，由于期权购买者与出售者在权利和义务上的不对称性，他们在交易中的盈利和亏损也具有不对称性。从理论上说，期权购买者在交易中的潜在亏损是有限的，仅限于所支付的期权费，而可能取得的盈利却是无限的；相反，期权出售者在交易中所取得的盈利是有限的，仅限于所收取的期权费，而可能遭受的损失却是无限的。当然在现实的期权交易中，由于成交的期权合约事实上很少被执行，因此期权出售者未必总是处于不利地位。

二、期权的分类

（一）按投资者的买卖行为划分

1. 买入期权

买入期权又称看涨期权，是指期权合约的买方具有在约定期限内按协定价格（执行价格）从期权合约的卖方买入一定数量标的资产的权利。投资者之所以买入看涨期权，是因为他预期这种资产的价格在近期内将会上涨。如果判断正确，按协定价格买入该项资产并以市价卖出，可赚取市价与协定价格之间的差额；如果判断失误，则损失期权费。

2. 卖出期权

卖出期权又称看跌期权，是指期权合约的买方具有在约定期限内按协定价格（执行价格）卖给期权合约的卖方一定数量标的资产的权利。投资者买入看跌期权，是因为他预期该项资产的价格在近期内将会下跌。如果判断正确，可从市场上以较低的价格买入该项资产，再按协定价格卖出，将赚取协定价格与市价的差额；如果判断失误，将损失期权费。

（二）按标的资产划分

1. 商品期权

标的资产是实物商品的期权，称为商品期权。

2. 金融期权

标的资产是金融工具的期权，称为金融期权。金融期权又可划分为货币期权、股票期权、期货期权、复合期权。

货币期权、股票期权、期货期权、复合期权的标的资产分别是货币、股票、期货合约、期权合约。

（三）按合约所规定的履约时间划分

1. 欧式期权

欧式期权只能在期权到期日执行，既不能提前，也不能推迟。

2. 美式期权

美式期权可在期权到期日或到期日之前的任何一个营业日执行，当然若超过到期日，美式期权也会作废。

三、期权的功能

价格发现、风险管理和转移、交易效能是期权的三个主要经济功能，这些经济功能的重要性取决于现货及期货市场价格是否有密切关系。

（一）价格发现

价格发现是期权交易的第一个经济功能。因为有很多潜在买家及卖家自由竞价，所以期权交易是建立均衡价格最有效率的一种方法。而这些均衡价格可以反映当时市场投资者预期现货在将来某一天的价值。这对社会是有益的，因为可帮助投资者做出一个更有效的生产及投资决策。

（二）风险管理和转移

风险管理和转移是期权交易的第二个主要经济功能。大部分投资者及公司都厌恶市场变化所带来的价格风险，他们都在追求规避风险的渠道。期权交易正好提供了一种有效方法，将价格风险从那些不愿意承担的人手中，转移到那些为了取得潜在的回报而同时又有兴趣承担风险的人手上，因而可大大减低生产和经营带来的价格风险。

举个例子，农民生产小麦往往受到小麦价格波动的影响，为了抵消小麦的价格下跌的风险，这个农民可以买入小麦认沽期权。

假如将来小麦的价格下跌，这个农民可以行使这个认沽期权（或是平仓赚钱），所赚的钱可以抵消因为小麦价格下跌所带来的比较少的收入。要是小麦的价格上升，这个认沽期权就不会被行使，种出来的小麦可以比较高的价格卖出，也就是说这个农民的收入会增加。因此，期权交易可以为转移价格风险提供附加的好处。期权买家付出期权金后，便拥有权利但并无义务，可以用指定的价格在将来指定的期间，买入或是沽出指定的产品。在这个小麦农民买入认沽期权后，他可以规避小麦价格下跌的风险，但是如果小麦价格上升仍能受惠。

另外一个可以透过期权交易完成风险管理的例子，是基金经理利用期权去规避持有股票价格下跌的风险。方法就是买入持有股票的认沽期权，限制股票价值下跌带来的损失，同时还可以受惠于股价的上升。期权的存在，提供了转移风险的渠道，使投资者不用接受不愿意承担的风险，这无疑是助长长线投资基金的流入，并且促进资金的供应。

（三）交易效能

交易效能是期权交易的第三个主要经济功能。相对其所代表的现货市场，衍生产品市场可提供较低的交易成本，取得指定的风险及回报组合仓位。同时，衍生产品市场提供了一种有效的方法，通过结算公司处理对手风险，所需要履行的财务责任都会得到保证。如果期权合约不存在，大部分套期保值需求将会在场外市场完成，但场外市场都存有对手违约的风险，因此会带出信贷风险的问题。

四、期权的发行与创设

与股票发行不同，期权合约并不存在一个发行主体。期权合约是投资者在竞价交易过程中创设的。也就是说，投资者竞价卖出、竞价买入期权合约，一旦成交，期货合约就被创设出来。如果平仓对冲，那么期权合约就退出交易市场。如果不平仓，持有到交割日，期权合约的买方可以凭期权合约向期权合约的卖方行使权利。

五、期权的交易

（一）期权的交易流程

1. 期权交易指令

期权交易指令内容主要项目包括：开仓或平仓；买进或卖出；执行价格；合约月份；交易代码；看涨期权或看跌期权；合约数量；权利金；指令种类。指令种类分为市价指令、限价指令和取消指令等。

当某客户发出交易指令，买进或卖出一份期权合约时，经纪公司接受指令，并将其传送到期货交易所。交易者发出交易指令时，很重要的一点是选择执行价格。选择执行价格的一个重要方面是交易者对后市的判断。对于买进看涨期权来说，执行价格越高，看涨预期越大。对于买进看跌期权来说，执行价格越低，看跌预期越大。

2. 下单与成交

（1）交易者向其经纪公司发出下单指令，说明要求买进或卖出的期权数量、看涨期权或看跌期权以及期权的执行价格、到期月份、交易指令种类、开仓或平仓等。

（2）交易指令通过计算机按照成交原则撮合成交。

（3）会员经纪公司将成交回报告知交易者。

3. 期权部位的了结方式

（1）对冲平仓。

期权的对冲平仓方法与期货基本相同，都是将先前买进（卖出）的合约卖出（买进）。只不过，期权的报价是权利金。如果买进看涨期权，卖出同执行价格、同到期日的看涨期权对冲平仓；如果卖出看涨期权，买进同执行价格、同到期日的看涨期权对冲平仓；如果买进看跌期权，卖出同执行价格、同到期日的看跌期权对冲平仓；如果卖出看跌期权，买进同执行价格、同到期日的看跌期权对冲平仓。

比如，客户甲以 20 元/吨买入 10 手 3 月份到期、执行价格为 1 600 元/吨的小麦看涨期权。如果小麦期货价格上涨，那么权利金也上涨，比如上涨到 30 元/吨，那么客户甲发出如下指令：以 30 元/吨卖出（平仓）10 手 3 月份到期、执行价格为 1 600 元/吨的小麦看涨期权。

期权的平仓盈亏与期货类似，是买卖期权的权利金差价，卖出价减去买入价只要是正数就赚钱，是负数就亏钱，是零就不盈不亏（不考虑交易手续费）。

比如买进时权利金是 20 元/吨（不管看涨期权还是看跌期权），卖出平仓时是 30 元/吨，则赚取 10 元/吨。

（2）执行与履约。

期权的买方（客户通过其开户的期货经纪公司）在合约规定的有效期限内的任一交易日闭市前均可通过交易下单系统下达执行期权指令，交易所按照持仓时间最长原则指派并通知期权卖方（客户由其开户的期货经纪公司通知），期权买卖双方的期权部位在当日收市后转换成期货部位。

对于买入看涨期权，按照执行价格，买方获得多头期货部位；对于卖出看涨期权，按照执行价格，卖方获得空头期货部位；对于买进看跌期权，按照执行价格，买方获得空头期货部位；对于卖出看跌期权，按照执行价格，卖方获得多头期货部位。

例如，执行价格为 1 500 元/吨的 11 月小麦看涨期权执行后，买方获得 1 500 元/吨的 11 月份小麦期货多头部位；卖方获得 1 500 元/吨的 11 月份小麦期货空头部位。如果期权买方已经持有开仓价格为 1 560 元/吨的 11 月小麦空头期货合约，也可用执行看涨期权获得的多头期货部位与已经持有的空头期货部位平仓，获利 60 元/吨。

（二）期权交易的运行制度

1. 停板限制制度

在期货和期权交易的涨跌停板制度方面，国际市场上主要存在三种做法，一是期货与期权设有相同的涨跌停板。如芝加哥期货交易所、明尼阿波利斯谷物交易所和堪萨斯城期货交易所的商品类合约；二是期货有而期权无。如纽约期货交易所的棉花品种；三是期货与期权均未设置涨跌停板，如纽约期货交易所的 11 号糖。表 5-3 是美国主要农产品期货交易所涨跌停板限制情况。

表 5-3　　　　　　　　　　美国主要农产品期权涨跌停板限制情况

交易所	品种	期权停板
纽约期货交易所	2 号棉	无
	11 号糖	无
	咖啡	无
芝加哥期货交易所	小麦	30 美分/蒲氏耳（1 500 美元/张）
	大豆	50 美分/蒲氏耳（2 500 美元/张）
	玉米	20 美分/蒲氏耳（1 000 美元/张）
明尼阿波利斯谷物交易所 （Minneapolis Grain Exchange，MGE）	硬红春小麦	30 美分/蒲氏耳（1 500 美元/张）
堪萨斯城交易所	硬红冬小麦	30 美分/蒲氏耳（1 500 美元/张）

2. 做市商制度

各交易所期权做市商制度有着不同的特点：在交易模式上，表现为实行报价驱动系统与指令竞价系统相结合的混合交易模式或仍然实行指令竞价系统；在做市商权利上，除了传统的减收交易手续费外，有的还给予部分优先成交权利、交易手续费提成、固定现金奖励等；在做市商义务上，除了提供双边报价外，有的交易所要求做市商完成一定交易量。

3. 保证金制度

当期权买方行使权利时，通常对应标的期货合约的市场行情对期权买方有利，对期权卖方不利，所以对期权卖方单一部位持仓要收取交易保证金。在美国期权市场上，先后存在传统模式、delta 保证金、跨市场（理论）保证金系统（Theoretical Inter-market Margin System，TIMS）和标准资产组合风险分析（Standard Portfolio Analysis of Risk，SPAN）等保证金收取方式。

4. 每日结算制度

一般可分为成交时的结算与每日收市结算。期权买方仅在交易日和平仓日有结算问题，期权卖方的风险与期货一样，故交易所要对卖方每日结算。

5. 限仓制度

为防止大户操纵，维持市场的公平交易原则，必须综合考虑期货、期权两个市场的持仓部位数量进行限仓。

第三节 权证的发行与交易

一、权证的含义

权证是指基础证券发行人或其以外的第三人发行的,约定持有人在规定期间内或特定到期日,有权按约定价格向发行人购买或出售标的证券,或以现金结算方式收取结算差价的有价证券。

标的证券可以是个股、基金、债券、一篮子股票或其他证券,是发行人承诺按约定条件向权证持有人购买或出售的证券。

支付一定数量的权利金之后,就从发行人那获取了一个权利。这种权利使得持有人可以在未来某一特定日期或特定期间内,以约定的价格向权证发行人购买或者出售一定数量的资产。持有人获取的是一个权利而不是责任,其有权决定是否履行契约,而发行者仅有被执行的义务,因此为获得这项权利,投资者需付出一定的代价(权利金)。因此,权证从本质上讲就是一种以证券为标的资产的期权合约。

二、权证的分类

(一)按买卖方向划分

1. 认购权证

认购权证持有人有权按约定价格在特定期限内或到期日向权证发行人买入标的证券。

2. 认沽权证

认沽权证持有人则有权按约定价格在特定期限内或到期日向权证发行人卖出标的证券。

(二)按权利行使期限划分

1. 欧式权证

欧式权证持有人只可以在权证到期日当日行使其权利。

2. 美式权证

美式权证的持有人在权证到期日前的任何交易时间均可行使其权利。

3. 百慕大式权证

就是持有人可在设定的几个日期或约定的到期日行使权利。

(三)按发行人的不同划分

1. 股本权证

股本权证一般是由上市公司发行。

2. 备兑权证

备兑权证一般是由证券公司等金融机构发行。

(四)按权证的内在价值划分

1. 价内权证

如果投资者行权后盈利的权证,称为价内权证。

2. 价平权证

如果投资者行权后无盈利、无亏损的权证，称为价平权证。

3. 价外权证

如果投资者行权后亏损的权证，称为价外权证。

（五）按结算方式划分

1. 证券给付结算型权证

采用证券给付方式进行结算，其标的证券的所有权发生转移。

2. 现金结算型权证

采用现金结算方式，则仅按照结算差价进行现金兑付，标的证券所有权不发生转移。

三、权证的发行与创设

（一）权证的发行

权证的发行是指标的证券发行人发行权证的行为。

（二）权证的创设

权证的创设是指权证上市交易后，由有资格的机构提出申请发行的、与原有权证条款完全一致的增加权证供应量的行为。

四、权证的交易

权证交易与股票非常相似，在交易时间、交易机制（竞价方式）等方面都与股票相同。下面仅讨论不同之处。

（一）申报价格最小单位

与股票价格变动最小单位 0.01 元不同，权证的价格最小变动单位是 0.001 元人民币。这是因为权证的价格可能很低，比如在价外权证时，权证的价格可能只有几分钱，这时如果其价格最小变动单位为 0.01 元就显得过大，因为即使以最小的价格单位变动，从变动幅度上看，都可能形成价格的大幅波动。

（二）权证价格的涨跌幅限制

目前股票涨跌幅限制采取 10% 的比例，而权证涨跌幅是以涨跌幅的价格而不是百分比来限制的。这是因为权证的价格主要是由其标的证券的价格决定的，而权证的价格往往只占标的证券价格的一个较小的比例，标的证券价格的变化可能会造成权证价格的大比例的变化，从而使事先规定的任何涨跌幅的比例限制都不太适合。

（三）权证的终止交易

权证存续期满前 5 个交易日，权证终止交易，但可以行权。这里的前 5 个交易日包括到期日，即以到期日为 T 日，权证从 T-4 日开始终止交易。

（四）权证的注销

权证的注销是指创设人（即创设权证的证券公司）向证券交易所申请注销其权证创设账户中的全部权证或部分权证。

思考题：

1. 如何正确理解金融衍生证券？
2. 如何理解期货交易的保证金制度和每日无负债结算制度？
3. 什么是实值期权、虚值期权？
4. 权证有哪些分类？
5. 简述权证交易的制度？

第六章
证券投资基本分析

教学目的与要求：

通过本章的学习，使学生掌握证券投资基本分析的内涵和适用范围；理解宏观分析、行业分析和公司分析的意义及具体指标，宏观经济周期和国家经济政策对证券市场的影响。

证券投资的基本分析又称为基本面分析，是指对决定证券投资价值及价格的基本要素如宏观经济指标、经济政策走势、行业发展状况、产品市场状况、公司销售和财务状况等进行分析，继而评断证券的投资价值和合理价位，从而提出相应投资建议的一种分析方法。

证券投资基本分析的理论基础来自经济学、金融学、财务学、管理学四个学科，可以说，基本分析是科学理论的融合和升华。基本分析适合分析的范围有短期预测精确度要求不高的领域、相对成熟的证券市场、周期相对比较长的证券价格预测。

基本分析主要包括：宏观分析——探索宏观经济形势和经济政策对证券价格的影响；中观分析——产业分析与区域分析；微观分析——公司基本素质分析、公司财务报表分析和投资价值以及相应投资风险的评估。基本分析能够比较全面地把握证券价格的基本走势，应用起来相对规范和简单，但是预测的时间跨度相对较长，对短线投资者的指导作用比较弱。

第一节　宏观经济分析

宏观经济分析是基本分析的第一个步骤，是对影响证券市场及其价格变动的各种宏观因素进行分析。任何公司的经营管理及未来的盈利状况都会受到外部政治、经济形势的影响，尽管这种影响是间接的，但却是决定性的。宏观分析主要包括宏观经济因素分析、宏观经济周期分析、宏观经济政策分析。

一、宏观经济因素分析
（一）国内生产总值

国内生产总值（Gross Domestic Product，GDP）是按市场价格计算的一个国家（或地区）所有常住单位在一定时期内生产活动的最终成果。国内生产总值有三种表现形态，即价值形态、收入形态和产品形态。此外，GDP 的增长速度一般用来衡量经济增长率，这是反映一定时期经济发展水平变动程度的动态指标，也是反映一个国家经济是否具有活力的基本指标。

（二）通货膨胀

通货膨胀是指纸币流通条件下物价水平的持续上涨的货币现象，分为需求拉动型、成本推进型和结构变化型三种。通货膨胀会产生财富和收入再分配效应、扭曲相对价格。政府历来将其视为经济的头号大敌，不会长期容忍高的通货膨胀率。

（三）失业率

失业率是指劳动力人口中失业人数所占的比重，但并不包括有劳动能力却不寻找工作的自愿失业情况。失业率过高会引发一系列社会问题，是反映经济景气度的重要指标。

（四）利率

又称利息率，是指在借贷期内资金贷入方向贷出方承担利息额占所贷资金的比率。利率直接反映的是信用关系中债务人使用资金的代价，也是债权人出让资金使用权的报酬。从宏观经济的角度分析，利率及其波动反映出市场资金供求的变动状况。而且利率影响人们包括证券投资在内的所有投资行为和消费行为，利率结构影响着居民金融资产的选择，影响着证券的持有结构。

（五）汇率

汇率是指外汇市场上一国货币与其他国货币相互交换的比率，也可以将其看作是以一国货币表示的另一国货币的价格。汇率水平和变化状况综合地反映了国际经济环境状况，是投资中一个重要的风险因素。

（六）国际收支

国际收支指的是一国居民在一定时期（通常是一年）内与非居民各项交易的货币价值总和，综合地记录了一国对外经济活动的大概状况。

除了上面介绍的几种反映宏观经济整体状况的指标以外，还有投资指标、金融指标、消费指标和财政指标等部门指标。在做宏观经济分析的时候，必须把握宏观经济运行发展的重点和热点，并据以选取最有解释能力和预测能力的指标。

二、宏观经济周期分析

（一）经济周期的定义及特点

经济周期就是国民收入及经济活动中或多或少规律性的扩张与收缩交替出现的周期性波动。经济周期分为四个阶段：繁荣、衰退、萧条、复苏。其中繁荣与萧条是两个主要阶段，衰退与复苏是两个过渡性阶段。每个阶段都有各自的特点：

1. 繁荣阶段

国民收入与经济活动高于正常水平的一个阶段。其特征为生产迅速增加，投资增加，信用扩张，价格水平上升，就业增加，公众对未来乐观。繁荣的最高点称为顶峰，这时就业与产量水平达到最高，但股票与商品的价格开始下跌，存货水平高，公众的情绪正由乐观转为悲观。这是繁荣的极盛时期，也是由繁荣转向衰退的开始，顶峰一般持续 1~2 个月。

2. 萧条阶段

国民收入与经济活动低于正常水平的一个阶段。其特征为生产急剧减少，投资减少，信用紧缩，价格水平下跌，失业严重，公众对未来悲观。萧条的最低点称为谷底，这时就业与产量跌至最低，但股票与商品的价格开始回升，存货减少，公众的情绪正由悲观转为乐观。这是萧条的最严重时期，也是由萧条转向复苏的开始，谷底一般为1~2个月。

3. 衰退阶段

衰退阶段是从繁荣到萧条的过渡时期，这时经济开始从顶峰下降，但仍未低于正常水平。

4. 复苏阶段

复苏阶段是从萧条到繁荣的过渡时期，这时经济开始从谷底回升，但仍未达到正常水平。

在经济分析中，根据经济周期不同阶段的特点和经济统计资料，就可以确定经济处于周期的哪一个阶段，以便采用相应的政策来调节，不同的经济周期股票市场的表现也是不一样的。一般而言，股市是国民经济的"晴雨表"。从根本上来说，国民经济的发展决定着证券市场的发展，经济周期与证券价格的关联性是每个投资者不容忽视的。但经济周期影响股价变动的周期却不是完全同步，通常的情况是股价的变动先于经济周期变动。

（二）经济周期分析指标

1. 领先指标

领先指标指那些通常在总体经济活动达到高峰或低谷前，先达到高峰或低谷的经济时间序列，如股票指数、货币供应量、消费者信心指数、制造业工人平均每天开工时间数等。

2. 同步指标

同步指标指那些高峰和低谷与经济周期的高峰和低谷几乎同步的经济时间序列，也就是说，这些指标反映的是国民经济正在发生的状况，并不预示将来的变动。

3. 滞后指标

滞后指标指那些高峰和低谷都滞后于总体经济的高峰和低谷的经济时间序列。

4. 其他序列

这些指标没有明显的周期性，但却对宏观经济运行有重要影响，例如国际收支、财政收支等。

正如领先指标中所说，股市的变动往往要领先于总体经济的变动。股票的价格反映了市场参与者对收益、股利和利率等决定股价关键变量的预期。领先指标的变化会反映在股票市场的变化当中。宏观经济分析将注意力集中在领先性比股票价格还要明显的经济序列上。如货币供应量、消费者信心指数、制造业订单增长率等。股票市场波动要领先于经济波动，这一特征在我国并不明显。

三、宏观经济政策分析

政府有意识有计划地运用一定的政策工具，调节控制宏观经济运行，以达到政策目标。主要是通过政策的调节对产品或劳务的供给产生影响，对产品或劳务的需求产生影响，政策调节的必要性和调节的效果都可以通过经济指标反映出来。宏观经济政策大体可分为货币政策和财政政策，这两种政策都是通过需求来影响宏观经济的。

（一）财政政策分析

财政政策是指政府的支出和税收行为，是需求管理的一部分，是刺激或减缓经济增长的最直接方式，财政政策的短期目标是促进经济稳定增长，中长期目标则是实现资源的合理分配，并实现收入的公平分配和社会和谐发展，财政政策的主要工具是财政预算、税收和国债。

宽松的财政政策主要会通过增加社会需求来刺激证券价格上涨，紧缩的财政会使证券价格下跌，政府可以搭配运用"松"、"紧"政策来达到政策的目的。

（二）货币政策分析

货币政策是指通过控制货币的供应量而影响宏观经济的政策。货币政策对经济的影响是全方位的。但是货币政策对经济的影响要经过一定的传导途径和时滞，这是我们分析时应该注意的地方。

货币政策的操作工具主要有法定存款准备金率、再贴现政策、公开市场业务，即我们平常所说的货币政策的三大法宝。当然货币政策要达到目标还要对一些中介目标进行调控，比如利率、货币供应量等，我国货币政策的中介指标有货币供应量、信贷总量、同业拆借利率、银行备付金率。

宽松的货币政策使证券市场价格上扬。一方面，这使得企业部门可用资金增加，并令投资增加，对其未来利润和股利的期望的提高将使证券价格上升；另一方面，货币供应量会提高居民的名义收入水平，通过资产组合调整效应，人们会降低其手中的现金，并购买更多的金融资产，这也能提高证券价格。另外宽松的货币政策令利率下降和通货膨胀率提高，这将令证券市场吸引更多的资金，并提高证券价格。

第二节　行业分析

所谓行业，是指从事国民经济中同性质的生产或其他经济社会活动的经营单位和个体等构成的组织结构体系。行业分析在基础分析中起到承上启下的作用，是证券投资分析过程的第二个步骤。因为行业的发展状况对该行业上市公司的业绩影响巨大，行业的兴衰也是决定公司价值的重要因素之一，因此进行行业分析是必要的。

行业分析的主要任务包括解释行业本身所处的发展阶段及其在国民经济中的地位，分析影响行业发展的各种因素以及判断其对行业影响的力度，预测并引导行业的未来发展趋势，判断行业投资价值，揭示行业投资风险，从而为政府部门、投资者及其他机构提供决策依据或投资依据。行业分析是对上市公司进行分析的前提，也是连接宏观经济分析和上市公司分析的桥梁，是基本分析的重要环节。

行业分析和公司分析是相辅相成的。一方面，上市公司的投资价值可能会因为所处行业的不同而产生差异；另一方面，同一行业内的上市公司也会千差万别。

一、行业的分类

（一）道琼斯分类法

道琼斯分类法将大多数股票分为三类：工业、运输业和公用事业，然后选取有代表性的股票。在道琼斯指数中，工业类股票取自工业部门的 30 家公司，包括采掘业、制造业和商业；运输业类股票取自 20 家交通运输业公司，包括航空、铁路、汽车运输与航运业；公用事业类股票取自 6 家公用事业公司，包括电话公司、煤气公司和电力公司等。

（二）标准行业分类法

标准行业分类法把国民经济划分为 10 个门类：农业、畜牧狩猎业、林业和渔业，采矿业及土、石采掘业，制造业，电、煤气和水，建筑业，批发和零售业、饮食和旅馆业，运输、仓储和邮电通信业，金融、保险、房地产和工商服务业，政府、社会和个人服务业，其他。

（三）我国国民经济的行业分类

1985 年，我国国家统计局明确划分三大产业。把农业（包括林业、牧业、渔业等）定义为第一产业，把工业（包括采掘业、制造业、自来水、电力、煤气）和建筑业定义为第二产业，把第一、第二产业以外的各行业定义为第三产业（主要是指向全社会提供各种各样劳务的服务性行业）。

2002 年从前期准备开始，经历了论证、立项、调研、修订以及专家评审等过程，历时近 4 年新的《国民经济行业分类》（国家标准 GB/T4754-2002）推出。经过调整与修改，新标准共有行业门类 20 个，行业大类 95 个，行业中类 396 个，行业小类 913 个，基本反映出我国目前行业结构状况。

（四）我国上市公司的行业分类

上海、深圳证券交易所根据各自工作的需要，分别对上市公司进行了简单划分。上海证券交易所将上市公司分为工业、商业、地产业、公用事业和综合五类；深圳证券交易所则将上市公司分为工业、商业、地产业、公用事业、金融业和综合六类。中国证监会于 2001 年 4 月 4 日公布了《上市公司行业分类指引》（简称《指引》）。《指引》是以中国国家统计局《国民经济行业分类与代码》（国家标准 GB/T4754-94）为主要依据，在借鉴联合国国际标准产业分类、北美行业分类体系有关内容的基础上制定而成的。

二、行业的竞争程度分析

现实中各行业的市场都是不同的，即存在着不同的市场结构。市场结构就是市场竞争或垄断的程度，根据该行业中企业数量的多少、进入限制程度和产品差别，行业基本上可分为四种市场结构：完全竞争、垄断竞争、寡头垄断、完全垄断。

（一）完全竞争市场

市场上有大量的买者和卖者，任何一个买者与卖者的购买或销售仅仅占市场的一个很小比例，任何人都无法影响市场价格。每个人在既定市场上，都是价格的接受者（或称遵从者），而不是价格的决定者。完全竞争市场的产品是同质的，或者说是同一性的。只有同质的产品才能产生完全竞争，不同质的产品可能产生垄断。对于买者而言，购买哪一个厂商的产品都没有区别，而如果某一厂商提高产品价格，所有的顾客都会转而购买其他厂商的产品。企业可以自由进入或退出市场。完全竞争市场中所有的投入要素自由流动，厂商数目和生产规模在长期内可以任意变动，不存在法律、政策或资金的障碍，市场信息是对称的，买卖双方完全公开、公平，生产者和消费者都完全了解市场情况。

（二）完全垄断市场

整个行业的市场完全处于一家厂商的垄断状态，即在这个行业里仅有一家厂商，对这家厂商提供的产品或劳务没有直接的替代物，该厂商垄断了这个行业的全部市场，新厂商不可能也无法加入。完全垄断的产品性质是有特点而无直接的替代物，完全垄断的厂商是价格的制定者。在市场经济中，完全垄断基本上表现为完全私人垄断和完全政府垄断两种情况。

完全私人垄断指的是某一行业的市场完全让一家私人厂商所垄断，这种垄断主要存在于以下三种状态中：第一，对某种自然资源的垄断。如果某厂商能够控制一种用于生产的自然资源，并且对这种资源没有直接的替代物，那么，这个厂商用这种自然资源生产的产品，在市场上就处于完全垄断地位，如崂山矿泉水等。第二，对某种技术的垄断。技术垄断最为典型的是专有技术，这是一种在生产中形成的、成熟的专门经验或技术，并且是一种秘密技术，这种技术不经转让，别人是无法模仿和使用的，如某种配方等。第三，对某些市场的垄断。如某些产品市场非常狭小，或生产具有特殊性，只要一家厂商生产即可满足全部需求，那么这家厂商就很容易实行对这种产品的完全垄断，如某些工业生产上使用很少的零配件等等。

完全政府垄断指的是借助政府的力量进行垄断，这种垄断主要存在于以下两种情况之中：第一，政府支持下的私人垄断。这种垄断，主要指根据政府授予的专营权而产生的私商对某些商品的独家经营。如专利权。第二，政府开办企业而产生的政府完全垄断。在市场经济中，对于很多社会公共事业，如自来水、煤气、公共交通等，由于投资较大而收益不明显，甚至亏损，私人不愿意投资经营，只能由政府投资兴办。当政府投资兴办和经营公用事业时，产生了真正意义上的完全政府垄断。在政府垄断的两种情况下，第一种垄断是在特殊情况下使用的，并且都有一定的时间限制，所以这种垄断在市场上一般不会持续太长久的时间，在市场经济中，实际上是不可能有永久性的完全私人完全垄断的。第二种政府开办的公用事业，才是完全垄断的典型部门。

（三）垄断竞争市场

垄断竞争市场与完全竞争市场、完全垄断市场相比，在完全竞争市场条件下，完全竞争者是价格的接受者；在完全垄断市场条件下，完全垄断者是价格的制定者；垄断竞争者既不是价格的接受者，也不是价格的制定者，他可以在不失去其全部消费者的条件下，通过提高或降低价格，即调整价格来增加其销售量。在完全竞争市场条件下，完全竞争者面临着许许多多的竞争对手；在完全垄断市场条件下，完全垄断者不存在竞争对手，他控制了某种产品的全部供给；垄断竞争者在市场上，面临着行业中较多的其他厂商竞争。垄断竞争是一种既有垄断又有竞争，既不是完全垄断又不是完全竞争的市场结构。垄断竞争的关键在于产品的差别，由于有产品的差别，产生了不完全替代，产品的不完全替代产生了价格竞争，同时由于产品差别存在，又形成了垄断。在垄断竞争市场上，每一个生产者都是一种有差别产品的所有者或垄断者。

（四）寡头垄断市场

寡头的原意是为数不多的销售者。所谓寡头垄断是指在某一行业中少数几家厂商控制了该行业的大部分生产，他们对该行业的价格和产量决定有着举足轻重的影响。寡头垄断是介于完全垄断与垄断竞争之间的一种市场结构。寡头垄断的典型部门是重工业。纯粹寡头指的是这些寡头生产无差别的产品，即他们生产的产品可以完全一样，只是牌号不同。如钢铁、石油等行业，都容易产生纯粹寡头。

产品有差别寡头指的是这些寡头生产同类但有差别的产品。即他们的产品类别是一样的，但在外观、性能等方面存在着一定的差别。汽车、造船等行业，都容易产生产品有差别寡头。

寡头市场的特征是少数厂商控制市场，寡头垄断的市场上，一个行业由少数几家大厂商所控制。这几家大厂商可以生产完全相同的产品，其产量在行业中占有很大的比重；决策相互依存，由于一个行业中能处于寡头垄断地位的厂商为数很少，以至于一家厂商的价格和产量变动都会明显地影响本行业竞争厂商的销售量。因此每一个卖者必须根据同行业中其他厂商的决策来制定自己的决策。同时，也必须考虑同行业中其他厂商的决策来制定自己的决策，考虑自己的决策对竞争对手可能产生的影响。所以处于寡头垄断地位的厂商之间具有相互依存性；产量、价格决定不确定，由于寡头垄断厂商的行为相互影响、相互依存，但任何一家厂商在制定自己的价格和产量决策时，都极少能确定其他竞争者会做出怎样的反应。因此处于寡头垄断地位厂商的产量、价格决定的后果，具有很大的不确定性；价格不是竞争焦点，由于以上不确定性的存在，必然使厂商把价格变动的次数减少到最小限度，以避免价格竞争带来的不利后果。因此，在寡头垄断市场上，价格和产量一经确定，就具有稳定性。在一般情况下，只是在一些成本项目，如租税、原料、燃料、工资等价格发生变动时，并且可以确定其他竞争对手也会发生变动的情况下，寡头垄断厂商才会改变价格。实际上寡头垄断者之间的竞争，主要不表现在价格上，而是集中于技术改造、推销活动、改变产品性质和其他方面的竞争。

三、行业的生命周期分析

一个行业的发展过程也可以被划分为起步、增长等几个时期，这也就是行业生命周期。

行业生命周期分析指的就是像将人的一生分为少年、中年、老年一样，将行业发展的整个过程划分为几个不同时期，并对各阶段的行业销售增长趋势、股利政策等特点进行分析。

按照销售量的增长状况，将行业发展的过程划分为初步发展、不断成长、成熟稳定和衰退下降四个阶段。其特征见表6-1。

表6-1 行业生命周期特征

周期类别	初创期	成长期	成熟期	衰退期
公司数量	少	增加	减少	少
利润	逐步提高	增加	高→下降	减少→亏损
风险	高	高	降低	低
股价	变动大	不断上升	开始下降	较低

（一）初创期

只有为数不多的创业公司投资于这个新兴的产业，创业公司财务上可能不但没有盈利，反而普遍亏损，企业还可能因财务困难而引发破产的危险，因此这类企业更适合投机者而非投资者，在初创期后期，随着行业生产技术的提高、生产成本的降低和市场需求的扩大，新行业便逐步由高风险低收益的初创期转向高风险高收益的成长期。

（二）成长期

新行业的产品经过广泛宣传和消费者的试用，逐渐以其自身的特点赢得了大众的欢迎或偏好，市场需求开始上升，新行业也随之繁荣起来，新行业出现了生产厂商和产品相互竞争的局面，这种状况会持续数年或数十年。由于这一原因，这一阶段有时被称为投资机会时期，这种状况的继续将导致生产厂商随着市场竞争的不断发展和产品产量的不断增加，其市场的需求日趋饱和。生产厂商不能单纯地依靠扩大生产量，提高市场的份额来增加收入，而必须依靠追加生产，提高生产技术，降低成本，以及研制和开发新产品的方法来争取竞争优势，战胜竞争对手和维持企业的生存，这一时期企业的利润虽然增长很快，但所面临的竞争风险也非常大，破产率与被兼并率相当高，在成长期的后期，市场上生产厂商的数量在大幅度下降之后便开始稳定下来。

（三）成熟期

厂商与产品之间的竞争手段逐渐从价格手段转向各种非价格手段，如提高质量、改善性能和加强售后维修服务等，行业的利润由于一定程度的垄断达到了很高的水平，而风险却因市场比例比较稳定、新企业难以打入成熟期市场而较低。

（四）衰退期

原行业出现了厂商数目减少、利润下降的萧条景象，市场逐渐萎缩，利润率停滞或不断下降。当正常利润无法维持或现有投资折旧完毕后，整个行业便逐渐解体了。

四、行业的兴衰因素分析

行业兴衰的实质可以通过以下变化表现出来：幼稚产业——先导产业——主导产业——支柱产业——夕阳产业；资本形成——集中——大规模聚集——分散；新技术产生——推广——应用——转移——落后。影响行业兴衰的五大因素是技术进步、产业政策、产业组织创新、社会习惯改变、经济全球化。

（一）技术进步

技术进步对行业的影响是巨大的，往往催生了一个新的行业，同时迫使一个旧的行业加速进入衰退期。传统行业通过技术创新获得深度增长和广度增长的机会。技术进步不仅靠新产品来推动产业的发展，而且还能通过新工艺来提高产品的生产效率，从而促进行业的加速发展，加快行业发展的进程，技术进步又称为行业"加速器"。产业内的生产要素的调整可以提高生产效率，生产要素的供给条件变化，如自然资源优势改变、工资改变等，会引起生产效率更大变化，但只有技术进步才会导致产业生产效率质的飞跃。熊彼特根据创新将工业社会发展分成三个周期，产业革命时期、蒸汽和纺织时期、电气化学和汽车时期。而目前，以微电子、计算机、新材料、信息、激光、航天、核技术、海洋和生物技术等高新技术产业群的兴起，正在广泛影响着产业的发展。

（二）政府产业政策

政府对行业可以起到促进和限制两方面的作用。政府对行业的促进作用可以通过补贴、税收优惠、限制他国竞争的关税、保护某一行业的附加法规等措施来实现，因为这些措施有利于降低该行业的成本，并刺激和扩大其投资规模，例如美国的纺织业就受到进口关税法律的保护。同时考虑到生态、安全、企业规模和价格因素，政府会对某些行业实施限制性规定，这会加重该行业的负担，某些法律已经对某些行业的短期业绩产生了副作用。政府影响的行业范围有：公用事业，如煤气、电力、供水、排污、邮电通信、广播电视等；运输部门，如铁路、公路、航空、航运和管道运输等；金融部门，如银行、证券公司、保险业等金融机构以及高科技领域。

（三）产业组织创新

推动产业形成和产业升级的重要力量就是产业组织创新，产业组织创新包括持续的技术创新和服务创新。

缺乏产业组织创新的行业，如我国20世纪末期的建筑业、纺织业等，由于技术壁垒较低，市场竞争以价格竞争为主，其行业平均利润水平较低，缺乏增长潜力。产业组织创新活跃的行业主要有计算机行业、生物医药行业、通信行业，新技术和新产品不断涌现，该产业能够获得超额创新利润。

（四）社会习惯的改变

社会观念、社会习惯、社会趋势的变化对企业的经营活动、生产成本和利润收益等方面都会产生一定的影响，足以使一些不再适应社会需要的行业衰退而又激发新兴行业的发展。

（五）经济全球化

经济全球化使每一个行业和企业都置身于全球性竞争中，同时也使各行业、各企业获得全球性的市场和资源。分析经济全球化对行业的影响，关键要看经济全球化是否有利于这一行业整合全球性的资源、是否有利于这一行业面向全球性的市场满足全球性的需求。经济全球化表现为生产活动全球化，传统的国际分工正在演变成为世界性的分工。1995年1月1日诞生的世界贸易组织标志着世界贸易进一步规范化，世界贸易体制开始形成，各国金融日益融合在一起，投资活动遍及全球，跨国公司作用进一步加强。

经济全球化对各国产业发展的重大影响表现为经济全球化导致产业的全球性转移。国际分工的基础出现了重要变化，一个国家的优势行业不再主要取决于资源禀赋，后天因素的作用逐步增强，即政府的效率、市场机制完善的程度、劳动者掌握知识与信息的能力、受到政策影响的市场规模等。国际分工的模式也出现了重要变化，即行业内贸易和公司内贸易的比重大幅度提高。

第三节　公司分析

一、公司的基本分析

（一）公司行业地位分析

行业地位分析的目的是找出公司在所处行业中的竞争地位，如是否为领导企业，无论其行业平均利益能力如何，总有一些企业比其他企业具有更强的获利能力。企业的行业定位决定了其利益能力是高于还是低于行业平均水平，决定了其行业内的竞争地位。衡量公司行业竞争地位的主要指标是行业综合排序和产品的市场占有率。

（二）公司区位分析

区位，或者说经济区位，是指地理范畴上的经济增长点及其辐射范围。上市公司的投资价值与区位经济的发展密切相关，处在经济区位内的上市公司，一般具有较高的投资价值。我们对上市公司进行区位分析，就是将上市公司的价值分析与区位经济的发展联系起来，以便分析上市公司未来发展的前景，确定上市公司的投资价值。

（三）公司产品分析

一个企业的产品优势对公司分析有至关重要的地位，可体现在五个方面。

1. 成本优势

成本优势是指公司的产品依靠低成本获得高于同行业其他企业的盈利的能力。企业一般通过规模经济、专有技术、优惠的原材料和低廉的劳动力实现成本优势。对公司技术水平的评价可分为评价技术硬件部分和评价技术软件部分。评价技术硬件部分如机械设备、单机或成套设备；评价软件部分如生产工艺技术、工业产权、专利设备制造技术、具备了何等的生产能力和达到什么样的生产规模、企业扩大再生产的能力如何。

2. 技术优势

技术优势是指企业拥有的比同行业其他竞争对手更强的技术实力及其研究与开发新产品的能力。这种能力主要体现在生产技术水平和产品的技术含量上。产品的创新包括研制出新的核心技术，开发出新一代产品；研究出新的工艺，降低现有的生产成本；根据细分市场进行产品细分。技术创新，不仅包括生产技术，还包括创新人才，可以从企业研究经费的投入和研发人员的构成及水平进行分析。

3. 质量优势

质量优势是指公司的产品以高于其他公司同类产品的质量赢得市场，从而取得竞争优势。质量是产品信誉的保证，质量好的产品会给消费者带来信任感，也会对企业的未来影响深远。不断提高公司产品的质量，是提升公司产品竞争力的行之有效的方法。具有质量优势的上市公司往往在该行业中占据领先地位。

4. 市场占有率优势

产品的市场占有率在衡量公司产品竞争力方面占有重要地位。通常从两个方面进行考察：其一，公司产品销售市场的地域分布情况。从这一角度可将公司的销售市场划分为地区型、全国型和世界范围型。市场地域的范围能大致地估计一个公司的经营能力和势力。其二，公司产品在同类产品市场上的占有率。市场占有率是对公司的势力和经营能力的较精确的估计。市场占有率是指一个公司的产品销售量占该类产品整个市场销售总量的比例。市场占有率越高，表示公司的经营能力和竞争能力越强，公司的销售和利润的水平越好、越稳定。

5. 品牌优势

品牌是一个商品名称和商标的总称，它可以用来辨别一个卖者或者卖者集团的货物或劳务，以便同竞争者的产品相区别。一个品牌不仅是一种产品的标志，而且是产品质量、性能、满足消费者效用的可靠程度的综合体现。品牌竞争是产品竞争的深化和延伸，当产业发展进入成熟阶段，产业竞争充分展开时，品牌就成为产品及企业竞争力的一个越来越重要的因素。品牌具有产品所不能具有的开拓市场的多种功能：一是品牌具有创造市场的功能；二是品牌具有联合市场的功能，三是品牌具有巩固市场的功能。

（四）公司经营能力分析

1. 公司法人治理结构

公司法人治理结构有狭义和广义两种定义。狭义上的公司法人治理结构是指有关公司董事会的职能和股东权利等方面的制度安排。广义上的法人治理是指有关企业控制权和剩余索取权分配的一整套法律、文化和制度安排，包括人力资源管理，收益分配和激励机制，财务制度，内部制度和管理等等。

2. 经理层的素质

素质是指一个人的品质、性格、学识、能力等方面的总和。在现代企业里，经理人员不仅担负着企业生产经营活动等各项管理职能，而且还要负责或参与各类非经理人员的选择、使用与培训工作。因此经理人员的素质是决定企业能否取得成功的一个重要因素。在一定意义上，是否有卓越的经理人员和经理层，直接决定着企业的经营成果。对经理人员的素质分析是公司分析的重要组成部分。一般而言，企业的经理人员应该具备如下素质：一是从事管理工作的愿望，二是专业技术能力，三是良好的道德品质修养，四是人际关系协调能力。

3. 公司从业人员的素质和创新能力分析

公司业务人员的素质也会对公司的发展起到很重要的作用。作为公司的员工，公司业务人员应该具备如下素质：专业技术能力，对企业的忠实程度，责任感，团队合作精神和创新能力等。对员工的素质进行分析可以判断该公司发展的持久力和创新能力。

4. 成长性分析

经营战略是企业面对激烈的变化与严峻的挑战环境，为求得长期生存和不断发展而进行的总体性谋划。它是企业战略思想的集中体现，是企业经营范围的科学规定，同时是企业制定优势规划的基础。对公司经营战略的评价比较困难，难以标准化。

公司规模变动特征和扩张潜力一般与其所处的行业发展阶段、市场结构、经营战略密切相关，它是从微观方面具体考虑公司的成长性。

（五）公司重大事项分析

1. 公司的资产重组

2008年5月18日起施行的《上市公司重大资产重组管理办法》，将重大资产重组定义为上市公司及其控股或者控制的公司在日常经营活动之外购买、出售资产或者通过其他方式进行资产交易达到规定的比例，导致上市公司的主营业务、资产、收入发生重大变化的资产交易行为。这一定义包括以下几个方面的含义：重组行为应当是与他人发生法律和权利义务关系；企业内部的资产重新配置不属于资产重组范畴；重组行为必须达到一定量的要求。

资产重组根据重组对象的不同大致可分为对企业资产的重组、对企业负债的重组和对企业股权的重组。根据债务重组的对方不同，又可以分为与银行之间和与债权人之间进行的资产重组。资产重组根据是否涉及股份的存量和增量，又大致可以分为战略性资产重组和战术性资产重组。

主要的重组手段和方法包括购买资产，收购公司，收购股份，合资或联营组建子公司，公司合并，股权置换，股权—资产置换，资产置换，资产出售或剥离，公司的分立，资产配负债剥离，股权的无偿划拨，股权的协议转让，公司股权托管和公司托管，表决权信托与委托书，交叉控股，股份回购。

重组后的整合主要包括企业资产的整合、人力资源配置和企业文化的融合、企业组织的重构。着眼于改善上市公司经营业绩、调整股权结构和治理结构的调整型公司重组和控制权变更型重组，成为我国证券市场最常见的资产重组类型。一般而言，控制权变更后必须进行相应的经营重组才会对公司经营和业绩产生显著效果。

根据《国有资产评估管理办法》（中华人民共和国国务院令第91号），我国国有资产在兼并、出售、股份经营、资产拍卖、清算、转让时的评估方法包括收益现值法、重置成本法、现行市价法、清算价格法、国务院国有资产管理主管行政部门规定的其他评估方法。

1989年，国家经济体制改革委员会、国家计划委员会、财政部、国家国有资产管理局共同出台的《关于企业兼并的暂行办法》（体改经〔1989〕38号）中规定，被兼并方企业资产的评估作价可以采用以下三种方法：

（1）市场价值法。正确利用市场价值法估计目标公司的价格，需要注意三个方面的问题：一是估价结果的合理性；二是选择正确的估价指标和比率系数；三是估价要着眼于公司未来的情况而不是历史情况。用市场价值法对普通公司估价，最常用的估价指标是税后利润。

（2）重置成本法。也称成本法，是指在评估资产时按被评估资产的现时重置成本扣减其各项损耗价值来确定被评估资产价值的方法。采用重置成本法对资产进行评估的理论依据是：其一，资产的价值取决于资产的成本。其二，资产的价值是一个变量，除了市场价格以外，影响资产价值量变化的因素还包括资产投入使用后，由于使用磨损和自然力的作用，其物理性能会不断下降，价值会逐渐减少；新技术的推广和运用，使得企业原有资产与社会上普遍推广和运用的资产相比较，在技术上明显落后、性能降低，其价值也就相应减少，这种损耗称为资产的功能性损耗，也称为功能性贬值；由于资产以外的外部环境因素变化引致资产价值降低。

根据重置成本法的定义，重置成本法的基本计算公式可以表述为：

被评估资产评估值＝重置成本－实体性贬值－功能性贬值－经济性贬值

被评估资产评估值＝重置成本×成新率

重置成本一般可以分为复原重置成本和更新重置成本。选择重置成本时，在同时可获得复原重置成本和更新重置成本的情况下，应选择更新重置成本。在无更新重置成本时可采用复原重置成本。

（3）收益现值法。通过估算被评估资产未来预期收益并折算成现值，借以确定被评估资产价值的一种资产评估方法。采用收益现值法对资产进行评估所确定的资产价值，是指为获得该项资产已取得预期收益的权利所支付的金额。应用收益现值法进行资产评估必须具备的前提条件包括：首先，被评估资产必须是能用货币衡量其未来期望收益的单项或整体资产；其次，资产所有者所承担的风险必须是能用货币计量的。

收益现值法的应用，实际上是对评估资产未来预期收益进行折现或本金化的过程。

一般来说有以下几种情况：资产未来收益有限期的情形；资产未来收益无限期的情形。

收益现值法中的主要指标有三个，即收益额、折现率或本金化率、收益期限。收益现值法在运用中，收益额的确定是关键。

收益现值法评估资产的程序为：首先，收集验证有关经营、财务状况的信息资料；其次，计算和对比分析有关指标及其变化趋势；再次，预测资产未来预期收益，确定折现率或本金化率；最后，将预期收益折现或本金化处理，确定被评估资产价值。采用收益现值法评估资产的优点：能真实和较准确地反映企业本金化的价格；与投资决策相结合，用此评估法评估资产的价格，易为买卖双方所接受。其缺点有：预期收益额预测难度较大，受较强的主观判断和未来不可预见因素的影响；在评估中适用范围较小，一般适用于企业整体资产和可预测未来收益的单项资产评估。

2. 公司的关联交易

关联交易是指关联方之间转移资源、劳务或义务的行为，而不论是否收取价款。常见的关联交易主要有关联购销、资产租赁、担保、托管经营、承包经营等管理方面的合同，关联方共同投资。

从理论上说，关联交易属于中性交易，它既不属于单纯的市场行为，也不属于内幕交易的范畴，其主要作用是降低交易成本，促进生产经营渠道的畅通，提供扩张所需的优质资产，有利于实现利润的最大化等。

3. 会计政策和税收政策的变化

会计政策是指企业在会计确认、计量和报告中所采用的原则、基础和会计处理方法。企业的会计政策发生变更将影响公司年末的资产负债表和利润表。

税收政策的变更将对上市公司的业绩产生一定的影响。此外所得税政策改革趋势还会影响上市公司的价值重估。

二、公司的财务比率分析

公司财务分析，就是对证券发行公司的各种财务报表，运用比率法、比较法等分析方法，对其账面数字的变动趋势及其相互关系进行比较分析，以便了解一个企业的财务状况及其经营成果，以利于投资者做出正确的投资决策。公司的财务分析主要有财务比率分析法和财务比较分析法。

比率分析法是指通过财务指标之间的比率关系，来分析和评价企业财务状况和经营成果，以便了解一个企业的财务状况及其经营成果，以利于投资者做出正确的投资决策。比率分析法由于是以相对数形式表现财务指标，所以应用范围较广，它是财务分析中应用最多的方法。我们以广东美的电器股份有限公司为例解释财务比率分析方法（见表6-2、表6-3）。

表 6-2   **资产负债表**

编制单位：广东美的电器股份有限公司   2012 年 12 月 31 日

单位：万元

项 目	期末余额	年初余额	项 目	期末余额	年初余额
流动资产			流动负债		
货币资金	1 177 098	1 107 830	短期借款	322 540	321 369
交易性金融资产	11 733	18 181	交易性金融负债	1 360	342
应收票据	971 602	735 947	应付票据	540 224	648 674
应收账款	607 127	570 774	应付账款	1 119 764	1 229 885
预付款项	82 061	196 842	预收款项	247 690	476 017
其他应收款	39 969	60 774	应付职工薪酬	85 940	70 771
存货	991 665	1 236 344	应交税费	58 427	65 884
其他流动资产	180 037	253 510	应付股利	7 264	291
流动资产合计	4 061 295	4 180 204	其他应付款	57 221	71 114
非流动资产			其他流动负债	704 627	601 786
可供出售金融资产	28	28	流动负债合计	3 188 909	3 486 136
长期股权投资	108 485	104 825	非流动负债		
投资性房地产	36 267	47 471	长期借款	148 361	138 136
固定资产	1 252 722	1 071 483	专项应付款	1 259	0
在建工程	81 007	207 358	预计负债	2 461	2 184
无形资产	187 306	181 019	递延所得税负债	3 339	3 341
商誉	251 089	251 089	其他非流动负债	6 181	2 302
长期待摊费用	40 750	44 454	非流动负债合计	161 601	145 964
递延所得税资产	71 007	63 103	负债合计	3 350 511	3 632 101
非流动资产合计	2 028 664	197 083	所有者权益		
			股本	338 434	338 434
			资本公积	635 075	612 328
			盈余公积	104 628	84 165
			未分配利润	1 138 799	963 829
			外币报表折算差额	−10 398	2 677
			归属于母公司所有者权益合计	2 206 539	2 001 435
			少数股东权益	532 908	517 499
			所有者权益合计	2 739 448	2 518 935
资产总计	6 089 960	6 151 036	负债和所有者权益总计	6 089 960	6 151 036

表 6-3 　　　　　　　　　　利润表

编制单位：广东美的电器股份有限公司　　　2012 年 1～12 月

单位：万元

项目	本期金额	上期金额
一、营业总收入	6 807 120	9 310 805
二、营业总成本	6 359 974	8 884 652
其中：营业成本	5 254 131	7 561 878
营业税金及附加	32 163	35 189
销售费用	673 638	859 088
管理费用	361 939	319 109
财务费用	32 274	105 147
资产减值损失	5 828	4 238
加：公允价值变动收益	−7 582	3 874
投资收益	34 809	73 281
三、营业利润	474 372	503 309
加：营业外收入	43 031	67 634
减：营业外支出	9 769	13 842
四、利润总额	507 634	557 101
减：所得税费用	94 750	101 955
五、净利润	412 884	455 145
归属于母公司所有者的净利润	347 733	370 929
少数股东损益	65 151	84 216
六、每股收益：		
（一）基本每股收益	1.03	1.11
（二）稀释每股收益	1.03	1.11
七、其他综合收益	−24 855	659
八、综合收益总额	388 029	455 805
归属于母公司所有者的综合收益总额	336 623	370 862
归属于少数股东的综合收益总额	51 406	84 943

（一）偿债能力指标

1. 公司短期偿债能力分析

短期偿债能力是指公司以流动资产支付流动负债的能力。分析短期偿债能力的目的，在于考察公司资产的流动性，即企业有无能力偿还到期债务。

（1）流动比率。

$$流动比率 = 流动资产 \div 流动负债$$

流动资产包括现金、应收账款、有价证券和存货等；流动负债是指公司一年内必须偿还的债务，包括应付票据、应付账款、贴现票据、短期借款、预收款等。

它表明公司的短期债务可由预期在该债务到期前变成现金的资产来偿还的能力，即1元流动负债可以由几元流动资产来做偿付保证。一般说来，流动比率越大，公司偿债能力越强。反之，公司偿债能力不足，容易产生资金周转不灵的问题。通常认为流动比率在2以上，公司有较好的偿债能力。

美的电器流动比率 = 4 061 295÷3 188 909 = 1.27

（2）速动比率。

$$速动比率 = 速动资产 ÷ 流动负债$$

速动资产是指立即可以用来偿付流动负债的那些流动资产，包括现金、银行存款、应收账款和有价证券等。实际上，速动资产就是流动资产剔除存货后所得。因为存货是流动资产中流动性最差的部分，剔除存货后计算出来的速动比率反映公司短期偿债的能力显然强于流动比率。速动比率越高，公司短期偿债能力越强。理想的速动比率为1。

美的电器速动比率 =（4 061 295–991 665）÷3 188 909 = 0.96

2. 公司长期偿债能力分析

公司长期偿债能力分析的目的在于测试公司有无能力偿付长期债务的本金和利息。一般说来，通过借款增加营运资本和扩大再生产有利于提高公司的盈利水平，但过多的长期债务有可能导致公司破产。长期偿债能力分析就是通过分析公司资本结构中长期债务的比例以及它对公司盈利水平和稳定性的影响，来判断公司长期的流动性状况。长期偿债能力中的债务分析，一般通过资产负债率，股东权益对负债比率等指标来分析。

（1）资产负债率。

资产负债率是反映债权人所提供的资本占全部资本的比率。计算公式为：

$$资产负债率 = 负债总额 ÷ 资产总额 × 100\%$$

负债总额包括短期负债和长期负债。如果公司根本不举债或举债经营比率小，说明公司对前途信心不足。公司负债率不能太高，过高则说明公司存在经营风险。

美的电器资产负债率 = 3 350 511÷6 089 960×100% = 55.02%

（2）股东权益与负债比率。

它是用以衡量债权人的债权受到保护程度的指标。计算公式为：

$$股东权益比率 = 股东权益总额 ÷ 负债总额 × 100\%$$

该比率越小，意味着股东投入资本与借入资本相比，只占较小比率，企业的风险主要由债权人负担，因此债权人的债权受到的保障程度也就越小。

美的电器股东权益比率 = 2 739 448÷3 350 511×100% = 81.76%

（二）盈利能力指标

公司盈利能力的大小是其持续生存和发展的必要条件，也是决定其股票价值高低的重要因素。衡量公司盈利能力的指标主要有：

1. 资产报酬率

资产报酬率是公司平均资产总额中每元资产所获得的利润，其计算公式为：

$$资产报酬率 = 净利润 ÷ 平均资产总额 × 100\%$$

资产报酬率反映了公司运用全部资产的经营成效，它反映了公司总的盈利能力和经营水平。资产报酬率越高，则表明公司越善于运用资产；反之，则资产利用效果越差。

美的电器资产报酬率=412 884÷[（6 089 960+6 151 036）÷2]×100%=6.75%

2. 净资产收益率

$$净资产收益率=净利润÷平均所有者权益总额×100\%$$

净资产收益率是表示公司自有资产平均每元所能获得的平均纯利润，它是股东所得的实际收益率，是股东最为关心的比率。

美的电器净资产收益率=412 884÷[（2 739 448+2 518 935）÷2]×100%=15.70%

（三）经营效率指标

1. 资产总值周转率

它是反映公司全部投入的资产一年中能够产生的毛收入的能力，计算公式为：

$$资产总额周转率=产品销售收入÷资产总额$$

美的电器资产报酬率=6 807 120÷[（6 089 960+6 151 036）÷2]=1.11 次

2. 存货周转率

$$存货周转率=产品销售成本÷存货平均成本$$

它是销货成本除以期初期末存货的平均余额而得的结果。它反映公司产品销售能力和资金使用效率。如果该比例高，表示公司存货周转快，积压少，呆在存货上的资金和费用低。但若比率过高，则说明企业不能满足顾客需要，结果可能丧失部分顾客。

美的电器存货周转率=6 807 120÷[（991 665+1 236 344）÷2]=6.11 次

（四）投资价值指标

1. 每股净资产

它是净资产除以发行在外的普通股股数的比值，反映每股普通股所代表的股东权益额，指标值越大越好。其公式为：

$$每股净资产=净资产总额÷股本总额$$

美的电器每股净资产=2 739 448÷338 434=8.09 元

2. 市盈率

它是每股市价与每股收益的比率，是衡量股份制企业盈利能力的重要指标，反映投资者对每元利润所愿支付的价格。其公式为：

$$市盈率=每股价格÷每股收益$$

例如，2013 年 7 月 19 日星期五美的电器的股票价格是 12.33 元每股，每股收益 1.03 元，则

美的电器市盈率=12.33÷1.03=11.97 倍

3. 市净率

也称为净资产倍率，它是每股市价与每股净值的比值，表明股价以每股净值的若干倍在流通转让，评价股价相对于净值而言是否被高估。市净率是投资者判断某股票投资价值的重要指标，指标值越低越好。其计算公式为：

$$市净率=每股价格÷每股净资产$$

例如，2013 年 7 月 19 日星期五美的电器的股票价格是 12.33 元每股，每股净资产 8.09 元，则

美的电器市净率＝12.33÷8.09＝1.52倍

三、公司的财务比较分析

比较分析法就是对两个或两个以上相关指标进行对比，揭示差异和矛盾。它是最基本的分析方法，没有比较，分析就无法开始。比较分析的具体方法种类繁多。主要介绍如下两种。

（一）与本公司历史比

即将本期实际数与本公司历史数据相比，以揭示事物的发展趋势，也称"趋势分析"。我们来对比山东黄金矿业股份有限公司（简称山东黄金）历年的财务指标，分析该公司的发展前景（见表6-4、表6-5、表6-6、表6-7）。

表6-4　　　　　　　　每股指标

财务指标（单位）	2012-12-31	2011-12-31	2010-12-31	2009-12-31
审计意见	无保留意见	无保留意见	无保留意见	无保留意见
每股收益（元）	1.53	1.34	0.86	1.05
每股收益扣除（元）	1.55	1.35	0.86	1.05
每股净资产（元）	5.34	3.98	2.73	4.05
净资产收益率（%）	28.57	33.55	31.50	25.92
每股未分配利润（元）	4.04	2.75	1.62	2.19
每股经营活动现金流量（元）	1.68	1.62	1.38	1.63
每股现金流量（元）	0.056	0.00	0.29	0.16

129

表6-5　　　　　　　利润构成与盈利能力

财务指标（单位）	2012-12-31	2011-12-31	2010-12-31	2009-12-31
营业收入（万元）	5 022 844.32	3 941 480.74	3 151 470.18	2 336 009.52
经营费用（万元）	3 901.67	2 520.96	225.12	2 778.02
管理费用（万元）	173 979.21	148 944.36	110 339.45	85 426.02
财务费用（万元）	27 547.08	18 176.38	10 990.45	8 078.16
三项费用增长率（%）	21.10	37.30	28.33	18.58
营业利润（万元）	295 804.99	271 799.75	179 076.60	108 710.05
利润总额（万元）	291 516.15	269 238.07	178 810.64	109 400.47
所得税（万元）	69 816.59	70 968.84	49 135.77	27 999.02
净利润（万元）	217 115.16	190 243.88	122 304.50	74 581.99
销售毛利率（%）	9.96	11.21	9.61	8.82
净资产收益率（%）	28.57	33.55	31.46	25.90

表 6-6 经营与发展能力

财务指标（单位）	2012-12-31	2011-12-31	2010-12-31	2009-12-31
存货周转率（次）	46.30	62.02	87.93	66.24
应收账款周转率（次）	3 791.31	2 843.87	1 840.72	644.25
总资产周转率（次）	3.34	3.54	3.98	4.47
营业收入增长率（%）	27.44	25.07	34.91	17.55
营业利润增长率（%）	8.8	51.78	64.73	20.56
税后利润增长率（%）	14.12	55.55	63.35	17.08
净资产增长率（%）	34.00	45.85	34.87	27.42
总资产增长率（%）	37.91	32.12	53.02	49.38

表 6-7 资产与负债

财务指标（单位）	2012-12-31	2011-12-31	2010-12-31	2009-12-31
资产总额（万元）	1 745 991.51	1 266 058.93	958 280.56	626 265.76
负债总额（万元）	874 582.32	626 341.53	499 644.73	307 425.70
流动负债（万元）	727 847.79	468 396.22	316 181.19	260 707.32
货币资金（万元）	89 773.72	81 665.22	81 665.93	40 106.60
应收账款（万元）	1 974.52	855.13	1 916.78	1 507.39
其他应收款（万元）	11 660.44	9 135.12	9 046.77	11 995.07
股东权益（万元）	759 833.07	567 060.25	388 786.26	287 969.88
资产负债率（%）	50.090 9	49.471 8	52.139 7	49.088 7
股东权益比率（%）	43.518 7	44.789 4	40.571 2	45.982 1
流动比率（倍）	0.596 8	0.711 5	0.566 5	0.533 9
速动比率（倍）	0.448 6	0.524 7	0.486 3	0.382 6

即将本期实际数与行业平均数或竞争对手相比，以揭示公司自身所处的位置并寻找不足，也称"横向比较"。我们仍对比山东黄金矿业股份有限公司和黄金与贵金属行业中其他公司的财务指标（截至 2012 年 12 月 31 日），分析该公司在行业中的地位（见表 6-8）。

表 6-8 山东黄金的行业地位

代码	简称	总股本（亿股）	实际流通A股	总资产（亿元）	排名	营业收入（亿元）	排名	净利润增长率(%)	排名
601899	紫金矿业	218.12	158.04	713.60	1	117.72	2	-32.7	8
600489	中金黄金	29.43	29.43	220.14	2	75.83	3	-6.51	5
600547	山东黄金	14.23	14.23	175.33	3	133.47	1	-6.93	6
002237	恒邦股份	4.55	4.00	108.21	4	24.69	4	40.65	4
000975	银泰资源	10.86	6.23	48.53	5	0.03	9	8 289.00	1
002155	辰州矿业	7.66	7.66	41.54	6	14.58	6	-47.5	9
600459	贵研铂业	2.01	1.96	28.02	7	11.08	7	67.08	3

表6-8(续)

代码	简称	总股本（亿股）	实际流通A股	总资产（亿元）	排名	营业收入（亿元）	排名	净利润增长率(%)	排名
000587	金叶珠宝	5.57	3.37	21.94	8	15.43	5	-27.00	7
600311	荣华实业	6.66	6.66	9.94	9	0.54	8	124.00	2
600988	赤峰黄金	2.83	1.00	4.26	10	0.00	10	-142.00	10
行业平均		30.19	23.26	137.15		39.34		825.78	
该股相对平均值		-52.8%	-38.8%	27.84%		239.24%		-100.00%	

思考题：

1. 影响证券价格的宏观经济因素有哪些？

2. 证券投资基本分析包括哪些方面的内容？

3. 如何理解经济周期与证券市场的关系？

4. 如何对一个公司的基本面进行分析？

5. 试分析财政政策与货币政策对证券市场的影响。

6. 证券投资的行业分析应把握哪些因素？

7. 影响公司基本面的重大事项有哪些？

第七章
证券投资技术分析

教学目的与要求：

通过本章的学习，使学生掌握 K 线图的画法及表示的含义，K 线、均线、切线和形态理论的基本原理与分析方法；理解技术分析的三大假设、基本要素和五大类型，道氏理论和波浪理论的基本原理，主要技术指标的计算方法与运用原则。

第一节　技术分析概述

一、技术分析的定义

证券投资技术分析是指直接从证券市场的交易记录入手，以证券价格的动态规律为主要对象，采用图形、图表以及指标等技术分析工具，结合证券交易数量和投资心理等市场因素以及价、量、时间之间的关系进行分析，以帮助投资者判断行情并选择投资机会和方式，获得证券交易的收益。

技术分析是一种定量的分析方法，实质上它是一个数据分析和数据推演的过程。

二、技术分析的三大假设

技术分析是针对证券市场的市场行为所作的分析，它利用数学方法对历史成交数据进行统计、分析和研究，从而绘制成容易识别的各种图表，编制具有一定含义的技术指标，并根据图表的走势和技术指标的高低研究市场的过去和现在的行为反应，以预测未来的价格走势。因此技术分析也称为图表分析。技术分析理论基于以下三项假设：

（一）市场行为涵盖一切信息

该假设的主要思想是影响证券价格的每一个因素（包括内在的和外在的）都反映在市场行为中，不必对影响证券价格的具体因素给予过多的关心。

这个假设是有一定合理性的。任何一个因素对证券市场的影响最终都必然体现在证券价格的变动上。外在的、内在的、基础的、政策的和心理的因素以及其他的影响证券价格的所有因素，都已经在市场行为中得到了反映。作为技术分析人员，只需关心这些因素对市场行为的影响效果，而不必关心导致这些变化的具体原因。

（二）价格沿趋势波动，并保持已有的趋势

该假设是进行技术分析最根本、最核心的因素，其主要思想是证券价格的变动是按一定规律进行的，证券价格有保持原来方向运动的惯性。一般来说，如果一段时间内证券价格一直持续上涨或下跌，那么之后一段时间，不出意外，证券价格也会按这一方向继续上涨或下跌，没有理由改变这一既定的运动方向。当然趋势绝对不是直线运动，而是有波动的方向运动。趋势形成和持续的原因主要还是人类的群体思维、群体行为。

"顺势而为"是证券市场中的一句名言，如果价格没有调头的内部和外部因素，那么就没有必要逆大势而为。否认了该条假设，即认为即使没有外部因素影响，股票价格也可以改变原来的运动方向，技术分析也就没有了立足之本。

（三）历史会重演

该假设是从人的心理因素方面考虑的。市场中进行具体买卖的是人，由人决定最终的操作行为，这些行为必然要受到人类心理学中某些规律的制约。在证券市场上，如果一个人在某种情况下按一种方法进行操作取得成功，那么以后遇到相同或相似的情况，他就会按同一方法进行操作；如果前一次失败了，后面就不会按前一次的方法操作。证券市场的某个市场行为给投资者留下的阴影或快乐是会长期存在的，在进行技术分析时，一旦遇到与过去某一时期相同或相似的情况，投资者就会与过去的结果进行比较。因此技术分析法认为，根据历史资料概括出来的规律已经包含了未来证券市场的一切变动趋势，所以可以根据历史预测未来。

在三大假设之下，技术分析有了自己的理论基础。第一项肯定了研究市场行为就意味着全面考虑了影响证券价格的所有因素，第二项和第三项使得我们能够将找到的规律应用于证券市场的实际操作之中。

当然，这三大假设本身的合理性一直存在争论，不同的人有不同的看法。例如，第一项假设说市场行为包含了一切信息，但市场行为反映的信息只体现在证券价格的变动之中，同原始信息毕竟有差异，信息损失是必然的。再如，第三项假设认为历史会重演，但证券市场的市场行为是千变万化的，完全相同的情况不可能重复出现，差异总是或多或少地存在。所以，在进行技术分析的同时，还应该适当进行一些基本分析和其他方面的分析，以弥补不足。

三、技术分析的基本要素

技术分析主要分析证券的市场行为，而市场行为通常由四个方面的因素表现出来，即价格、成交量、时间和空间。价格因素是指证券价格的涨跌，成交量是指价格运动过程中伴随着的交易量，时间是指价格完成其运动过程的时间跨度，空间是指价格运动的最高和最低的界限。

（一）价格和成交量是市场行为最基本的表现

投资者最关注的市场行为莫过于证券价格了，证券价格的高低将直接影响其投资成功与否，一段时间内价格的运动方向给投资者的买卖提供了决策依据，而成交量作为伴随着价格产生的另一因素，也从另一个侧面给投资者的决策提供了参考。技术分析就是根据过去和现在的成交量、成交价格资料，利用图形分析和指标分析工具来分析、预测未来的市场走势。在某一时点上的价和量反映的是买卖双方在这一时点上共同的市场行为，是双方的暂时均势点。随着时间的变化，均势会不断发生变化，这就是价量关系的变化。

一般来说，买卖双方对价格的认同程度通过成交量的大小得到确认。如果没有成交量的确认，价格形态就是虚的，其可靠性也就差一些。认同程度小，分歧大，成交量大；认同程度大，分歧小，成交量小。双方的这种市场行为反映在价、量关系上往往呈现出这样一种趋势规律：价升量增，价跌量减。根据这一趋势规律，当价格上升时，成交量不再增加，意味着价格得不到买方确认，价格的上升趋势就会改变；反之，当价格下跌时，成交量萎缩到一定程度就不再萎缩，意味着卖方不再认同价格继续往下降了，价格下跌趋势就会改变。成交价、成交量的这种关系规律是技术分析的合理性所在，因此，价、量是技术分析的基本要素，一切技术分析方法都是以价、量关系为研究对象的。

另外，成交量还是价格的先行指标。当量增时，价格迟早会跟上来；当价升而量不增时，价格迟早会降下来。从这个意义上说，价是虚的，只有量才是真实的。

（二）时间和空间因素是市场行为另外的表现形式

时间因素体现了事物发展的周而复始的特征。一个已经形成的趋势在短时间内不会发生根本转变，中途出现的反方向波动，对原有趋势不会产生大的影响；一个形成了的趋势不可能永远不变，经过了一定时间又会有新的趋势出现。

空间因素体现的是价格波动幅度大小的极限，价格在短时间内从低位上升到很高位的可能性很小，不同的证券，或同一证券在不同的时期，其波动变化的空间是不同的。总之，对时间和空间的研究可以明确价格变动趋势的深度和广度。

四、技术分析方法的类型

在价、量等历史资料基础上进行的统计、数学计算、绘制图表等方法是技术分析方法的主要手段。从这个意义上讲，技术分析方法可以有多种。一般来说，可以将技术分析方法分为如下五类：K线类、切线类、形态类、波浪类和指标类。

（一）K线类

K线最初由日本人发明，并在东亚地区广为流行，许多证券投资者进行技术分析时往往首先接触的就是K线图。K线类的研究方法是指基于若干天的K线组合情况，推测证券市场多空双方力量，进而判断证券市场多空双方谁占优势，是暂时的还是决定性的。K线图是进行各种技术分析的最重要的图表。单独一天的K线形态有十几种，若干天的K线组合种类就无法计数了。人们经过不断地总结经验，发现了一些对证券买卖有指导意义的组合，而且，新的研究结果正在不断地被运用。

（二）切线类

按一定方法和原则在由证券价格数据所绘制的图表中画出一些直线，然后根据这些直线的情况推测证券价格的未来趋势，这些直线就叫切线。切线主要是起支撑和压力的作用。支撑线和压力线的往后延伸位置对价格趋势起一定的制约作用。一般说来，证券价格在从下向上抬升的过程中，一触及压力线，甚至远未触及压力线时，就会掉头向下。同样，证券价格在从上向下下跌的过程中，在支撑线附近就会转头向上。另外，如果触及切线后没有转向，而是继续向上或向下，这就叫突破。突破之后，这条切线仍然有实际作用，只是名称和作用变了，原来的支撑线变成压力线，原来的压力线变成支撑线。切线类分析主要就是依据切线的这个特性。

切线的画法是最为重要的，画得好坏直接影响预测的结果。目前画切线的方法有很多种，主要是趋势线、轨道线等，此外还有黄金分割线、百分比线等。

（三）形态类

形态类是指根据价格图表中价格在过去一段时间走过的轨迹形态来预测证券价格未来趋势的方法。技术分析第一条假设告诉我们，市场行为包含一切信息。价格走过的形态是市场行为的重要组成部分，是证券市场对各种信息感受之后的具体表现，用价格图的轨迹或者说形态来推测证券价格的未来趋势是有道理的。从价格规矩的形态中，投资者可以推测出证券市场处在一个什么样的大环境中，从而对今后的投资给予一定的指导。主要的形态有 M 头、W 底、头肩顶、头肩底等十几种。

（四）波浪类

波浪理论形成于 1978 年美国人查尔斯·J. 柯林斯发表的专著《波浪理论》，而它的实际发明者和奠基人是艾略特，艾略特在 20 世纪 30 年代就有了波浪理论的最初想法。

波浪理论把价格的上下变动和不同时期的持续上涨和下跌看成是波浪式的上下起伏。波浪的起伏遵循自然界的规律，证券的价格运动也就遵循波浪起伏的规律。简单地说，上升是 5 浪，下跌是 3 浪。数清楚了各个波浪就能准确地预见：跌势已接近尾声，牛市即将来临；或是牛市已到了强弩之末，熊市即将来临。波浪理论较之于别的技术分析流派，最大的区别就是能提前很长的时间预计到行情的底和顶，而别的流派往往要到新的趋势已经确立之后才能看到。但是，波浪理论又是公认的较难掌握的技术分析方法。

（五）指标类

指标类考虑到了市场行为的各个方面，它通过建立一个数学模型，给出数学上的计算公式，得到一个体现证券市场的某个方面内在实质的指标值。指标反映的情况大多是无法从行情报表中直接看到的，它可为我们的操作提供指导方向。

常见的指标有相对强弱指标（RSI）、随机指标（KD）、趋向指标（DMI）、平滑异同移动平均线（MACD）、能量潮（OBV）等。这些都是很著名的技术指标，在证券市场应用中长盛不衰，随着时间的推移新的技术指标还在不断涌现。

以上五类技术分析方法都经过证券市场的长期实践考验，被证明是行之有效的。它们分别从不同的方面来理解和考虑证券市场，在使用时可相互借鉴，以确保证券投资的成功。如有的方法注重长线，有的方法注重短线；有的注重价格的相对位置，有的注重价格的绝对位置；有的注重时间，有的注重价格。

五、技术分析应用中应注意的问题

（一）技术分析与基本分析结合应用

通过上面的分析，我们知道技术分析的主要依据是价格、成交量或涨跌指数等，所以它只关心证券市场本身的变化，而不考虑会对其产生某种影响的经济、政治等方面各种外部的因素。而基本分析法则侧重于对一般经济情况以及各个公司的经营管理状况、行业动态等因素进行分析，以此来研究证券价格的高低。

技术分析主要是预测短期内证券价格涨跌的趋势，而基本分析主要是判断证券现行价位是否合理并描绘出它长远的发展空间。通过基本分析我们可以了解应购买何种证券，而通过技术分析我们可以把握具体购买的时机。大多数成功的证券投资者都是把两种分析方法结合起来加以运用。

（二）多种技术分析方法综合研判

技术分析方法多种多样，五花八门，但每一种方法都有其独特的优势和功能，也有不足和缺陷，没有任何一种方法能概括证券价格走势的全貌。实践证明，单独使用一种技术分析方法有相当大的局限性和盲目性，甚至会给出错误的买卖信号。为了减少失误，只有将多种技术分析方法结合使用，相互补充、相互印证，才能减少出错的机会，提高投资的准确性。

（三）理论与实践相结合

由于证券市场能给人们带来巨大的利益，上百年来研究证券的人层出不穷，分析方法各异，使用同一分析方法的风格也不同。这些方法都是前人在一定的特殊条件和特定环境下得到的。随着环境的变化，自己在使用别人的成功方法时却有可能失败。因此在使用技术分析方法时，要注意掌握各种分析方法的精髓，并根据实际情况做适当的调整。同时各种方法也只有应用于实际，并经过实践检验后成功的才是好方法。

（四）要做好纠错措施

技术分析的结论不可能完全正确，因此需要纠错措施，最好的纠错措施是止损，其次是补仓。例如，某投资者判断某股票的底部是 10 元，当股价跌至 10 元时他买入，他给自己设立的止损位是 10%，如果他的判断出错，即股价跌至 10 元后继续下跌，当股价跌至 9 元时，他便斩仓出局以保持现金，等待下一次股价回升，是谓止损。当然如果他不止损，还有一种方法即补仓，如果他在 9 元时买进同样数量的股票，那么他的平均持股价就变成了 9.5 元，但是要占用他更多的资金，显然补仓与止损相比是不得已而为之，因此一般不提倡补仓。

第二节　K 线组合分析

K 线图最早是日本德川幕府时代大阪的米商用来记录当时一天、一周或一月中米价涨跌行情的图形，后被引入股市。K 线图有直观、立体感强、携带信息量大的特点，蕴含着丰富的东方哲学思想，能充分显示价格趋势的强弱、买卖双方力量平衡的变化，预测后市走向较准确，是各类传播媒介、电脑实时分析系统应用较多的技术分析手段。

一、K 线的画法

日 K 线是根据证券价格（指数）一天的走势中形成的四个价位，即开盘价、最高价、最低价、收盘价绘制而成的（如图 7-1 所示）。

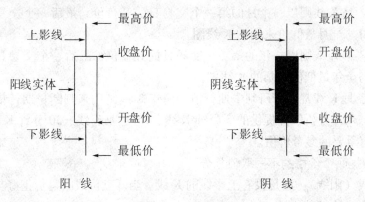

图 7-1　K 线画法

从形状上看，K 线是一柱状的线条，由实体和上下影线组成，中间的方块是实体，影线在实体上方的部分叫上影线，下方的部分叫下影线。实体分阳线和阴线两种。

收盘价高于开盘价时，则开盘价在下收盘价在上，二者之间的长方柱用红色或空心绘出，称之为阳线，其上影线的最高点为最高价，下影线的最低点为最低价。

收盘价低于开盘价时，则开盘价在上收盘价在下，二者之间的长方柱用黑色或实心绘出，称之为阴线，其上影线的最高点为最高价，下影线的最低点为最低价。

二、K 线的分类

（一）根据开盘价与收盘价的波动范围划分

极阴（极阳）、小阴（小阳）、中阴（中阳）和大阴（大阳）等线型（如图 7-2 所示）。它们一般的波动范围是：极阴线和极阳线的波动范围在 0.5% 左右，小阴线和小阳线的波动范围一般在 0.6%~1.5%，中阴线和中阳线的波动范围一般在 1.6%~3.5%，大阴线和大阳线的波动范围在 3.6% 以上。

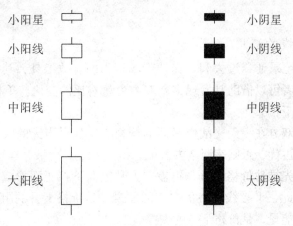

图 7-2　K 线的价格波动范围分类

（二）根据 K 线的计算周期划分

日 K 线。日 K 线是指以每天的开盘价、收盘价、最高价和最低价来画的 K 线图。

周 K 线。周 K 线是指以周一的开盘价，周五的收盘价，全周最高价和全周最低价来画的 K 线图。

137

月 K 线。月 K 线则以一个月的第一个交易日的开盘价，最后一个交易日的收盘价和全月最高价与全月最低价来画的 K 线图。

年 K 线。年 K 线则以一年的第一个交易日的开盘价，最后一个交易日的收盘价和全年最高价与全年最低价来画的 K 线图。

周 K 线、月 K 线常用于研判中期行情，而年 K 线则用来判断长期行情。对于短线操作者来说，众多分析软件提供的 5 分钟 K 线、15 分钟 K 线、30 分钟 K 线和 60 分钟 K 线，也具有重要的参考价值。

（三）根据四个价格的不同取值划分

光头阴线（阳线）。这是没有上影线的 K 线。当开盘价或收盘价正好与最高价相等时，就会出现这种 K 线。

光脚阴线（阳线）。这是没有下影线的 K 线。当开盘价或收盘价正好与最低价相等时，就会出现这种 K 线。

光头光脚的阴线（阳线）。这种 K 线既没有上影线也没有下影线。当收盘价和开盘价分别与最高价和最低价中的一个相等时，就会出现这种 K 线。

十字形。当收盘价与开盘价相同时，就会出现这种 K 线，它的特点是没有实体。

T 字形和倒 T 字形。在十字形的基础上，如果再加上光头和光脚的条件，就会出现这两种 K 线。它们没有实体，而且没有上影线或下影线。

一字形。这是一种非常特别的形状，它的四个价格都一样。例如，在涨跌停板制度下，在一个交易日当天所有交易时间内均处于涨停或跌停时，就会出现这种 K 线（如图 7-3 所示）。

图 7-3　K 线的几种特殊形状

三、单根 K 线的应用

K 线作为一种记录证券过去和现在的市场行为的有效工具，其自身有着重要的技术分析意义，投资者可以借助其发现多空双方力量对比的变化。单根 K 线的各个组成部分的分析要领如下：

收盘价是多空双方在一天交战中最后的均衡点，如果当天的收盘价高于前一天的收盘价，表明多方占优，否则表明空方占优。

上影线由多方先推动价格上升，再被空方从上向下打压而形成，是空方从多方手中抢得的实地。因此，上影线代表了空方的能量，是价格上升的阻力。与此相反，下影线代表了多方的能量，是价格下跌的支撑。

实体表示多空双方优势一方的优势大小，实体越大其代表的优势一方的优势越大，反之越小。

（一）光头光脚小阳（阴）线

这两种 K 线表示价格上下波动的幅度很小，没有明显的趋势，后市的涨跌无法预测，此时要根据其前期 K 线组合的形状和当时所处的价位区域综合判断。

（二）光头光脚大阳（阴）线

当出现光头光脚大阳线实体时，说明市场波动很大，多空双方的争斗已经有了结果。长长的阳线表明，多方发挥了最大的力量，已经取得了决定性胜利，之后一段时间多方将掌握主动权。而光头光脚大阴线实体的含义则正好相反，表示现在是空方的市场，空方说了算。另外，多空双方优势的大小还要看阳（阴）线实体的长短。

（三）光脚阳线和光头阴线

光脚阳线是一种上升抵抗K线，表示多方虽占优势，但不像大阳线实体中的优势那么大，受到了一些抵抗。多方优势的大小与上影线的长度有关，与实体的长度也有关。而光头阴线与光脚阳线正好相反，它是下跌抵抗型K线。

（四）光头阳线和光脚阴线

光头阳线是先跌后涨型。多方在开始失利的情况下，尽量充分地发挥力量，整个形势是多方占优。多方优势的大小与下影线和实体的长度有关。下影线和实体的长度越长，越有利于多方。光脚阴线与光头阳线相反，是先涨后跌型，表明空方反败为胜。

（五）有上下影线的阳（阴）线

这是两种最为普遍的K线形状。这种形状说明多空双方争斗很激烈，双方一度都占据优势，把价格抬到最高价和压到最低价，但是，都被对方顽强地拉回，只是到了收尾时，才体现出谁占优势。

（六）十字形

这是不容易出现的K线形状，分为两种，一种上下影线很长，另一种上下影线较短。上下影线较长的称为大十字星，表示多空争斗激烈，最后回到原处，后市往往有变化。多空双方优势由上下影线的长度决定。上下影线较短的称为小十字星，表明窄幅盘整，交易清淡，买卖不活跃。

（七）T字形和倒T字形

T字形是多方占优，下影线越长，多方优势越大。倒T字形是空方占优，上影线越长，空方优势越大。

当然，价格波动的短暂趋势具有较大的偶然性，从这个角度来看，单根K线并不具备重要的技术分析意义，我们更应该关注出现在关键位置的K线，主要有两种：一是价格持续下降后出现的大阳线或是较长的下影线，二是价格持续上升后出现的大阴线或是较长的上影线。

四、两根K线的组合应用

两根K线的组合情况非常多，要考虑两根K线的阴阳、高低、上下影线，一句话，两根K线能够组成的组合数不胜数。但是，K线组合中，有些组合的含义是可以通过别的组合含义推测出来的。我们只需掌握几种特定的组合形态，然后举一反三，就可以得知别的组合的含义。

无论是两根K线还是三根K线，都是通过两根K线的相对位置的高低和阴阳来推测行情的。将上一天的K线画出，然后，将这根K线按数字划分成五个区域，即上影线上方、上影区、实体区、下影区、下影下方。

第二天的K线是进行行情判断的关键。简单地说，第二天多空双方争斗的区域越高，越有利于上涨；越低，越有利于下降。以下是几种具有代表性的两根K线的组合情况，由它们的含义可以得知其他的两根 K 线组合的含义（如图 7-4 所示）。

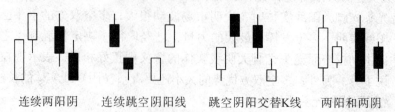

连续两阳阴　　连续跳空阴阳线　　跳空阴阳交替K线　　两阳和两阴

图 7-4　两根 K 线的组合应用

（一）连续两阴（阳）

这是多空双方的一方已经取得决定性胜利，牢牢地掌握了主动权，今后将以取胜的一方为主要运动方向。第二根 K 线实体越长，超出前一根 K 线越多，则取胜一方的优势就越大。

（二）连续跳空阴（阳）

一根阴线之后又一跳空阴线，表明空方全面战已经开始。如果出现在高价附近，则下跌将开始，多方无力反抗；如果在长期下跌行情的尾端出现，则说明这是最后一跌，是逐步建仓的时候了。第二根阴线的下影线越长，则多方反攻的信号越强烈。如果在长期上涨行情的尾端出现，则是最后一涨（缺口理论中把这叫做竭尽缺口），第二根阳线的上影线越长，越是要跌了。

（三）跳空阴阳交替 K 线

左一阳线加上一根跳空的阴线，说明空方力量正在增强。若出现在高价位，说明空方有能力阻止价格继续上升。左一阴线加上一根跳空的阳线，多空双方中多方在低价位取得一定优势，改变了前一天的空方优势的局面，今后的行情还要视该 K 线组合是在下跌行情的途中，还是在低价位而定。

（四）两阳和两阴

连续两根阴线，第二根的收盘不比第一根低，说明空方力量有限，多方出现暂时转机，价格回头向上的可能性大。连续两根阳线，第二根的收盘不比第一根高，空方出现转机，价格可能将向下调整。如前所述，两种情况中上下影线的长度直接反映了多空双方力量的大小。

（五）阴吃阳和阳吃阴

右图阴线被一根阳线吞没，说明多方已经取得决定性胜利，空方将节节败退，寻找新的抵抗区域。阳线的下影线越长，多方优势越明显。左图与右图正好相反，它是空方掌握主动的局面，多方已经瓦解。

五、三根 K 线的组合应用

三根 K 线的各种组合就更多、更复杂了。但是考虑问题的方式是相同的，都是由最后一根 K 线相对于前面 K 线的位置来判断多空双方的实力大小。由于三根 K 线组合比两根 K 线组合多了一根 K 线，获得的信息就多些，得出的结论相对于两根 K 线组合来讲要准确些，可信度更大些。

（一）早晨之星

"早晨之星"，太阳即将升起，前途一片光明，后市自然看好。在下跌市场中，出

现一支实体修长的阴线；裂口下跌，K线实体长度缩短，形成星的主体；构成星的K
线，可以是阴线，也可以是阳线；出现一支阳线，回升至第一支阴线的范围之内。

（二）黄昏之星

"夕阳无限好，只是近黄昏"，黄昏之星出现之后，太阳便会落山。因此黄昏之星
的图形，代表市势可能见顶回落。按图索骥，要伺机沽空。"黄昏之星"的图形，刚好
与早晨之星相反，亦由三部分组成。市值继续上升，并且出现一支实体较长的阳线；
波幅缩短，构成星的部分；出现阴，而且下跌至第一支阳线的区域之内。星体如果是
十字形态，更加强了黄昏之星的作用。

（三）红三兵

红三兵的图形（如图7-5所示），表示大市可能见底回升。红三兵代表的三只K
线，每日收盘价都向上移，武士勇往直前的精神跃然纸上，盘底趋升的形式甚为明显。
假如在低价位或者平静的势内出现此类图形，反映市势回升的机会很高。值得注意的
地方：在此图形之内，上升速度缓慢，但稳定；每日收盘价都接近全日最高价位。

升势受阻的图形，与三个红三兵相比较，尚有一个明显的差别。在红三兵的形态
内，每日收盘价都接近全日的顶价；相反，在升势受阻的形态内，可以发现最后一只
K线有修长的上影线，表示没有足够力量以同价位收盘。升势受阻值得注意的地方有
两点：K线实体部分逐渐缩短；最后一只阳线拥有较长的上影线。

（四）双羽乌鸦

大上升市势当中，由两只阴线构成转向的形态。第一阴线的开盘价与上一日收盘
价出现缺口，构成飞的形状，可惜后继无力，出现低收的情形；第二只阴线的实体部
分较长。较为理想的图形是第二只阴线再次高于上日开盘价开出，然后低收。

出现双羽乌鸦的图形，表示升市之中，连续两日高开，但未能贯彻始终，全部以
低价收盘，构成两只阴线。上述表现自然令看多者对后市产生疑虑，开始回吐，从而
造成市势向下调整的压力。

（五）三只乌鸦

三只乌鸦由三只阴线组成，三日的收盘价都向下跌（如图7-6所示）。值得注意的
地方有下面几点：连续三只阴线；每日收盘价都向下跌；收盘价接近每日的最低位；
每日的开盘价都在上日K线的实体之内；第一只阴线的实体部分最好低于上日的最高
价位。

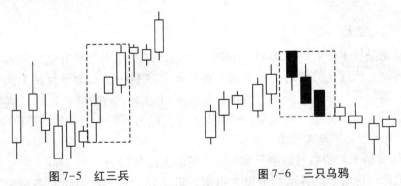

图7-5　红三兵　　　　　　　　图7-6　三只乌鸦

（六）上升三部曲

上升三部曲值得注意的地方有三点：出现一只长的阳线；出现三只实体短小的阴

线，收盘价持续轻微下跌，高低幅度则保持在第一日的幅度之内；出现一只强劲的阳线，收盘价越升第一日的收盘价。

上升三部曲的图形（如图7-7所示），与三只乌鸦类似，中段都可能包括三只阴线，但后果迥然不同。

（七）下跌三部曲

相对于上升三部曲的是下跌三部曲的形态（如图7-8所示），表示价格短期整固之后，将继续下跌。

构成下跌三部曲形态的过程与上升三部曲类似，但方向相反。简单地说，只有一只长的阴线；出现三只或以上的短K线，反映市势乏力反弹；强而有力的阴线，跌破第一日收盘价而打破闷局。

（八）两阳（阴）夹一阴（阳）

一根阴线比前一根阳线长，说明空方力量已占据优势，后一根阳线未超过前一根阴线，说明多方力量已经到头了，后势将以空方为主角，主宰局面。两阴夹一阳也叫空头炮，代表空头攻击的开始，要马上回避。两阳夹一阴也叫"多头炮"，代表多头攻击的开始，一般可以及时跟进。

（九）两阳吃一阴和两阴吃一阳

两阳吃一阴是指两阳吃掉第一天的一根阴线，已显示出多方的力量很强大。与此相反，两阴吃一阳则指两阴吃掉第一天的一根阳线，已经显示出空方的力量很强大。

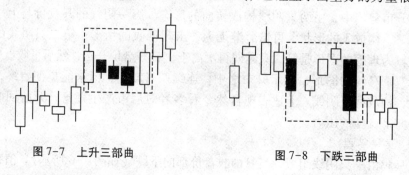

图 7-7　上升三部曲　　　　　　　图 7-8　下跌三部曲

第三节　波浪分析

一、道氏理论

道氏理论是技术分析的"鼻祖"和理论基础，许多技术分析方法的基本思想都来自于道氏理论。该理论的创始人是美国人查尔斯·亨利·道。为了反映美国证券市场总体趋势，他与爱德华·琼斯共同创立了著名的道琼斯平均指数。他们在《华尔街日报》上发表的有关证券市场的文章，经后人整理，成为我们今天看到的道氏理论。

（一）道氏理论的基本要点

1. 市场价格平均指数可以解释和反映市场的大部分行为

这是道氏理论对于证券市场的重大贡献。道氏理论认为收盘价是各种交易价格中最重要的价格，并利用收盘价计算平均价格指数。目前世界上所有的证券交易所计算价格指数的方法大同小异，都源于道氏理论的这一思想。此外他还提出平均价格涵盖一切信息的假设，该假设目前仍是技术分析的一个基本假设。

2. 市场价格波动具有某种趋势

道氏理论认为，证券价格的变化表面上看起来杂乱无章，但在一段时间内总是向着某个方向（即趋势）运动的。道氏理论将趋势分为三种：主要趋势、次要趋势和短暂趋势，其中主要趋势是起主导作用的，主要趋势包含次要趋势，而次要趋势又包含短暂趋势（如图7-9所示）。

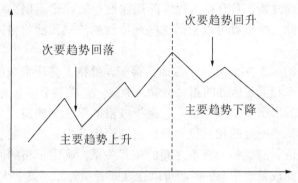

图7-9　主要趋势与次要趋势

主要趋势是指价格在一个较长的时间内最主要的运动方向，其持续时间在一年或一年以上，在多头市场表现为一峰比一峰高，在空头市场表现为一谷比一谷低，看起来像大潮。

次要趋势是主要趋势的一个修正和调整运动，持续时间在一至三个月，具体表现为上涨过程中的回落和下跌过程中的回升，看起来像波浪。

短暂趋势即价格的日常波动，其波动幅度很小，对价格的中长期运动方向影响不大，看起来像波纹。

3. 两种指数相互加强发现主要趋势

为了把握最为重要的主要趋势，道和琼斯编制了两种指数，即制造业指数和运输业指数。道氏理论认为，只有两种指数在同一方向上运行才可确认主要趋势的形成，否则说明主要趋势还没出现。

4. 趋势必须得到交易量的确认

道氏理论看重成交量，认为成交量是重要的附加信息，在确定趋势时，交易量应在主要趋势的方向上放大。

（二）道氏理论的应用及缺陷

（1）道氏理论只推断股市的大势所趋。道氏理论主要目标是探讨价格运动的主要趋势，一旦主要趋势确立，道氏理论假设这种趋势会一路持续，直到趋势遇到外来因素破坏而改变为止。因此，道氏理论只推断股市的大势所趋，不能推断大趋势里面的升幅或者跌幅将会达到哪个程度。

（2）道氏理论会导致失去最好的买入和卖出机会。每次都要求两种指数互相确认，这样做就比原来依照单指数慢了半拍，失去了最好的买入和卖出机会。

（3）道氏理论对选股基本没有帮助。

（4）道氏理论注重长期趋势。对中期趋势，特别是在不知是牛市还是熊市的情况下，不能带给投资者明确启示。

二、波浪理论

波浪理论是技术分析大师艾略特（Elliot）所发明的一种价格趋势分析工具，它是一套完全靠观察得来的规律，可用以分析指数及价格的走势，它也是世界股市分析上运用最多，而又最难了解和精通的分析工具。

艾略特认为，不管是证券还是商品价格的波动，都与大自然的潮汐、波浪一样，一浪跟着一波，周而复始，具有相当程度的规律性，展现出周期循环的特点，任何波动均有迹可循。因此，投资者可以根据这些规律性的波动预测价格未来的走势，在买卖策略上实施使用。

波浪理论考虑的因素主要有三个方面：第一，价格走势所形成的形态；第二，价格走势图中各个高点和低点所处的相对位置；第三，完成某个形态所经历的时间长短。三个方面中，价格的形态是最重要的，它是指波浪的形状和构造，是波浪理论赖以生存的基础。高点和低点所处的相对位置是波浪理论中各个浪的开始和结束位置。通过计算这些位置，可以弄清楚各个波浪之间的相互关系，确定价格的回撤点和将来价格可能达到的位置。完成某个形态的时间可以让投资者预先知道某个大趋势的即将来临。波浪理论中各个波浪之间在时间上是相互联系的，用时间可以验证某个波浪形态是否已经形成。

以上三个方面可以简单地概括为形态、比例和时间。这三个方面是波浪理论首先应考虑的，其中以形态最为重要。

三、波浪的形态

波浪理论认为，推动浪和调整浪是价格波动两个最基本形态，而推动浪（即与大市走向一致的波浪）可以再分割成五个小浪，一般用第 1 浪、第 2 浪、第 3 浪、第 4 浪、第 5 浪来表示，调整浪也可以划分成三个小浪，通常用 A 浪、B 浪、C 浪表示，即"八浪循环"（如图 7-10 所示）。在上述八个波浪（五上三落）完毕之后，一个循环即告完成，走势将进入下一个八波浪循环。那么，如何来划分上升五浪和下跌三浪呢？一般来说，八个浪各有不同的表现和特性：

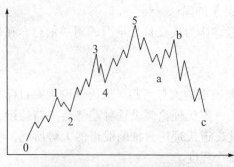

图 7-10 8 浪结构的形态

第 1 浪：几乎半数以上的第 1 浪，是属于营造底部形态的第一部分，第 1 浪是循环的开始，由于这段行情的上升出现在空头市场跌势后的反弹和反转，买方力量并不强大，加上空头继续存在卖压，因此在此类第 1 浪上升之后出现第 2 浪调整回落时，其回挡的幅度往往很深；另外半数的第 1 浪，出现在长期盘整完成之后，在这类第 1 浪中，其行情上升幅度较大，经验看来，第 1 浪的涨幅通常是 5 浪中最短的行情。

第 2 浪：这一浪是下跌浪，由于市场人士误以为熊市尚未结束，其调整下跌的幅度相当大，几乎吃掉第 1 浪的升幅，当行情在此浪中跌至接近底部（第 1 浪起点）时，市场出现惜售心理，抛售压力逐渐衰竭，成交量也逐渐缩小，第 2 浪调整此时才会宣告结束，在此浪中经常出现图表中的转向形态，如头底、双底等。

第 3 浪：第 3 浪的涨势往往是最大最有爆发力的上升浪，这段行情持续的时间经常是最长的，市场投资者信心恢复，成交量大幅上升，常出现传统图表中的突破信号，例如缺口跳升等，这段行情走势非常激烈，一些重要的关口价位，非常轻易地被穿破，尤其在突破第 1 浪的高点时，是最强烈的买进信号，由于第 3 浪涨势激烈，经常出现"延长波浪"的现象。

第 4 浪：第 4 浪是行情大幅劲升后的调整浪，通常以较复杂的形态出现，经常出现"倾斜三角形"的走势，但第 4 浪的底点不会低于第 1 浪的顶点。

第 5 浪：在股市中第 5 浪的涨势通常小于第 3 浪，且经常出现失败的情况，在第 5 浪中，二、三类股票通常是市场内的主导力量，其涨幅常常大于一类股（绩优蓝筹股、大型股），即投资人士常说的"鸡犬升天"，此期市场情绪表现相当乐观。

第 A 浪：在 A 浪中，市场投资人士大多数认为上升行情尚未逆转，此时仅为一个暂时的回挡现象，实际上，A 浪的下跌，在第 5 浪中通常已有警告信号，如成交量与价格走势背离或技术指标上的背离等，但由于此时市场仍较为乐观，A 浪有时呈平势调整或"之"字形态运行。

第 B 浪：B 浪经常表现是成交量不大，一般而言是多头的逃命线，然而由于是一段上升行情，很容易让投资者误以为是另一波段的涨势，形成"多头陷阱"，许多投资者在此惨遭套牢。

第 C 浪：是一段破坏力较强的下跌浪，跌势较为强劲，跌幅大，持续的时间较长久，而且出现全面性下跌。

从以上来看，波浪理论似乎颇为简单和容易运用，但实际上由于其每一个上升（下跌）的完整过程中均包含有一个八浪循环，大循环中有小循环，小循环中有更小的循环，即大浪中有小浪，小浪中有细浪，因此使数浪变得相当繁杂和难于把握，再加上其推动浪和调整浪经常出现延伸浪等变化形态和复杂形态，使得对浪的准确划分更加难以界定，这两点构成了波浪理论实际运用的最大难点。

四、波浪之间的比例

波浪理论推测市场的升幅和跌幅一般采用黄金分割率和神秘数字去计算。一个上升浪可以是上一次高点的 1.618，另一个高点又再乘以 1.618，以此类推。另外下跌浪也是这样，一般常见的回吐幅度比率有 0.236（0.382×0.618）、0.382、0.5、0.618 等。

五、弗波纳奇数列与波浪的数目

数字 1，2，3，5，8，13，21，34……组成的数列（相邻两个数之和即为第三个数，依次类推）即弗波纳奇数列。

弗波纳奇数列在确定波浪的数目和数法时，有着不可忽视的作用。从基本形态图中我们可以看到，第一大浪有 5 浪组成，同时又由更小的 21 浪组成，而第二大浪由 3

浪组成，同时又由更小的 13 浪组成。第一大浪和第二小浪为 2 浪，由 8 个较大的浪组成，同时又由 34 个更小的浪组成。如果将最高层次的浪增加，例如增加第三、第四、第五等大浪，则我们还可以看到比 34 大的弗波纳奇数列中的数字。所以这些数字的出现不是偶然的，这是艾略特波浪理论的数学基础，正是在这一基础上，才有了波浪理论往后的发展。

六、波浪理论的缺陷

（1）波浪理论家对形态的看法并不统一。每一个波浪理论家，包括艾略特本人，很多时都会受一个问题的困扰，即一个浪是否已经完成而开始了另外一个浪呢？有时甲看是第一浪，乙看是第二浪。差之毫厘，失之千里。看错的后果可能十分严重。一套不能确定的理论用在风险奇高的证券市场，运作错误足以使人损失惨重。

（2）对于怎样才算是一个完整的浪，也无明确定义。在证券市场上，升跌次数绝大多数不按五升三跌这个机械模式出现。但波浪理论家却曲解说有些升跌不应该计算入浪里面。数浪完全是随意主观。

（3）波浪理论有所谓伸展浪，有时五个浪可以伸展成九个浪。但在什么时候或者在什么准则之下波浪可以伸展呢？艾略特却没有明言，使数浪这回事变得神秘，自己去想。

（4）波浪理论的浪中有浪，可以无限延伸，亦即在升市时可以无限上升，都是在上升浪之中，一个巨型浪延伸几十年都可以。下跌浪也可以跌到无影无踪都仍然是在下跌浪。只要是升势未完就仍然是上升浪，跌势未完就仍然是下跌浪。所以波浪理论也有它的局限性，如在推测浪顶、浪底的运行时间方面，还需要借助其他方法，综合判断。

第四节　切线分析

一、趋势分析

证券市场有顺应潮流的问题。"顺应潮流，不逆势而动"，已成为投资者的共识。这个潮流是指价格变动有一定的趋势，在长期上涨或下跌的趋势中，会有短暂的盘旋或调整，投资者应把握长期趋势，不为暂时的回调和反弹所迷惑，同时也应及时把握大势的反转。切线理论就是帮助投资者识别大势变动方向的较为实用的方法。

（一）趋势的定义

简单地说，趋势就是证券价格运动的方向。技术分析的三大假设中的第二条明确说明价格的变化是有趋势的，没有特别的理由，价格将沿着这个趋势继续运动。这一点就说明趋势这个概念在技术分析中占有很重要的地位，是投资者应该注意的核心问题。一般说来，市场变动不是朝一个方向直来直去，中间肯定有曲折，从图形上看就是一条曲折蜿蜒的折线，折点处就形成峰或谷。由这些峰和谷的相对高度，就可以看出趋势的方向。

（二）趋势的方向

趋势的方向有三个：上升方向、下降方向、水平方向。上升趋势最明显的特征是一谷比一谷高，而下降趋势最明显的特征是一峰比一峰低，而当价格在一定区域内横盘整理时即称为水平趋势或无趋势。一般来说，价格盘整是在等待或选择下一步的运动方向。

（三）趋势的类型

按道氏理论的分类，趋势分为三个类型，即主要趋势、次要趋势和短暂趋势。这三种类型的趋势最大的区别是时间的长短和波动幅度的大小。主要趋势持续时间最长，波动幅度最大；次要趋势次之；短期趋势持续时间最短，波动幅度最小。

二、支撑线、压力线与突破

（一）支撑线和压力线的定义

支撑线又称抵抗线。当价格跌到某个价位附近时，价格停止下跌，甚至可能回升，这是由多方在此买入造成的。支撑线起着阻止价格继续下跌的作用。这个起着阻止价格继续下跌的价格就是支撑线所在的位置。

压力线又称阻力线。当价格上涨到某个价位附近时，价格会停止上涨，甚至回落，这是由空方在此抛压造成的。压力线起着阻止价格继续上升的作用。这个起着阻止价格继续上升的价位就是压力线所在的位置。

（二）支撑线和压力线的作用

如前所述，支撑线和压力线的作用是阻止或暂时阻止价格朝一个方向继续运动。由于价格的变动是有趋势的，要维持这种趋势，保持原来的变动方向，就必须冲破阻止其继续向前的障碍。比如说，要维持下跌行情，就必须突破支撑线的阻力和干扰，创造出新的低点；要维持上升行情，就必须突破上升压力线的阻力和干扰，创造出新的高点。由此可见，支撑线和压力线迟早会有被突破的可能性，它们不足以长久地阻止价格保持原来的变动方向，只不过是使它暂时停顿而已。

（三）支撑线和压力线的相互转化

支撑线和压力线是可以相互转化的，也就是说一条支撑线如果被跌破，那么这一支撑线将成为压力线；同理，一条压力线被升破，这个压力线将成为支撑线。这说明支撑线和压力线的地位不是一成不变的，而是可以改变的，条件是它被有效的足够强大的价格变动突破。

（四）支撑线与压力线的位置判断

由于支撑线和压力线能阻止或暂时阻止价格朝一个方向继续运动，因此支撑线和压力线所在的位置往往是买入和卖出的最佳价位和时机。在一个上升的趋势中，每次价格回落时获得支撑的价位即是追涨的最佳价位；而在一个下降的趋势中，每次价格回升时受到压力的价位即是投资者杀跌的最佳价位。因此投资者有必要学会如何辨认价格运动过程中的支撑位和压力位。

由于支撑和压力会相互转化，因此，支撑位和压力位辨认与判断的方法是相同的。一般来讲，支撑位与压力位产生在以下位置：

（1）趋势线位。上升趋势线主要对价格产生支撑作用，而下降趋势线主要对价格产生压力作用。

（2）均线位。均线代表了一段时间内市场的平均成本与多空双方的均衡点，因此是多空双方争夺的焦点，因而会产生支撑和压力的作用。

（3）阶段性的高低点。由于投资者心理的变化，前期价格运动产生的阶段性的高点会对目前价格上攻产生压力作用，而前期价格运动所产生的阶段性低点会对目前价格下跌产生支撑作用。

（4）前期成交密集区。所谓成交密集区是指伴随着大成交量的价格区域，如果价格从下方上攻至此区域，可能会遭遇到大量的解套盘，从而对价格产生压力作用；相反，如果价格从上方回落至此区域，可能会遇到大量补仓盘，从而对价格产生支撑作用。

（5）黄金分割线位。

（6）整数关口。支撑位与压力位在很大程度上是投资者的心理压力线，因此，一些整数位往往成为支撑位和压力位，通常称之为整数关口，对于股指来说如 3 000 点、4 000 点等，而对于个股来说如 10 元、15 元等。

（7）缺口。缺口是指价格向某一方向急速运动时没有成交量的一段真空区域。不同形态的缺口对价格波动表现出不同的支撑和压力效能，其中突破缺口和持续性缺口表现得较为强烈，而普通缺口和消耗性缺口则显得偏弱一些。但不论何种缺口，在分析中都应视其为一个支撑或压力点位。

（五）支撑位与压力位重要性的判断

一般来说，一条支撑线或压力线对当前影响的重要性有三个方面的考虑：一是价格在这个区域停留时间的长短；二是价格在这个区域伴随的成交量大小；三是这个支撑区域或压力区域发生的时间距离现在的远近。很显然，价格停留的时间越长，伴随的成交量越大，离现在越近，则这个支撑或压力区域对当前的影响越大，反之越小。

（六）突破

突破是指价格对已有的支撑位和压力位的穿透，突破有着重要的技术分析意义，一般来讲，价格突破压力位将会看高一线，而价格突破支撑位则会看低一线，对投资者的投资行为有着重大影响，但价格运动过程中经常会出现一些假突破，因此，如何判断一次有效的突破就显得非常重要。一般来说，判断突破有效与否有三条原则：

（1）收盘价原则。原则上来讲，有效突破当天的收盘价应该在支撑（压力）位的下（上）方3%以上。当然，3%只是一个参考幅度，投资者应该结合具体情况具体判断。

（2）成交量原则。原则上来讲，向上突破应该有成交量的放大作为配合，而向下突破则不一定需要大成交量的配合。

（3）时间窗原则。原则上来讲，自突破当天之后的连续二至三个交易日内收盘价应该站在支撑（压力）位的下（上）方。

三、趋势线和轨道线

（一）趋势线的画法

趋势线是用来衡量价格波动方向的，由趋势线的方向可以明确地看出价格的趋势。在上升趋势中，将两个低点连成一条直线，就得到上升趋势；在下降趋势中，将两个高点连成一条直线，就得到下降趋势线。上升趋势线起支撑作用，下降趋势线起压力作用，也就是说，上升趋势线是支撑线的一种，下降趋势线是压力线的一种。当然一旦其被有效突破，其支撑或压力作用将互换。

（二）趋势线的确认

趋势线比较容易画出来，但是要得到一条真正起作用的趋势线，要经过多方面的验证才能最终确认，不符合条件的一般应删除。首先，必须确实有趋势存在，也就是说，在上升趋势中，必须确认出两个依次上升的低点，在下降趋势中，必须确认两个依次下降的高点，才能确认趋势的存在，连接两个点的直线才有可能成为趋势线。其次，画出直线后，还应得到三个点的验证才能确认这条趋势线是有效的。一般来说，所画出的直线被触及的次数越多，其作为趋势线的有效性越能得到确认，用它进行预测越准确有效，另外这条直线延续的时间越长，就越具有有效性。

（三）趋势线的作用

（1）对今后价格的变动起约束作用，使得价格总保持在这条趋势线的上方或下方。实际上就是起支撑和压力作用。

（2）趋势线被突破后，说明价格下一步的走势将反转，越重要、越有效的趋势线被突破，其转势的信号越强烈。被突破的趋势线原来所起的支撑和压力作用，将互换角色。

（四）轨道线的画法

轨道线又称通道线或管道线，是基于趋势线的一种方法。在得到了趋势线后，通过第一个峰和谷可以作出这条趋势线的平行线，这条平行线就是轨道线。

（五）轨道线的作用

两条平行线组成一个轨道，这就是常说的上升和下降轨道。轨道的作用是限制价格的变动范围，让它不能变得太离谱。一个轨道一旦得到确认，那么价格将在这个通道里变动。对上面或下面的直线的突破将意味着行情有一个大的变化。

与突破趋势线不同，对轨道线的突破并不是趋势反转的开始，而是趋势加速的开始，即原来的趋势线的斜率将会增加，趋势线的方向将会更加陡峭。

轨道线的另一个作用是提出趋势转向的警报。如果在一次波动中未触及到轨道线，在离得很远时就开始调头，这往往是趋势将要改变的信号。这说明，市场已经没有力量继续维持原有的上升或下降的趋势了。

轨道线和趋势线是互相合作的一对。很显然先有趋势线，后有轨道线，趋势线比轨道线重要很多。趋势线可以独立存在，而轨道线则不能。

四、黄金分割线和百分比线

黄金分割线和百分比线是两种重要的判断支撑位和压力位的方法，其中黄金分割线又分为单点黄金分割线和两点黄金分割线。

（一）单点黄金分割线的画法

首先，画黄金分割线要记住若干个特殊的数字：0.191、0.382、0.5、0.618、0.809、1.191、1.382、1.618、1.809、2、2.618、4.236、6.854……这些数字中，0.382、0.5、0.618最为重要，价格极容易在由这三个数产生的黄金分割线处产生支撑和压力。

其次，找到一个阶段性的高（低）点，这个点是上升（下降）行情结束、调头向下（上）的最高（低）点。

最后，计算出黄金分割线的位置。这里又分为上升和下降两种情况。对于上升的情况，投资者关心的是价格在上升过程中会遇到哪些压力，例如一只股票从10元起步开始上升，则下述位置可能会成为其未来的压力位：

$$10 \times 1.191 = 11.91$$
$$10 \times 1.382 = 13.82$$
$$10 \times 1.618 = 16.18$$
$$10 \times 1.809 = 18.09$$
$$10 \times 2 = 20$$
$$10 \times 2.618 = 26.18$$
$$10 \times 4.236 = 42.36$$
$$10 \times 6.854 = 68.54$$

在这些位置中，最有可能成为未来上升压力的是16.18、26.18和42.36等三个位置。

对于下降的情况，投资者关心的是价格在下降过程中会遇到哪些支撑，例如一只股票从10元起步开始下跌，则下述位置可能会成为其未来的支撑位：

$$10 \times 0.809 = 8.09$$
$$10 \times 0.618 = 6.18$$
$$10 \times 0.5 = 5$$
$$10 \times 0.382 = 3.82$$
$$10 \times 0.191 = 1.91$$

在这五个价位中，6.18、5和3.82最有可能产生实际的支撑作用。

（二）单点黄金分割线的适用条件

单点黄金分割线主要适用于主要趋势，一个主要趋势的起点或终点都可以成为单点黄金分割线的计算依据。

（三）百分比线的画法

首先，确定百分比数，常用的包括1/8、2/8、3/8、4/8、5/8、6/8、7/8、1/3、2/3等。

其次，找到一次上涨开始的最低点和开始向下回撤的最高点两者之间的差，按下面的公式计算：

$$百分比线位 = 百分数 \times (高点 - 低点) + 低点$$

最后，计算百分比线位。百分比线同时适用上升和下降两种情况，不用区别开来。

例如一只股票上一个波段行情的起点是10元，终点是20元，按上述公式计算出的百分比线位如下：

$$10 + (20 - 10) \times 1/8 = 11.25$$
$$10 + (20 - 10) \times 2/8 = 12.50$$
$$10 + (20 - 10) \times 3/8 = 13.75$$
$$10 + (20 - 10) \times 4/8 = 15.00$$
$$10 + (20 - 10) \times 5/8 = 16.25$$

$$10+（20-10）×6/8=17.50$$
$$10+（20-10）×7/8=18.75$$
$$10+（20-10）×1/3=13.33$$
$$10+（20-10）×2/3=16.67$$

在百分比线中，最有可能产生支撑与压力作用的是 1/3、1/2、2/3 这三个位置。

（四）百分比线的适用条件

百分比线主要适用于次要趋势，即主要趋势中的反向运动，其计算时需要的起点和终点就是一个波段行情的起点和终点，投资者在使用时应把百分比线法和单点黄金分割线法区别开来。

另外，如果将百分比线法中的百分比数换成黄金分割数字，即 0.191、0.382、0.5、0.618、0.809，其他均不变，百分比线法就变成了两点黄金分割线法了，所以说两点黄金分割线法只是百分比线法的一个特例而已。将这两种方法结合起来，百分比线法中最常用的三个数字是 61.8%、50% 和 38.2%。

第五节　形态分析

技术分析一个很重要的目的是发现多空双方力量的对比变化，根据市场优势一方的运动方向来决定自身的投资决策。根据多空双方力量对比可能发生的变化，可以知道证券价格的移动应该遵循这样的规律：第一，价格在多空双方取得均衡的位置上下来回波动。第二，原有的平衡被打破后，价格将寻找新的平衡位置。即持续整理→保持平衡→打破平衡→新的平衡→再打破平衡→再寻找新的平衡……

价格的移动主要是保持平衡的持续整理和打破平衡的突破这两种过程，据此可以把价格曲线的形态分成两个大的类型：持续整理形态、反转突破形态。前者是价格上升或下降趋势中的一个过程，形态结束后价格保持原有运动方向；后者是价格运动方向逆转形态，形态结束后价格原有运动方向发生逆转，即上升转为下降或下降转为上升。

一、反转突破形态

反转突破形态描述了趋势方向的反转，是投资分析中应该重点关注的变化形态。反转变化形态主要有头肩形态、双重顶（底）形态、三重顶（底）形态、圆弧顶（底）形态、喇叭形态以及 V 形反转形态等多种形态。

（一）头肩形态

头肩形态是实际股价形态中出现最多的一种形态，也是最著名和最可靠的反转突破形态。它一般可分为头肩顶、头肩底以及复合头肩形态三种类型。

1. 头肩顶形态

头肩顶形态是一个可靠的沽出时机，一般通过连续的三次起落构成该形态的三个部分，也就是要出现三个局部的高点。中间的高点比另外两个都高，称为头；左右两个相对较低的高点称为肩。这就是头肩顶形态名称的由来。

头肩顶形态的形成过程大体如下（如图 7-11 所示）：

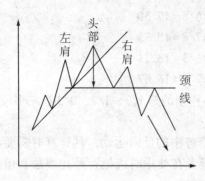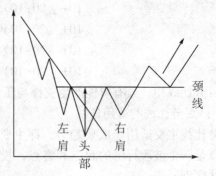

图 7-11 头肩顶（底）

（1）股价长期上升后，成交量大增，获利回吐压力亦增加，导致价格回落，成交量较大幅度下降，左肩形成。

（2）价格回升，突破左肩之顶点，成交量亦可能因充分换手而创纪录，但价位过高使投资者产生恐慌心理，竞相抛售，价格回跌到前一低点附近，头部完成。

（3）价格再次上升，但前段的巨额成交量将不再重现，涨势变得不再凶猛，价位到达头部顶点之前即告回落，形成右肩。这一次下跌时，价格急速穿过颈线（两低点的连线），回升时，价格也仅能达到颈线附近，然后成为下跌趋势，头肩顶形态宣告完成。

同大多数的突破一样，这里颈线被突破也有一个被认可的问题。当颈线被突破，反转确认以后，大势将下跌。下跌的深度，可以借助头肩顶形的测算功能进行确认。从突破点算起，价格将至少要跌到与形态高度相等的距离。上述高度是价格下落的最起码的深度，是最近的目标，价格实际下落的位置要根据别的因素确定。

2. 头肩底形态

头肩底是头肩顶的倒转形态，是一个可靠的买进时机。这一形态的构成和分析方法，除了在成交量方面与头肩顶有所区别外，其余与头肩顶类同，只是方向正好相反（如图 7-11 所示）。值得注意的是，头肩顶形态与头肩底形态在成交量配合方面的最大区别是：头肩顶形态完成后，向下突破颈线时，成交量不一定放大；而头肩底形态向上突破颈线后，若没有大的成交量出现，可靠性将大为降低，甚至可能出现假的头肩底形态。

3. 复合头肩形态

价格变化经过复杂而长期的波动所形成的形态可能不只标准的头肩型形态，会形成所谓的复合头肩形态。这种形态与头肩形态基本相似，只是左右肩部或者头部多出现一次。其形成过程也与头肩形态类似，分析意义也和普通的头肩形态一样，往往出现在长期趋势的底部或顶部。复合头肩形态一旦完成，即构成一个可靠性较大的买进或卖出时机。

（二）双重顶和双重底

双重顶和双重底就是市场上众所周知的 M 头和 W 底，也是一种极为重要的反转形态，它们在实际中出现得非常频繁。它们与头肩形态相比，就是没有头部，只由两个基本等高的峰或谷组成。下面以 M 头为例说明双重顶形成的过程（如图 7-12 所示）。

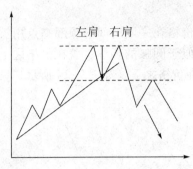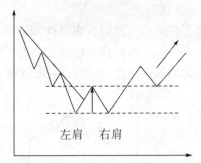

图 7-12 双重顶（底）

在上升趋势过程的末期，价格急速上升到第一个高点，建立了新高点之后受阻回跌，在峰顶处留下大成交量。受上升趋势线的支撑，回挡停止，成交量随价格下跌而萎缩。往后就是继续上升，价格又回至前一峰顶附近（与前期高点几乎等高），成交量再次增加，却不能达到前面的成交水准，上升遇到阻力，接着价格掉头向下，这样就形成两个顶的形状。

M 头形成以后，有两种可能的前途：第一种是未突破颈线的支撑位置，价格在颈线和高点位形成的狭窄范围内上下波动，演变成下文将要介绍的矩形。第二种是突破颈线的支撑继续向下，这种情况是双重顶反转突破形态的真正出现。双重顶反转突破形态一旦得到确认，同样具有测算功能，即从突破点算起，价格将至少要跌到与形态高度相等的距离。

对于双重底，有完全相似或者说完全相同的结果。只要将对双重顶的结论反过来就可以了。

（三）三重顶（底）形态

三重顶（底）形态是双重顶（底）的扩展形式，也是头肩顶（底）的变形，由三个一样高或一样低的顶和底组成。与头肩形的区别是头的价位回缩到与肩差不多相等的位置，有时甚至低于或高于肩部一点（如图 7-13 所示）。

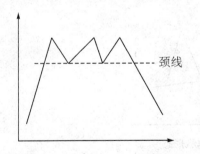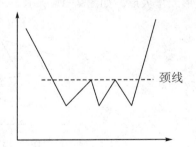

图 7-13 三重顶（底）

出现三重顶（底）的原因是由于没有耐心的投资者在形态未完全确定时，便急于跟进或跳出；走势不尽如人意时又急于杀出或抢进；等到大势已定，价格正式反转上升或下跌，仍照原预期方向进行时，投资者却犹豫不决，缺乏信心，结果使价格走势比较复杂。

应用和识别三重顶（底）的方法主要是用识别头肩形态的方法。头肩形态适用的方法三重顶（底）都适用，这是因为三重顶（底）从本质上说就是头肩形态。

（四）圆弧形态

圆弧形态又称为碟形、圆形或碗形等，将价格在一段时间的顶部高点用折线连起来，每一个局部的高点都考虑到，得到一条类似于圆弧的弧线，盖在价格之上；或者将每个局部的低点连在一起得到一条弧线，托在价格之下（如图7-14所示）。

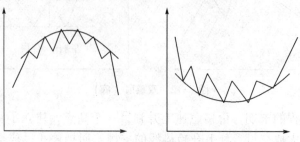

图7-14 圆弧顶（底）

圆弧形态在很大程度上是一些机构大户炒作的产物，它在实际中出现得较少，但是一旦出现则是绝好的机会，它的反转深度和高度是不可测的，这一点同前面几种形态有一定区别。

圆弧形态具有以下特征：形态完成，价格反转后，行情多属爆发性，涨跌急速，持续时间也不长，一般是一口气走完，中间极少出现回挡或反弹。因此，形态确定后应立即顺势而为，以免踏空、套牢；在圆弧顶或圆弧底形态的形成过程中，成交量的变化都是两头多，中间少。越靠近顶或底成交量越少，到达顶或底时成交量达到最少。在突破后的一段时期内，都有相当大的成交量；圆弧形态形成所花的时间越长，之后反转的力度就越强，越值得人们去相信这个圆弧形。

（五）喇叭形

喇叭形也是一种重要的反转形态。它大多出现在顶部，是一种较可靠的看跌形态。更为重要的是，喇叭形态在完成后，几乎总是下跌，不存在突破是否成立的问题。这种形态在实际中出现的次数不多，但是一旦出现，则极为有用。喇叭形的正确名称应该是扩大形或增大形，如图7-15所示。

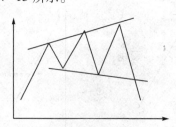

图7-15 喇叭形态

喇叭形态的形成往往是由于投资者的冲动情绪造成的，通常在长期性上升的最后阶段出现。这是一个缺乏理性的市场，投资者受到市场炽热的投机气氛或市场传闻的感染，很容易追涨杀跌。这种冲动而杂乱无章的行市，使得价格不正常地大起大落，形成巨幅震荡的行情，继而在震荡中完成形态的反转。

喇叭形态具有如下特征：喇叭形一般是一个下跌形态，暗示升势将到尽头，只有在少数情况下价格在高成交量配合下向上突破时，才会改变其分析意义；在成交量方面，整个喇叭形态形成期间都会保持不规则的大成交量，否则难以构成该形态；喇叭形走势的跌幅是不可度量的，一般来说，跌幅都会很大；喇叭形源于投资者的非理性，因而在投资意愿不强、气氛低沉的市场中，不可能形成该形态。

（六）V 形反转

V 形反转是一种很难预测的反转形态，它往往出现在市场剧烈的波动之中。无论 V 形顶还是 V 形底的出现，都没有一个明显的形成过程，这一点同其他反转形态有较大的区别，因此往往让投资者感到突如其来甚至难以置信，如图 7-16 所示。

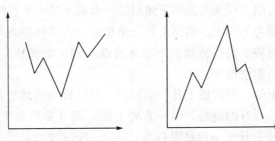

图 7-16　V 形和倒 V 形

一般的反转形态都有一个较为明确的步骤：首先是原来的走势趋缓，市场多空双方的力量渐趋均衡；接着价格也由先前的走势转为横向徘徊；最后，多空力量的对比发生改变，走势发生逆转，价格反向而行。但 V 形走势却迥然不同，它没有中间那一段过渡性的横盘过程，其关键转向过程仅 2~3 个交易日，有时甚至在 1 个交易日内完成反转过程。V 形是一种失控的形态，在应用时要特别小心。

二、持续整理形态

与反转突破形态不同，持续整理形态描述的是，在价格向一个方向经过一段时间的快速运行后，不再继续原趋势，而在一定区域内上下窄幅波动，等待时机成熟后再继续前进。这种运行所留下的轨迹称为整理形态。三角形、矩形、旗形和楔形是著名的整理形态。

（一）三角形

三角形整理形态主要分为对称三角形、上升三角形和下降三角形。

1. 对称三角形

对称三角形的情况大多是发生在一个大趋势进行的途中，它表示原有的趋势暂时处于休整阶段，之后还要随着原趋势的方向继续行动，如图 7-17 所示。

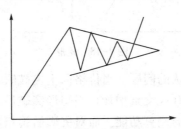

图 7-17　对称三角形

从图中可以看出，对称三角形有两条聚拢的直线：上面的向下倾斜，有压力作用；下面的向上倾斜，起支撑作用。一般来说，突破上下两条直线的包围，继续原有既定方向的时间要尽量早，越靠近三角形的顶点，三角形的各种功能就越不明显。根据经验，突破的位置一般应在三角形横向宽带的 1/2 ~ 3/4 的某个位置。如果价格不在预定的位置突破三角形，那么这个对称三角形形态可能会转化成别的形态。

另外，虽然对称三角形一般是整理形态，但有时也可能在顶部或底部出现而导致大势反转，这是三角形形态在实际应用时要注意的问题。

2. 上升三角形

上升三角形是对称三角形的变形。两类三角形的下方支撑线同是向上发展，不同的是上升三角形的上方阻力线并非是向下倾斜的，而是一条水平直线。

如果价格原有的趋势是向上，遇到上升三角形后，几乎可以肯定今后是向上突破。一方面要保持原有的趋势，另一方面其形态本身就有向上的愿望。这两方面的因素使价格逆大方向而动的可能性很小。

如果原有趋势是下降，则出现上升三角形后，前后价格的趋势判断起来有些难度。一方要继续下降，保持原有的趋势，另一方要上涨，两方必然发生争执。如果在下降趋势处于末期时，出现上升三角形还是以看涨为主，这样，上升三角形就成了反转形态的底部。

3. 下降三角形

下降三角形同上升三角形正好相反，是看跌的形态。它的基本内容同上升三角形相似，只是方向相反。

（二）矩形

矩形又叫箱形，也是一种典型的整理形态，证券价格在两条横着的水平直线之间上下波动，做横向延伸的运动。

矩形在形成之初，多空双方全力投入，各不相让。空方在价格涨到某个位置就抛压，多方在股价下跌到某个价位就买入，时间一长就形成两条明显的上下界线。随着时间的推移，双方的战斗热情会逐步减弱，成交量减少，市场趋于平淡。如果原来的趋势是上升，那么经过一段矩形整理后，会继续原来的趋势，多方会占优势并采取主动，使价格向上突破矩形的上界；如果原来是下降趋势，则空方会采取行动，突破矩形的下界，如图 7-18 所示。

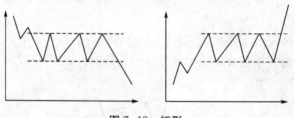

图 7-18　矩形

矩形的突破也有一个确认的问题。当价格向上突破时，必须有大成交量的配合方可确认，而向下突破则不必有成交量增加；当矩形突破后，其涨跌幅度通常等于矩形本身的宽度，这是矩形形态的测算功能。面对突破后价格的反扑，矩形的上下界线同样具有阻止反扑的作用。

（三）旗形和楔形

旗形和楔形是两个著名的持续整理形态。在证券价格的曲线图上，这两种形态出现的频率很高，一段上升或下跌行情的中途，可能出现好几次这样的图形。它们都是一个趋势的中途休整过程，休整之后，还要保持原来的趋势方向。这两个形态的特殊之处在于，它们都有明确的形态方向，如向上或向下，并且形态方向与原有的趋势方向相反。

1. 旗形

从几何学的观点看，旗形应该叫平行四边形，它的形态是一上倾或下倾的平行四边形。

旗形大多发生在市场极度活跃、价格运动近乎直线上升或下降的情况。在市场急速而又大幅的波动中，价格经过一连串紧密的短期波动后，形成一个稍微与原来趋势呈相反方向倾斜的长方形，这就是旗形走势。旗形走势的形状就如同一面挂在旗杆顶上的旗帜，故此得名。它又可分为上升旗形和下降旗形（如图 7-19 所示）。

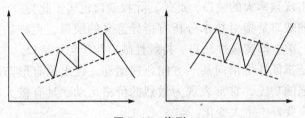

图 7-19　旗形

旗形的上下两条平行线起着压力和支撑作用，这一点有些像轨道线。这两条平行线的某一条被突破是旗形完成的标志。

旗形也有测算功能。旗形的形态高度是平行四边形左右两条边的长度。旗形被突破后，价格将至少要走到形态高度的距离，大多数情况是走到旗杆高度的距离。

2. 楔形

如果将旗形中上倾或下倾的平行四边形变成上倾或下倾的三角形，就会得到楔形，楔形可分为上升楔形和下降楔形两种，如图 7-20 所示。

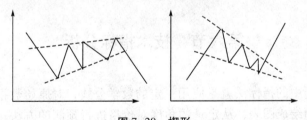

图 7-20　楔形

从图中可看出，楔形中的三角形的上下两条边都是朝着同一个方向倾斜，这与前面介绍的三角形态不同。

同旗形和三角形一样，楔形有保持原有趋势方向的功能，价格运动趋势的途中会遇到这种形态。与旗形和三角形不同的是，楔形偶尔也可能出现在顶部或底部而作为反转形态。这种情况一般是发生在一个趋势经过了很长时间接近尾声的时候。投资者可以借助很多别的技术分析方法，从时间上判断趋势是否可能接近尾声。尽管如此，当看到一个楔形后，首先还是把它当成中途的持续状态。

在形成楔形的过程中，成交量是逐渐减少的。楔形形成之前和突破之后，成交量都很大。

（四）缺口形态

1. 缺口与缺口回补

缺口是指两个交易日的交易价格区域之间存在的空隙。狭义的缺口是指两个交易日之间存在的一段没有交易的价格区域，即两根 K 线的上下影线之间的空隙。广义的缺口是指两根 K 线实体之间的空隙。通常缺口指的是狭义的缺口。

缺口回补是指缺口形成之后，价格重新经过该缺口所留下的价格区域。回补有可能使得缺口被完全关闭，也可能部分关闭。

2. 缺口的种类

从是否有意义方面进行划分，缺口可以分为两类，即有分析意义的缺口和无分析意义的缺口。无分析意义的缺口是指对技术分析指导作用不大的缺口，这样的缺口包括跳空幅度小、出现频率大的缺口，此外，除权缺口也属于此类。

有分析意义的缺口是指对技术分析有指导意义的缺口，也称功能性缺口。功能性缺口还可以分为三类，即突破性缺口、持续性缺口和消耗性缺口。

突破性缺口是指证券价格向某一方向急速运动，跳出原有形态所形成的缺口。突破缺口蕴含着较强的功能，常常表现为激烈的价格运动，具有极大的分析意义，一般预示着行情走势将要发生重大变化。

持续性缺口是指在证券价格向某一方向有效突破之后，由于急速运动而在途中出现的缺口，它是一个趋势的持续信号。在缺口产生的时候，交易量可能不会增加，但如果增加的话，则通常表明一个强烈的趋势。

消耗性缺口一般发生在行情趋势的末端，表明价格变动的结束。若一轮行情走势中已出现突破性缺口和持续性缺口，那么随后出现的缺口很可能就是消耗性缺口。判断消耗性缺口最简单的方法就是考察缺口是否会在短期内封闭，若缺口封闭，则消耗性缺口形态可以确认。消耗性缺口容易与持续性缺口混淆，它们的最大区别是：消耗性缺口出现在行情趋势的末端，而且伴随着大的成交量。

第六节 技术指标分析

证券技术分析中的指标法就是应用一定的数学公式，对原始数据进行处理，得出指标值，将指标值绘成图表，从定量的角度对价格进行预测的方法。这里的原始数据是指各种成交价、成交量和成交金额等。

技术指标法是一种定量分析方法，它克服了定性分析方法的不足，极大地提高了具体操作的精确度。但是由于技术指标繁多，而且每项指标都有自己的适用范围和应用条件，所以单独应用一种指标容易出现错误。因此在实际应用中，可以使用多个具有互补性的指标，这样就可极大地提高预测精确度。

由于技术指标众多，不同的证券技术分析软件一般都有自己独特的指标，所以在此仅选择一些目前在我国证券市场上较为普遍和常用的指标进行介绍。

一、移动平均线（MA）

移动平均线（Moving Average，MA）简称均线，是以道·琼斯的平均成本概念为理论基础，采用统计学中移动平均的原理，将一段时期内的证券价格或指数予以移动平均，计算出平均值并连成曲线，用来显示证券价格或指数的历史波动情况，进而反映未来发展趋势的技术分析方法。它是道氏理论的形象化表述。一般来说，现行价格在平均价格之上，意味着市场购买力（需求）较大，行情看好；反之，现行价格在平均价之下，则意味着供过于求，卖压显然较重，行情看淡。

移动平均线依算法分为算术移动平均线、线型加权移动平均线、阶梯形移动平均线、平滑移动平均线等多种，最为常用的是下面介绍的算术移动平均线。

（一）计算方法

$$MA = (C_1+C_2+C_3+\cdots+C_n) \div n$$

其中，C 为每日收盘价；n 为计算周期，n 一般定为 5，10，30，60，即最常用的一般是五日、十日、三十日和六十日的移动平均线。

移动平均线依计算周期的不同分为短期移动平均线、中期移动平均线和长期移动平均线。

1. 短期移动平均线

30 天以下的移动平均线即为短期移动平均线。一般有 5 天移动平均线，代表一周的平均价；10 天和 30 天移动平均线，代表两周和一个月的平均价。

2. 中期移动平均线

60 天到 120 天移动平均线即为中期移动平均线。60 天移动平均线代表一季的平均价；120 天移动平均线，代表半年的平均价，又称为半年线。60 天到 120 天移动平均线可用来观察中期走势。

3. 长期移动平均线

120 天以上的移动平均线即为长期移动平均线。250 天移动平均线，代表一年的平均价，又称为年线。年线作为长期投资的依据，又是牛、熊市分水岭。若行情在年线下，属空头市场；反之，属多头市场。

（二）移动平均线的实质

1. 均线代表了一段时间内股票价格的运动趋势

平均的基本作用在于消除偶然性因素留下必然性因素，在移动均线通过移动平均的方法将价格变动中的偶然性因素去掉后，剩下的自然是价格运动的必然性因素即其运动趋势。从这个角度来讲，均线的运动方向即为股价的运动趋势。

2. 均线代表了一段计算期内市场投资者的平均成本

以 10 日均线为例，其第 10 日内移动平均值是这 10 个交易日收盘价的平均价，我们可以假定一个交易日内所有投资者都按照收盘价来买入和卖出股票，这样第 10 日的移动平均值即为 10 天内投资者的平均成本。

理解这一点对于投资者的实际操作来讲非常重要，在 K 线和均线的组合关系中，可以看到 K 线远离均线时就会朝着均线运动。比如，某只股票当天的收盘价为 10 元，30 日均线值为 8 元，根据这一假设，30 日内买入该股票投资者的平均成本为 8 元，而在这 30 天内买入的投资者按当天收盘价卖出，其收益率将达到 25%（其计算过程为：（10-8）÷8＝25%），如果 30 日内可以达到这么高的收益率，大部分投资者将会选择卖出，因此在此之后价格很有可能朝着均线价位向下运行。

3. 均线代表了计算期内多空双方力量的均衡点

这一点很好理解，道氏理论认为收盘价即一个交易日内多空双方的均衡点，均线值是收盘价的平均值，自然也就代表了多空双方在计算期内的均衡点。

这可以帮助理解为什么通常价格在均线位上方将会上涨，价格在均线位下方将会下跌。因为多方希望拉动价格上升，而空方希望拉动价格下跌，当价格站在均线位的上方时就说明了计算期内多方将价格拉到均衡点上方，多方占优，价格上涨；反之，当价格站在均线下方时说明空方占优，价格自然下跌。

（三）移动平均线的功能

1. 追踪趋势功能

这一点前面已经分析过，这里不再重述，值得注意的是，不同计算周期均线追踪趋势的功能不尽相同，太短了不能消除全部的偶然性，太长了又会显得过于滞后，通常认为 30 日到 120 日之内的均线比较适宜追踪趋势。

2. 助涨与助跌功能

价格在均线上方向上运动，当价格远离均线时短期获利盘会使得价格朝着均线运动，但当价格跌至均线位时追涨投资者便会买入（因为在价格上升过程中按市场平均成本买入股票是最节省资金的），因而价格会止跌回升，即均线产生了助涨功能。相反，当价格在均线下方向下运动，价格远离均线时补仓盘会使得价格向着均线运动，当价格升至均线位时解套投资者便会卖出（因为在价格下跌过程中按市场平均成本卖出是损失最小的），即均线产生了助跌功能。

3. 支撑线和压力线功能

均线的助涨和助跌功能决定了均线扮演了支撑线和压力线的角色，技术分析者将均线位作为一种重要的支撑与压力来看待。

（四）运用原则

1. 一条均线的运用

用一条均线寻找交易信号的原则：当收盘价高于移动均线时，就产生买入信号；当收盘价低于移动均线时，就出现卖出信号。

2. 均线的组合运用

采用一条均线会出现频繁穿越现象，为了提高移动均线运用的效果，通常可以选择两条或多条均线组合使用。如果选择多条均线，稍长时间的用来看趋势，稍短时间的用来选择买卖点。同时多条均线组合使用，也可以降低分析出错的概率。下面以短、中、长三条均线的组合运用来说明：

（1）黄金交叉和多头排列。所谓黄金交叉是指短期均线上穿中、长期均线，上穿的位置即为黄金交叉点，这一点即是重要的买入信号。在此之后，如果短、中、长三条均线依次从上到下排列，我们就称之为多头排列。这种组合的操作策略是在黄金交叉点买入，一直持有直到价格向下突破长期均线为止。（如图 7-21 所示）

（2）死亡交叉和空头排列。所谓死亡交叉是指短期均线下穿中、长期均线，下穿的位置即为死亡交叉点，这一点即是重要的卖出信号。在此之后，如果长、中、短三条均线依次从上到下排列，我们就称之为空头排列。这种组合的操作策略是在死亡交叉点卖出，一直至价格从下方上穿长期均线为止方可回补。（如图 7-22 所示）

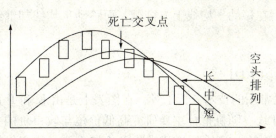

图 7-21　死亡交叉和空头排列

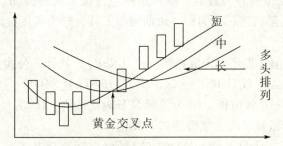

图 7-22　黄金交叉和多头排列

3. 葛南维移动平均线八大法则（如图 7-23 所示）

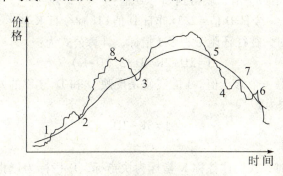

图 7-23　葛南维移动平均线法则

（1）移动平均线从下降逐渐走平且略向上方抬头，而股价从移动平均线下方向上方突破，为买进信号；

（2）股价位于移动平均线之上运行，回挡时未跌破移动平均线后又再度上升时为买进时机；

（3）股价位于移动平均线之上运行，回挡时跌破移动平均线，但短期移动平均线继续呈上升趋势，此时为买进时机；

（4）股价位于移动平均线以下运行，突然暴跌，距离移动平均线太远，极有可能向移动平均线靠近（物极必反，下跌反弹），此时为买进时机；

（5）股价位于移动平均线之上运行，连续数日大涨，离移动平均线愈来愈远，说明近期内购买股票者获利丰厚，随时都会产生获利回吐的卖压，应暂时卖出持股；

（6）移动平均线从上升逐渐走平，而股价从移动平均线上方向下跌破移动平均线时说明卖压渐重，应卖出所持股票；

（7）股价位于移动平均线下方运行，反弹时未突破移动平均线，且移动平均线跌势减缓，趋于水平后又出现下跌趋势，此时为卖出时机；

（8）股价反弹后在移动平均线上方徘徊，而移动平均线却继续下跌，宜卖出所持股票。

二、随机指标（KDJ 线）

KDJ 随机指标是常用的技术分析工具，在图表上是由 K 和 D 两条线所组成，因此随机指标简称为 KDJ 线。随机指标主要研究高低价位与收市价的关系，反映出价格走势的强弱和买卖力量对比。道氏理论认为收盘价最重要，收市价偏于高位说明趋势较强，而收市价偏于低位则趋势较弱。随机指标还考虑了价格波动的随机振幅，弥补了移动平均线的不足。随机指标作为中、短期测市工具，颇为实用有效。

（一）计算方法

1. 产生 KDJ 以前，先产生未成熟随机值（RSV）。其计算公式为：

$$N \text{ 日 } RSV = [(Ct-Ln)/(Hn-Ln)] \times 100$$

其中 Ct 为最后一日收市价，Ln 为最近 N 日内最低价，Hn 为最近 N 日内最高价。

2. 对 RSV 进行指数平滑，就得到如下 K 值：

$$\text{今日 K 值} = 2/3 \times \text{昨日 K 值} + 1/3 \times \text{今日 RSV}$$

其中 1/3 是平滑因子，是可以人为选择的，不过目前已经约定俗成，固定为 1/3。

3. 对 K 值进行指数平滑，就得到如下 D 值：

$$\text{今日 D 值} = 2/3 \times \text{昨日 D 值} + 1/3 \times \text{今日 K 值}$$

4. 在介绍 KD 时，往往还附带一个 J 指标，计算公式为：

$$J = 3D - 2K = D + 2(D - K)$$

可见 J 是 D 加上一个修正值。J 的实质是反映 D 和 D 与 K 的差值。此外，有的书中 J 指标的计算公式为：

$$J = 3K - 2D$$

（二）运用原则

使用 KDJ 指标时，我们往往称 K 指标为快指标，D 指标为慢指标。K 指标反应敏捷，但容易出错；D 指标反应稍慢，但稳重可靠。随机指标分析是用 K、D 二条曲线构成的图形关系来分析研判价格走势，主要反映超买超卖现象、走势背驰现象和 K 与 D 相互交叉现象。具体应用法则如下：

（1）超买超卖的判断：K 值在 80 以上，D 值在 70 以上为超买；K 值在 20 以下，D 值在 30 以下为超卖。

（2）背驰判断：当股价走势一峰比一峰高时，随机指标的曲线一峰比一峰低，叫顶背驰；股价走势一底比一底低时，随机指数曲线一底比一底高，称为底背驰。背驰一般为转势的信号，表明中期或短期走势已见顶或见底。

（3）K 线与 D 线交叉判断：当 K 值大于 D 值时，表明当前是一种向上升的趋势，因此 K 线从下向上突破 D 线时，金叉是买进的信号；反之，当 D 值大于 K 值，表明当前的趋势向下跌落，因而 K 线从上向下跌破 D 线时，死叉是卖出信号。K 线与 D 线的金叉与死叉，在 80 以上或 20 以下较为准确，但是，当这种金叉死发生在 50 左右，走势陷入盘局，买卖信号应视为无效。

（4）J 指标取值超过 100 或低于 0，都属于价格的非正常区域，大于 100 为超买，小于 0 为超卖。并且，J 值的信号不会经常出现，一旦出现，则可靠度相当高。

（5）极强或者极弱的行情，会造成指标在超买或超卖区内上下徘徊，此时 KDJ 钝化。

三、相对强弱指标（RSI）

相对强弱指标（Relative Strength Index，RSI）是指通过计算买方总力量占市场中买卖方总力量的比例及其变化趋势，来衡量市场当前涨落趋势的强弱，预测未来价格走向。

（一）计算方法

$$RSI = [上升总和÷(上升总和+下跌总和)] ×100$$

用每一天的收盘价减去上一天的收盘价（比上一天高是正值，比上一天低是负值）。上升总和是指在 N 日内上升值的总和（也即正值和），下跌总和则是在 N 日内下跌值的总和（也即负值和，注意取正值）。天数一般有 5 日、9 日、14 日等。

RSI 实际上是表示向上波动的幅度占总的波动的百分比，如果占的比例大就是强市，否则就是弱市。

（二）运用原则

（1）强弱指标的值均在 0 与 100 之间。

（2）RSI 取值超过 50，表明市场进入强势；RSI 低于 50，表明市场处于弱市。

（3）从 RSI 与股价的背离方面判断行情。RSI 处于高位，并形成一峰比一峰低的两个峰，而此时，股价却对应的是一峰比一峰高，这叫顶背离。股价这一涨是最后的衰竭动作，这是比较强烈的卖出信号。RSI 在低位形成两个依次上升的谷底，而股价还在下降，这是最后一跌或者说是接近最后一跌，是可以开始建仓的信号。

（4）短期的 RSI 在 20 以下的水平，由下往上交叉长期的 RSI 时，为买进信号。

（5）短期的 RSI 在 80 以上的水平，由上往下交叉长期的 RSI 时，为卖出信号。

（6）连接 RSI 连续的两个底部，画出一条由左向右上方倾斜的切线，当 RSI 向下跌破这条切线时，是一个很好的卖出信号。

（7）连接 RSI 连续的两个峰顶，画出一条由左向右下方倾斜的切线，当 RSI 向上突破这条切线时，是一个很好的买进信号。

四、平滑异同移动平均线（MACD）

平滑异同移动平均线（Moving Average Convergence/Divergence，MACD）是利用两条长、短期的平滑平均线，计算其二者之差离值，作为研判行情买卖之依据。

（一）计算方法

MACD 由正负差（DIF）和异同平均数（DEA）两部分组成。当然，正负差是核心，DEA 是辅助。先介绍 DIF 的计算方法。

DIF 是快速平滑移动平均线与慢速平滑移动平均线的差，DIF 的正负差的名称由此而来。快速和慢速的区别是进行指数平滑时采用的参数大小不同，快速是短期的，慢速是长期的，现在以常用的参数 12 和 26 为例，对 DIF 的计算过程进行介绍。

（1）快速平滑移动线（EMA）是 12 日的，其计算公式为：

今日 EMA（12）= 2/（12+1）×今日收盘价+11/（12+1）×昨日 EMA（12）

（2）慢速平滑移动平均线（EMA）是 26 日的，其计算公式为：

今日 EMA(26)= 2/(26+1)×今日收盘价+25/(26+1)×昨日 EMA(26)

以上两个公式是指数平滑的公式，平滑因子分别为 2/13 和 2/27。如果选别的系数，则可照此法计算。

$$DIF = EMA(12) - EMA(26)$$

有了 DIF 之后，MACD 的核心就有了，单独的 DIF 也能进行行情预测，但为了使信号更可靠，我们引入了另一个指标 DEA。

DEA 是 DIF 的移动平均，也就是连续数日的 DIF 的算术平均。这样，DEA 自己又有了个参数，那就是作算术平均的 DIF 的个数，即天数。

对 DIF 作移动平均就像对收盘价作移动平均一样，是为了消除偶然因素的影响，使结论更可靠。此外，在分析软件上还有一个指标叫柱状线（BAR）：

$$BAR = 2×(DIF-DEA)$$

（二）运用原则

该指标主要是利用长短期两条平滑平均线，计算两者之间的差离值。该指标既可以去掉移动平均线经常出现的假信号，又保留了移动平均线的优点。但由于该指标对价格变动的灵敏度不高，属于中长线指标，所以在盘整行情中不适用。

（1）DIF 与 DEA 均为正值时，大势属多头市场。

（2）DIF 与 DEA 均为负值时，大势属空头市场。

（3）DIF 向上突破 DEA 时，可买进。

（4）DIF 向下突破 DEA 时，应卖出。

五、布林线（BOLL）

布林线（BOLL）是指利用统计学原理，求出股价的标准差及其信赖区间，其上下限的范围不被固定，随股价的变动而变动。

（一）计算方法

计算公式：

$$中线值 MA = \frac{1}{n} \sum_{i=1}^{n} Ci$$

其中：C_i 为每日收盘价；n 为天数，一般取 5 天到 10 天。

$$样本方差 = \sqrt{\frac{\sum_{i=1}^{n} (C_i - MA)^2}{n}}$$

上限值（Up）= MA+样本方差×上倍数

下限值（Down）= MA-样本方差×下倍数

上、下倍数一般定为 2 或 3。

（二）运用原则

（1）股价向上穿越上限时，将形成短期回挡，为短线的卖出时机。

（2）股价向下穿越下限时，将形成短期反弹，为短线的买进时机。

（3）当布林线的带状区呈水平方向移动时，可以视为处于常态范围，此时采用 1、2 两个使用方法，可靠度相当高。如果带状区朝右上方或右下方移动时，则属于脱离常态，有特别的意义存在。

（4）波带变窄时，激烈的价格波动有可能随时产生。

六、指数平均数（EXPMA）

指数平均数（Exponential Moving average，EXPMA）指标克服了 MACD 指标信号滞后、平行线差指标（DMA）指标信号提前的弱点，在计算均数时加重了当天行情的权重，可以迅速反映出股价的跌涨。

（一）计算方法

首先计算第一条 EXPMA：

$$EXPMA1 = (C-Xp) \times 0.15 + Xp$$

再计算第二条 EXPMA：

$$EXPMA2 = (C-Xp) \times 0.04 + Xp$$

其中 C 为当天的收盘价，Xp 为前一天的 EXPMA。

第一次计算时，因为还没有 EXPMA 值，所以 Xp 用前一天的收盘价代替。0.15 及 0.04 的来源是由 2/（N+1）得来，而一般 N 的参数值设定为 12 或 50。

（二）运用原则

该指标以交叉为主要信号。该指标可以随股价的快速移动，立即调整方向，有效地解决信号落后的问题，但该指标在盘整行情中不适用。

（1）当短期指数平均数由下往上穿过长期平均数时为买进信号。

（2）当短期指数平均数由上往下穿过长期平均数时为卖出信号。

（3）股价由下往上碰触 EXPMA 时，很容易遭遇大压力回挡。

（4）股价由上往下碰触 EXPMA 时，很容易遭遇大支撑反弹。

165

七、能量潮（OBV）

能量潮（On Balance Volume，OBV）是将成交量值予以数量化，制成趋势线，配合股价趋势线，从价格的变动及成交量的增减推测市场价格变动，若成交量不相应升降，则市场价格的变动难以继续。

（一）计算方法

OBV 的计算公式很简单，我们假设已经知道了上一个交易日的 OBV，然后根据今天的成交量以及今天的收盘价与上一个交易日的收盘价的比较计算出今天的 OBV。用数学公式表示如下：

$$今日 OBV = 昨日 OBV + Sgn \times 今天的成交量$$

其中 Sgn 是符号的意思，Sgn 可能是+1，也可能是-1，由下式决定：

今收盘价≥昨收盘价，$Sgn = +1$

今收盘价<昨收盘价，$Sgn = -1$

成交量指的是成交股票的手数，不是成交金额。

（二）运用原则

该指标通过统计成交量变动的趋势来推测股价趋势。OBV 以"N"字形波动，一浪高于一浪的"N"形波，称其为上升潮（UP TIDE），至于上升潮中的下跌回落则称为跌潮（DOWN TIDE）。

（1）OBV 线下降，股价上升，表示买盘无力，为卖出信号。

（2）OBV 线上升，股价下降，表示买盘逢低介入，为买进信号。

（3）当 OBV 横向走平超过三个月时，需注意随时有大行情出现。大部分没有耐心的投资者已经纷纷离场，此时正是暴风雨前的宁静，大行情随时都有可能发生。

八、成交量变异率（VR）

成交量变异率（Volitility Volume Ratio，VR）指标主要的作用在于以成交量的角度测量股价的热度，表现股市的买卖气势，以利于投资者掌握股价可能的趋势走向。该指标基于"反市场操作"的原理。

（一）计算方法

24 天以来凡是股价上涨那一天的成交量都称为 AV，将 24 天内的 AV 总和相加后称为 AVS。

24 天以来凡是股价下跌那一天的成交量都称为 BV，将 24 天内的 BV 总和相加后称为 BVS。

24 天以来凡是股价不涨不跌，则那一天的成交量都称为 CV，将 24 天内的 CV 总和相加后称为 CVS。

24 天开始计算：

$$VR = (AVS+1/2CVS)/(BVS+1/2CVS)$$

计算参数 24 天可以修改，但是周期不宜小于 12，否则，采样天数不足容易造成偏差。

（二）运用原则

（1）VR 之分布：①低价区域，40~80 为可买进区域；②安全区域，80~160 为正常分布区域；③获利区域，160~450 应考虑获利了结；④警戒区域，450 以上表明股价已过高。

（2）在低价区域中，VR 值止跌回升，可买进。

（3）在 VR>160 时，股价上扬，VR>160 时有失真可能，特别是在 350~400 高档区，有时会发生将股票卖出后，股价仍续涨的现象，此时可以配合心理线（Psychological line，PSY）指标来化解疑难。VR 低于 40 的形态，运用在个股走势上，常发生股价无法有效反弹的效应，随后 VR 只维持在 40~60 之间徘徊。因而此种信号较适宜应用在指数方面，并且配合涨跌比率指标（Advanle Decline Ratio，ADR）、超买超卖指标（Over Baught Over Sold，OBOS）等指标使用，效果非常好。

九、简易波动指标（EMV）

简易波动指标（Ease of Movement Value，EMV）是依据等量图及压缩图原理设计的。尝试将价格与成交量的变化，结合成一个指标。股价在下跌的过程当中，由于买气不断的萎靡退缩，致使成交量逐渐地减少，EMV 数值也因而尾随下降，直到股价下跌至某一个合理支撑区，捡便宜货的买单促使面交量再度活跃，EMV 数值于是作相对反应向上攀升，当 EMV 数值由负值向上趋近于零时，表示部分信心坚定的资金成功地扭转了股价的跌势，行情不但反转上扬，并且形成另一次的买进信号。

行情的买进信号发生在 EMV 数值，由负值转为正值的一刹那，然而股价随后的上涨，成交量并不会很大，一般仅呈缓慢的递增，这种适量稳定的成交量，促使 EMA 数值向上攀升，由于头部通常是成交量最集中的区域，因此，市场人气聚集越来越多，直到出现大交易量时，EMV 数值提前反应而下降，并且逐渐趋近于零，一旦 EMV 由正值变成负值时，行情已可确定正式反转，形成新的卖出信号。

（一）计算方法

（1）$A=（TH+TL）/2$

（2）$B=（TH-TL）/2$

（3）$MID=A-B$

其中，TH 为 14 日最高价，TL 为 14 日最低价。

（4）$BRO=VOL/（H-L）$

（5）$REM=\sum_{i=1}^{14}（MID/BRO）$

（6）$EMV=REM/14$（画实线）

（7）$EMVA=SUM（EMV1\cdots EMV9）/9$（画虚线）

（二）运用原则

（1）EMV 在 0 以下表示弱势，在 0 以上表示强势。

（2）EMV 由负转正应买进。

（3）EMV 由正转负应卖出。

一方面，如果较少的成交量便能推动股价上涨，则 EMV 数值会升高；相反，股价下跌时也仅伴随较少的成交量，则 EMV 数值将降低。另一方面，倘若价格不涨不跌，或者价格的上涨和下跌，都伴随着较大的成交量时，则 EMV 的数值会趋近于零。

EMV 指标曲线大部分集中在 0 轴下方，这个特征是 EMV 指标的主要特色，由于股价下跌一般成交量较少，EMV 自然位于 0 轴下方，当成交量放大时，EMV 又趋近于零，这可以说明 EMV 的理论精髓中，无法接受股价在涨升的过程中，不断地出现高成交量消耗力气，反而认同徐缓成交的上涨，能够保存一定的元气，促使涨势能走得更远更长。从另一个角度说，EMV 重视移动长久且能产生足够利润的行情。关于 EMV 和 EMV 的平均线，两线的交叉并无意义，而选择以 EMV 指标平均线跨越 0 轴为信号，所产生的交易成果将更令人满意。

思考题：

1. 技术分析的三大假设是什么？

2. 技术分析的基本要素有哪些？它们是如何反映市场行为的？

3. 技术分析方法有哪些类型？

4. 支撑位和压力位出现的位置有哪些？

5. 移动平均线的功能有哪些？如何理解？

6. 反转突破形态和持续整理形态分别有哪些形状？

7. 如何运用随机指标（KDJ）进行技术分析？

8. 如何运用平滑异同移动平均线（MACD）进行技术分析？

第八章
证券投资的方法和策略

教学目的与要求：

通过本章的学习，使学生掌握证券投资的基本原则，选择证券投资对象和时机的主要方法，证券投资操作的具体实用方法；理解证券投资的计划投资模式和多种组合方式，证券投资收益与风险的关系。

第一节　证券投资的收益与风险

一、证券投资收益

证券投资收益是指投资者在一定时期内进行投资，其所得与支出的差额，即证券投资者在从事证券投资活动中所获得的报酬。人们进行证券投资的目的是为了获得投资收益，根据投资标的不同，证券投资收益主要分为股票投资收益、债券投资收益和基金投资收益。

（一）股票投资收益

股票投资收益是指投资者从购入股票开始到出售股票为止，整个持有期间的收入，由股息收入、资本利得和公积金转增股本组成。

1. 股息

股息是指股票持有人依据所持股票从发行公司分得的盈利。一般来说，股份有限公司在会计年度结束后，从营业收入中扣减各项成本、费用支出、到期应偿还的债务和利息等，再缴纳税金，余下的就是公司的税后净利润。公司会将税后净利润中的一部分作为股息分配给股东。当然股东包括优先股股东和普通股股东，优先股股东按照规定的固定股息率优先分得股息，普通股股东按照持股比例分得剩余的股息。

股息来自于公司的税后净利润，但税后净利润是公司分配股息的基础和最高限额，因为公司在分配股息前还要做法律规定的公积金的扣除，公司实际分配的股息肯定要少于税后净利润。公司税后利润分配程序如下：一是如果公司有亏损，税后利润首先应当用于弥补亏损；二是按《公司法》规定，依照注册资本的数额（即总股本）提取10%的法定盈余公积金，但当法定的盈余公积金达到注册资本的50%以上时，可不再提取；三是按《公司法》规定，提取公益金，公益金的比例一般为 5%~10%；四是如果公司发行了优先股，按照发行时规定的固定股息率对优先股股东支付股息；五是经过股东大会同意，公司可以提取任意公积金，任意公积金和股利由公司董事会根据当年的盈利情况报请公司股东大会批准实施；最后剩余的部分按照普通股股东的持股比例进行分配。

股息的具体形式主要有现金股息、股票股息、财产股息、负债股息等。

2. 资本利得

股票持有者将股票在市场上进行交易，利用价格波动低买高卖以赚取差价收益。股票买入价和卖出价之间的差额就是资本利得。当然，资本利得可正可负，当股票卖出价高于买入价时，资本利得为正，投资者获得收益；当股票卖出价低于买入价时，资本利得为负，投资者遭受损失。目前内地股市尚不对该部分实施征税，但在部分发达国家和地区对此进行征税，不过形成的亏损也可以抵减应纳税所得额。资本利得的正负取决于国家宏观经济政策的调整、股份公司的经营业绩、股票市场的波动，当然投资者自己的经验、技巧和心理状态等与之都有很大的关系。

3. 公积金转增股本

公积金转增股本也称资本增值收益，是指上市公司在使用资本公积进行转增时送股，与股票股息分派一样都是采用送股的形式，也是按照股东原持有股份比例派送红股，但是两者的资金来源不同，股票股息分配的资金是来自于公司当年的未分配利润，而公积金转增股本的资金是来自于公司提取的公积金，转增跟上市公司盈利能力没有直接的关系。公司的公积金主要来源于以下几个方面：一是根据《公司法》规定提取的法定公积金和股东大会决议后提取的任意公积金；二是在公司实施首次发行和再融资时，发行价格高于股票面值的溢价部分列入公司的资本公积金项目；三是公司经营若干年后进行资产重估时，资产增值部分计入资本公积项目；四是公司从外部（政府、国外及其他公司）获得的赠与资产也计入资本公积。法定公积金可以弥补公司亏损，可以转化为资本用于扩大公司生产经营，但是不能用于红利的分配。《公司法》规定，当法定公积金转为资本时，所留存的该项公积金不得少于转增前公司注册资本的 25%，而且转增是不用缴纳所得税的。

（二）债券投资收益

债券投资收益是指投资者因持有债券而获得的收益。一般来自三个方面：利息收益、资本利得和再投资收益。

1. 债券利息

债券利息收益的多少取决于债券的票面利率和付息方式，这些是在债券发行时由发行人确定的。票面利率是指持有债券一年的利息占票面金额的比率，票面利率的高低受债券期限、债券的资信评级、利息支付方式和可接受程度等多方面因素的影响，而且利率水平直接关系到发行者的筹资成本和投资者的利益。所以发行人在制定票面利率时，要综合考虑上述因素，在投资者可以接受的范围之内选择最低的利率发行债券。

债券的付息方式是指发行人在债券的有效期内，何时或分几次向债券持有者支付利息。付息方式也关系到发行者的筹资成本和投资者的利益。债券的付息方式分为一次性付息和分期付息两类，分期付息一般分为按年付息、半年付息和按季付息三种方式。

2. 资本利得

债券的资本利得是指债券买入价与卖出价或买入价与到期偿还额之间的差额。债券投资者在债券到期前不能要求提前兑现，只能在二级市场上转让，因此转让的价格要受债券市场价格变动的影响，投资者可能从中获得收益，也可能遭受损失。当卖出价或到期偿还额高于买入价时，资本利得为正，投资者获得收益；当卖出价或到期偿还额低于买入价时，资本利得为负，投资者遭受损失。

3. 再投资收益

对于分期付息的债券，在债券的存续期内投资者定期获得的利息可以用于再投资从而获得利息收入。对于投资者来说，再投资收益也是可正可负的，同样存在风险，而且再投资收益的多少要受债券偿还期限、定期支付的利息多少和市场利率的变化影响。

（三）基金投资收益

投资基金是一种共同出资、共担风险、共享收益的投资方式，作为一种间接投资工具，其获利来源主要有两个方面：

1. 资本利得

对于封闭式基金来说，资本利得是在基金的存续期内，由于供求关系的变动导致基金价格在二级市场上波动，投资者低买高卖取得差价收入后，减去相应的买卖手续费得到的收益。对于开放式基金来说，资本利得来自于投资者申购和赎回基金时基金单位资产净值的差价，也要减去相应的手续费后得到真正的收益。

2. 红利

投资者在持有基金期间可以获得基金分红的收益，这是基金投资收益的重要组成部分。当然投资者也可以得到红利和资本利得两部分收益。

二、证券投资风险

证券投资风险是指投资收益的不确定性，也可以理解为投资者遭受损失的可能性。一般来说，投资者进行证券投资是为了获得预期的收益而事先投入一部分本金，但是在持有证券期间，可能出现许多因素影响预期收益，甚至可能出现损失，这些因素包括国家政策、国际局势、个别公司状况等，是随时可能出现的，而且会产生难以预测的结果，投资者就要承担相应的风险，蒙受损失。根据这些因素的影响不同，把风险分为系统性风险和非系统性风险两大类。

（一）系统性风险

1. 系统性风险的含义

系统性风险是指由某种全局性的共同因素引起的投资收益的可能变动，这种因素以同样的方式对所有证券的收益产生影响。其中包括以下几部分含义：

（1）由共同因素引起的且不可分散。这些因素都是全局性的，包括经济、政治等方面的因素，对任何一个企业来说都来自于外部，无法抗拒，也不能回避或消除，属于不可分散的风险。投资者进行多样化的分散投资也不能规避系统性风险。

（2）对所有证券的收益产生普遍影响。不同证券受到影响的程度不同，例如某些政策的出台对相关企业的影响肯定大于其他企业。

（3）风险与收益成正比。投资者承担的系统性风险越高，获得与之相对应的投资收益就越高。

2. 系统性风险的种类

（1）政策风险。

政策风险是指政府有关证券市场的政策发生重大变化或是有重要的举措、法规出台，引起证券市场的波动，从而给投资者带来的风险。

政府在制定与本国证券市场相关的政策和规定时，要充分考虑证券市场的现状、在本国经济中所处的地位、整体经济发展水平、政治形势、对投资者的保护等多方面的因素，运用法律手段、经济手段和必要的行政管理手段指导市场有序健康地发展，从而加强对证券市场的管理。在证券市场发展的初级阶段，对证券市场发展的规律认识不足、法规体系不健全、管理手段不充分，在这种特殊的情况下，政府需要出台一些促进或制约市场发展的政策，制定新的法规，适时调整原有的证券市场的发展战略。如证券交易的相关规则、税收政策、管理条例等。这些政策是政府指导和管理整个证券市场的手段，一旦出现政策风险，几乎所有的证券都会受到影响，因此属于系统风险。

（2）经济周期波动风险。

经济周期性波动风险是指证券市场行情周期性变动而引起的风险。这种行情变动不是指证券价格的日常波动和中级波动，而是指证券行情长期趋势的改变。

经济周期是指社会经济阶段性地循环和波动，是经济发展的客观规律，分为繁荣、衰退、萧条和复苏四个阶段。这四个阶段的循环和起伏变化决定了企业的景气和效益，从根本上决定了证券行市。繁荣阶段，股票价格处于高位且维持一段时间，成交活跃，交易量大；衰退阶段，股票价格盘旋下降，不是直线下降，而是大跌小涨，不断有反弹行情的出现；萧条阶段，股票价格位于最低点，成交量萎缩；复苏阶段，股票价格震荡上升，大涨小跌，不断出现盘整或回挡行情。证券行情从总趋势来分，包括多头市场（看涨市场）和空头市场（看跌市场）。多头市场也称为牛市，是从萧条后期开始，经过复苏到繁荣的过程；空头市场也称为熊市，是从繁荣后期开始，经过衰退到萧条的过程。值得注意的是：牛市几乎所有股票的价格都会上涨，熊市几乎所有的股票价格都会下跌，只是不同股票的涨跌程度不同。

（3）利率风险。

利率风险是指市场利率变动引起证券投资收益变动的可能性。一般来说，市场利率与证券价格呈反方向变化，即利率升高，证券价格水平下降；利率下降，证券价格水平上涨。因为，市场利率一旦升高，会使一部分投资者将资金存入银行或购买商业票据等，减少对证券的需求，使证券价格下降；另外，利率提高使公司融资成本提高，在其他条件不变的情况下，利润下降，派发的股息必然减少，引起股票价格下降。同样，当市场利率下降时，会吸引一部分以存款作为保值方式的潜在投资者将资金转移到证券市场，增加对证券的需求，刺激证券价格上涨；同时利率下降使融资成本下降，净盈利和股息相应增加，股票价格上涨。

利率政策是中央银行的货币政策工具，中央银行根据金融宏观调控的需要调节利率水平。当中央银行调整利率时，各种金融资产的利率和价格都会灵敏地作出反应。而且利率风险对不同证券的影响是不相同的。利率变动对债券的影响要大于普通股，而且对长期债券的影响要大于短期债券。

（4）购买力风险。

购买力风险又称通货膨胀风险，是指由于通货膨胀、货币贬值给投资者带来实际收益水平下降的风险。在通货膨胀情况下，物价普遍上涨，证券价格也随之上涨，使投资者的货币收入有所增加，但若通货膨胀的情况不能得到改善，货币不断贬值，购买力水平有所下降，使投资者的收益不但没有增加，反而有所减少。从企业的角度来看，通货膨胀使企业的生产成本增加，外部经营条件恶化，整个社会经济运行秩序混乱，证券市场也会随之受到影响。投资者可以通过计算实际收益率来分析购买力风险。

实际收益率＝名义收益率−通货膨胀率

其中：名义收益率是指债券的票面利息率或股票的股息率。

例如，某投资者买了一张年利率为5%的债券，即名义收益率为5%。若一年中通货膨胀率为3%，则投资者的实际收益率为2%；当年通货膨胀率为5%时，投资者的实际收益率为0；当年通货膨胀率超过10%时，投资者不仅没有得到收益，反而亏损5%。可见，只有当名义收益率大于通货膨胀率时，投资者才有实际收益。购买力风险对不同证券的影响是不相同的。购买力风险对普通股、优先股和债券的影响依次增大，因为优先股和债券的名义收益率是固定的。长期债券的购买力风险又要比短期债券大，相比之下，浮动利率债券或保值贴补债券的通货膨胀风险较小。

另外，社会、政治风险也属于系统性风险。稳定的社会、政治环境是经济正常发展的基本保证，对证券投资者来说也是至关重要的。如政治局势出现大变动、国家首脑更迭、国内出现动乱、对外政治关系紧张等，都会对证券市场产生一定的影响。

（二）非系统风险

1. 非系统风险的含义

非系统风险是指只对某个行业或个别公司的证券产生影响的风险，它通常是由某一特殊的因素引起，与整个证券市场的价格不存在系统、全面的联系，而只对个别或少数证券的收益产生影响。其中包括以下几方面含义：一是由特殊因素引起的且可分散。非系统性风险是某一企业或某一行业特有的风险，只会影响少数企业或行业，投资者可以通过投资多样化分散风险，有效地进行防范。二是只对个别证券的收益产生影响。如企业的管理能力、技术水平、劳工问题，还有生产非耐用消费品的行业如公用事业、通讯行业和食品行业都有很高的非系统风险。三是非系统风险与证券投资收益不相关。

2. 非系统风险的种类

（1）信用风险。

信用风险又称违约风险，是指证券发行人在证券到期时无法还本付息而使投资者遭受损失的风险。普通股、优先股和债券都有可能遭受信用风险，但程度不同。信用等级越高的证券信用风险越小，债券和优先股的信用风险比普通股大。当股份公司现金周转不灵、财务出现危机时，证券发行人可能会出现无法支付债券利息、优先股股息，甚至不能偿还本金的情况，即使是延期支付也会对投资者的收益产生影响。普通股股息不固定，也没有还本的压力，但仍存在信用风险，当公司不能支付股息或者不能按期偿还债务时，会影响股票的市场价格。因此债券的信用风险从低到高依次为政府债券、地方政府债券、金融债券、公司债券，然后才是优先股和普通股。

（2）公司经营风险。

经营风险是指公司的决策人员与管理人员在经营管理过程中出现失误或公司的外部经营环境和条件发生改变而导致公司盈利水平变化，从而使投资者的预期收益下降的可能。经营风险由内部因素和外部因素两个方面组成。内部因素是企业决策发生了失误或经营管理不善及资本结构变化给企业的盈利带来的波动，包括投资决策失误、缺乏创新能力、销售渠道陈旧、管理人员能力低下等。外部因素是指公司外部因素的变化而引起的损失。如政府产业政策的调整、竞争对手的实力变化使公司处于相对劣势地位，引起公司经营管理水平的相对下降等。如果公司的经营情况出现问题，收入会迅速下降，公司债券的利息支付和本金偿还是受法律保护的，只要公司不破产清理，公司必须在支付债券利息和到期本金后，才能用所剩无几的收益支付股息，这使股东的收益减少甚至没有股息。同时，公司股票的市场价格也会随之降低。

（3）财务风险。

财务风险是指公司财务结构不合理、融资不当而导致投资者预期收益下降的风险。股份公司在营运中所需要的资金一般都来自发行股票和债务两个方面。其中，债务（包括银行贷款、发行企业债券）的利息负担是一定的，如果公司资金总量中债务比重过大，偿债能力弱，财务风险就大；借贷资金越少，风险越小。公司的财务风险主要表现为无力偿还到期的债务、利率变动造成还款压力增加、再筹资风险。

另外，投资者自身的操作风险也属于非系统性风险。在同一个证券市场内，对同一家公司的股票，不同的投资者投资的结果差异很大，因为投资者有各自的投资策略和技巧、不同的心理素质和状态等，这使有的投资者收益丰厚，有的投资者被套牢，造成重大的经济损失。

三、风险与收益的关系

（一）风险和收益共存

投资者投资的目的是为了取得收益，最终实现收益最大化。但收益和风险是并存的，收益以风险为前提，风险用收益来补偿。由于收益有一定的滞后性，过程中的许多不确定性因素使收益难以确定，投资者在进行投资决策时只能进行预测，至于预测的结果和真实的收益是否一致或者偏离多少、正负，其都是投资者的风险。

$$预期收益率=无风险利率+风险补偿$$

预期收益率是投资者承受各种风险应得的补偿。无风险收益率是指把资金投资于某一没有任何风险的投资对象而能得的利息率，这是一种理想的投资收益，我们把这种收益率作为一种基本收益。再考虑各种可能出现的风险，使投资者得到应有的补偿。在现实生活中，不可能存在没有任何风险的理想证券，但可以用某种收益变动小的证券来代替。

（二）收益与风险相对应

一般情况下，风险越大的证券，收益越多；风险小的证券，收益少；无风险无收益。因此股票的风险高于债券，收益也相应较多。同一种证券中，普通股的风险高于优先股，公司债券的风险高于政府债券。同一类型的债券，长期债券的风险高于短期债券。

第二节 证券投资的时机和对象

一、证券投资的基本原则

证券投资是一项收益与风险并存的活动。对于投资者来说，成功与失败有时只是一念之差。正确的投资理念与有效的技术分析方法及操作技巧相结合，会给投资活动带来事半功倍的效果。为了正确地进行投资，投资者一般应遵循如下原则：

（一）时间充裕原则

证券交易所的交易是在规定时间内进行的。如果进行长期投资，时间因素显得并不十分重要；如果进行短期投资，时间因素就十分重要。市场上一些以证券投资为专业的人，当然有充裕的时间支配，但是广大投资者，他们有自己的本职工作，交易所的交易时间往往与工作时间相冲突，无法进行正当及时的证券买卖，从而影响投资收益。因此兼职投资者进行短期证券买卖会遇到时间方面的障碍。

（二）能力充实原则

每个投资者应不断培养自我证券投资能力，要努力掌握以基本分析和技术分析为主的各种投资分析方法。要提高证券投资能力，其基础是投资知识和经验。掌握投资知识是从事投资的重要条件，没有知识的投资是盲目的投资，盲目投资的最终结果只有失败。证券投资知识包括各类证券的基本特征、证券市场的构成、证券交易的程序、证券分析方法、证券投资法律法规等。投资者可以通过两种途径获得证券投资知识：一是通过学习书本知识、向别人请教以获得间接经验；二是通过自己的投资实践获得直接经验。如果一个投资者通过投资实践，不断积累成功与失败的经验，加之正确的投资理念，其投资能力会逐步提高。

（三）量力而行原则

证券投资特别是股票投资具有较大的风险，因此证券投资者的资金必须是家庭较长时间闲置不用的剩余资金。如果把全部资金都用来投资证券，一旦发生亏损，会给正常的家庭生活带来极大的困难。

（四）信息充分原则

进入股市切忌不闻不问，冷漠迟钝。有关所买股票的上市公司的经营情况、分红政策、改革举措等消息，都极易也极快地反映到股票价格的波动上，而国家有关经济、金融政策上的变化或举动，甚至可以影响一段时间的股市走势。这些资讯犹如战场上的情报，往往能成为决定胜负的因素，因而对于投资者来说是非常重要的。投资者通过传媒及时了解、搜集并分析这些信息，可以说是投资成败的决定性因素。当然，即使掌握了资讯也未必就一定能成功，但这起码可以减少风险，增加成功的机会。

（五）理智投资原则

理智投资就是建立在对证券的客观认识上，经过认真分析比较后再采取行动。它具有客观性、周密性和可控制性等特点。坚持理智投资的原则，就是指投资者在进行证券投资时应冷静而持重，并善于控制自己的情绪。遇到大跌市，投资者难以正确看待市场实质，恐慌情绪、过度悲观情绪就可能制约入市买入廉价股票的信心；而当股市疯狂上涨的时候，跟风与贪婪又会成为投资者的普遍心态，以致忽略了市场上与之同步放大的风险性，不能适时而止，见好就收，从而错过较好的离市时机。从这个意义上讲，投资者面对的敌人正是自己。追涨杀跌是股市的通病，恐慌与贪婪是最应避免的心态。

（六）分散风险原则

分散投资是将投资资金适时地按不同比例，投资于若干种不同风险程度的证券，建立合理的资产组合，以将投资风险降低到最小限度。证券投资分散化，虽不能消除风险，但却能使风险降低到最低水平。坚持分散投资原则，一般包括两个方面的内容：一是对多种证券进行投资。如果仅投资于一种证券，其收益可能是高或低，甚至于还要亏本，这样风险是很大的。二是在对多种证券进行投资时，应认真把握投资方向，将投资分为进攻性部分和防御性部分。前者主要指股票，后者主要指债券。

（七）目标适度原则

股市有句格言"无论是做多做空都能赚钱，唯贪婪者一无所获"。要想在证券投资中取得成功，投资者必须实事求是地确立自己的投资收益目标，必须始终保持良好的心态，努力战胜自我。人性中固有的一大弱点是贪婪，其贪婪的表现往往是不切实际地抬高自己的获利目标，不知道适时行动和适时获利了结，常常幻想以更便宜的价格买入和以更高的价格卖出，结果常常是踏空和被套。因此对投资者来讲，坚持目标适度原则，保持一颗平常心是获得投资成功的重要条件。

（八）及时止损原则

在证券市场上，没有人能保证每次投资都成功。投资者都是人，是人就会犯错误，应树立"市场总是对的"这一思想，出现错误后应该立即认输改正。因此，在买卖股票前就要设置一个止损盘，如果市场走势与自己预料相反，一定要坚持止损原则，这样才有可能保证"小输"，争取"大赢"。

（九）低买高卖原则

由于我国目前的证券市场是单边市场，只能依靠做多来赚钱，那么证券投资最基本的法则就是低价买入，高价卖出。一般来说，我国的普通投资人大多数并不看股利的高低，而更看重股票价格的上涨，以"低进高出"原则进行操作，从而赚取差价利润。

（十）收益与风险最佳组合原则

在证券投资中，收益与风险形影相随，是一对相伴而生的矛盾。要想获得收益，就必须冒风险。解决这一矛盾的办法是：在已定的收益条件下，尽可能使风险减少到最低限度；或在风险既定的条件下，选择收益最大的投资组合。这需要定量的投资分析和必要的数学计算，收益与风险最佳组合原则是投资者必须遵循的基本原则之一。

二、证券投资时机的选择

低买高卖是证券市场永恒的主题，积极操作、低进高出是证券投资不变的法则。而选时就是为了实现低买高卖。然而在实际中如何有效地运用这些方法，如何使一般理论与市场现状和投资者个人素质相匹配协调，以及在更具体的层次上选择时还需要具备什么样的知识与技巧，这些都是一般投资分析方法难以涉及的问题。贝里·里奇和沃尔特·戈德史密斯在《英国十大首富成功秘诀》一书中谈到他们的发现：这十大首富"都毫无例外地将自己视为战略家，较之于大多数企业人士，这种自负是有道理

175

的。但是，如果将他们的成功归因于深思熟虑的能力和高瞻远瞩的思想，那就是谬误了。他们真正的才能在于他们审时度势然后付诸行动的速度。这才是他们最了不起的，这才是使他们出类拔萃，身居实业界最高、最难职位的原因。什么事一旦决定就马上实施是他们的共同本质"。审时度势后付诸行动的速度是最出类拔萃企业家的共同本质，也是证券投资者应加以借鉴的优秀才能。

（一）选时的审时度势原则

1. 只求最大可能

低买高卖是证券投资的根本原则，然而把这一原则转化为实际的操作却困难重重，最易的概念与最难的行动相映成趣。无论是凭感觉还是理论，人们对股价高低的判断屡屡出错。于是涨时买进、跌时卖出的顺势操作便应运而生。在证券投资竞技场中，"顺势"是最富号召力的行动纲领。但是如果我们大致地或相对地考察股价走势，则不仅可以发现股价变动趋势是有规则的，而且往往也是简单的。原因在于股价只有上升和下跌两种运动，影响股价升跌的所有因素都可以归结为上升力量和下跌力量两大类，而这两股力量的强弱经常处在不平衡的状态，并且主要取决于其中较少的几种基本因素，这些因素的不平衡及变化规则决定了股价波动的规则、习性，从而决定了股市的可预测性。

因此，股市有规可循但无成规可循、可预测但只有相对和模糊之结论。这意味着投资买卖决策所依循的时势观点不会是完整明晰的，而只能是在有限条件下所能认识到的最大可能性。从概念上把握趋势只可有限认识的特性，从而把审时度势的目标放在最大可能性上，而不是完整无缺上，有利于投资人排除犹豫心理，增强决策信念，从而在一个较轻松的心理状态支持下，及时抓住机会，果断进行操作。

由于最大可能性原则排除了对趋势与时机的精确预见，在具体操作中确切的时点就将完全由实际趋势来指示。因此，选时行为应当是由两个层次或两个阶段构成的双重行为：理性选时与感觉选时。理性选时是在交易过程外，根据市场发展现状，运用各种分析方法和理论来判断价格变动趋势和买卖时机，并对现期是否进行买卖做出决定。

感觉选时则是根据理性选时所作出的买卖决定，在实时交易过程中捕捉较低买入或较高卖点卖出。感觉选时是理性选时的微调和具体化，因而感觉选时仅仅只是一种机械的执行行为。这里的感觉仅仅只是对价格低点或高点的把握，而不是对市场人气的感染和情绪化反应，相反后者正是双重选时方法能有效排除的一种有害行为。

2. 能动顺势

能动顺势理性选时是审时度势加买卖决策。买卖决策在瞬间完成，而审时度势则是经常不断的过程。根据市场实际经常校对理性预测，使理性预测最大限度地符合趋势走向，并在趋势转折处及时实行买卖操作，是一种能动的顺势选时方法。

能动顺势选时的要点主要有：

（1）预测与计划同实际趋势相符合时，则按计划快速行动。如果预测与计划偏离走势，则按偏离方向调整以变更预测与计划。

（2）在趋势难以把握的情况下，可准备多种判断和方案去吻合实际，取最正确的判断和方案作为操作依据。因此能动顺势操作总是既是计划操作，又是顺势操作。这是一种对立统一，今天总是按昨天的计划行动；昨天的计划问题顺应今天的实际走势。

根据今天和以往的走势确定明天和明天以后的计划，每次都如此调整思路和操作方法。因而这里实行的是一种滚动预测和滚动计划。踩上市场节拍，力争保持良性循环是能动顺势选时的核心问题所在。

3. 保持客观态度

（1）创造良性循环过程，克服个人偏激心态。投资人在判断行情趋势时，特别容易受自己的买卖经历和买卖状况的影响，在涨势中持股者过于乐观，在跌势中持币者易于悲观过头；在行情初期无耐心，低位斩仓或高位入货，到了行情末期，又吸取"经验"，迟迟不出货或进货，结果只有认"套"，如此反复恶性循环，使心态严重失衡。克服个人情绪误导是一件颇有难度的事，一种有效的办法就是调整跟随市场的节拍，努力进入低买高卖的良性循环。这种调整最初应成为一种有计划的机械执行过程，即使赔本和放跑机会也坚定不移。这是获取客观态度的机会成本，从长远看，这个成本是很低的。

（2）以大势定信念，克服大众情绪干扰。市场某种情绪的普遍发生并非是轻易出现的事，它需要涨跌能量与时间的作用。市场情绪的普遍低落是价格大幅下跌或长期下跌的结果，市场情绪的普遍高涨情况则相反。因此，市场普遍情绪的发生是趋势能量已大量释放的结果，因而是趋势尾声的标志。这时的投资人可分为两类：大部分会深陷在普遍情绪之中，而无法客观认识正在形成的新趋势；另一小部分则会感觉到大势孕育着的新时机，并从中获得与大众相反的信念。

（3）坚持独立思考，克服权威观念束缚。投资人在进行趋势判断时，还容易受到两种思想的影响：一种是重要传媒的市场评论；另一种是形形色色的股市格言。关于市场评论，其利用价值首先在于其提供的市场信息，其次在于其分析思路的新颖性。而对其观点则应取怀疑、求异或视而不见的态度。投资格言通常是前人操作经验的理念升华。然而股市无成规可循，相互矛盾的格言也能相安共存。怎样对待这些投资"真经"呢？要知道格言只是一种投资理念，它能为投资人审时度势与买卖提供思路、敲响警钟，但不能提供具体操作的时点，不能替代客观的分析。而且投资理念因时因市因势而各有特色，因而运用投资格言，也应当相机而定，决不可生搬硬套。

4. 准备充分，自主分析

证券投资时机有时是千载难逢，稍纵即逝。为了抓住时机，投资人必须关注市场与社会，对各种事态保持高度的专业敏感性，时刻准备对市场内外的新事件、新动向作出反应。审时度势包含着对时机的寻找与等待。正如巴斯德所说：在证券投资领域，时机只偏爱那些有准备的头脑。

但用于行情趋势分析的方法、技术、技巧、理念等纷繁众多。结合自己的特点自主分析在投资中显得尤为重要。投资者应从众多方法中筛选并构建自己的分析体系。这个体系力求要做到：体系设计符合投资者个人素质特征、物质条件、可用时间多少、投入资金大小及操作类型等，最终形成一个相对固定、长期使用的专门化分析体系，即投资人熟练精通的个人专用分析体系。

5. 市场定性

股价变动有两种基本形式：趋势与振荡。辨别趋势与振荡，分清趋势的性质与发展阶段，是证券投资的战略性行为。股价变动趋势是由股票的内在价值、市场供求关系、投资大众的心理状态、股票市价水平等因素所决定的。就总体市场而言，这些因素通常是以渐进的、带惯性的方式生成与变化的，因而趋势通常具有一定的持续时间、具有渐近性和惯性，这些性质构成趋势的特征。振荡是趋势的实现形式，即趋势是在一系列振荡中存在与发展的。股价振荡是竞争市场提前消化实质信息及投机心态对市场信息过度反应、反应不足及二者相应调整的结果。在这里振荡是一种短期的、快速和不规则的价格变动形态。中长期投资以趋势为选时对象，短线投机以振荡为选时对象。

（二）证券买卖时机的选择

1. 掌握先机

在证券市场上，同样上市挂牌买卖的股票会出现以下三种情况：一是有些股票不管价位是高是低，交易量就是较一般股票来得活泼热闹；二是有些股票不管业绩是好是坏，涨跌幅度就是较一般股票来得激烈频繁；三是有些股票不管大势是牛是熊，上升下降就是较一般股票来得迅速提前。

在证券市场上交易较为活跃的热门股，其升降速度均比较稳健的投资股迅速。当股市进入疲跌的空头市场之初，热闹的投机股即开始向下滑降；当股市遇到坚挺的多头市场时，热门股的投机股也领先向上挺升。这个道理是很明显的。由于热门的投机股具有提前下落、领先上涨的特征，经验丰富的老投资者将其看做是股市本身的"先行指标"，配合其他外在环境、发行公司业绩及技术分析中的先导性指标等相关影响因素，据此掌握进出的先机。

2. 选股不如选时

从事股票最难掌握的便是时机，买进同类型股票，有人赚钱，有人亏损。亏损者即时机选择不对；获利者即选准了适当的时机。因此在证券投资战略上应坚持选股不如选时，这是证券投资的大智慧。

3. 买进时机与卖出时机

关于买进时机要掌握以下原则：一是股价暴跌后买进股票，无论什么股票都会获利；二是股价跌落到谷底，再也跌不下去时趁机买进；三是重大利多因素正在酝酿时，是买进的时机。行情在前进途中停顿下来盘旋整理已达一段时间，筹码深化得差不多时；不确切传言造成非理性下跌时；总体经济环境因素逐渐趋向有利的时候，尤其是经济衰退到极点，而复苏的时候或政府正在拟定重大激励经济措施时均是好的买进时机。

关于卖出时机，大体上有如下几种：股票价格走势到达高峰，再也无力继续上涨时，就应卖出股票；重大利空消息因素正在酝酿时，即可卖出股票；从高价跌落10%的时候，表示趋势已变，可先行卖出；所有预期的利多因素全部实现，主力借机出脱时，可考虑卖出。

4. 淡季是战略进场的时机

在证券市场上，成交量的大小与股市行情的涨跌有着密切的关系。一般交易热闹的时期，多属于行情的高峰阶段；而交易清淡的时候，则多为股价走势的低潮阶段。以短期投资为着眼点，只有在交易热闹的时候进场，才有希望获得短线收益。如果是在交易清淡的时候进场，最好是做长期投资的打算，或许短期内不能获得差价利润；但是从长远观点看，由于该时期投资的成本一般都较低，与将来可能获得的资本溢价所得相比，相对的投资收益率就会高得多。因此，在交易清淡的时期，短线投资者应该袖手旁观，却是长期投资者进场的大好时机。当然，股市进入淡季，交易开始清淡的时候，并不一定表示可以立即买进，理论上讲，应该是淡季的末期才是最佳的买进时机，但是预测什么时候是熊市之末是很困难的，这需要投资者的经验、素质、悟性及超强的判断能力。可以说，以哲学上的否极泰来思考认识股市，把握入市时机会有真正的大收获。

三、证券投资对象的选择

（一）选择对象应考虑的因素

选择适宜的投资对象是相当复杂的工作。证券市场上有众多的证券商品，投资者在选择时，应主要考虑以下因素：

1. 收益率

收益率高的证券自然能给投资者带来较高的收益，但也要承担较大的风险。投资者在追求较高收益的同时，要充分估计自己承受风险的能力。

2. 税金

要考虑是否付税，付税多少，应尽可能节税、省税，以降低投资成本。

3. 手续费

委托购买证券要支付一定的手续费，现在国家规定不同证券投资品种的手续费不尽相同，各证券公司的收费标准也不相同，使投资者可以从容选择对自己有利的证券品种。投资金额越大，手续费的比率就越低；用同样金额一次买卖和多次买卖的交易成本也是不同的，这要求投资者尽量减少操作频率以降低投资成本。

4. 期限的长短

证券的期限是不同的，有短期、中期、长期和无限期之分。而不同期限的证券，其收益率也不同，投资者在进行投资前应认真考虑。

5. 证券价格

价格主要是看已发行上市证券的价格变动情况，如果证券价格有上升的趋势，则投资者除利息或股息外，还可获得差价收益。

6. 变现性

如果投资者购入证券后有可能出现急需用款的情况，那么在选择投资对象时就要特别注意该证券的变现性，应该选择那些可以随时转让出去的证券为宜。

7. 便利性

便利性主要是看购买所需的时间、交割的期限、认购手续是否迅速方便等。

8. 安全性

安全性是指能否保证本金和利息或股息收入，该证券价格是上涨还是趋于稳定，如果不充分考虑和估计这些因素，就有可能造成投资损失。

在证券市场上，很难找到一种在上述八方面或其他更多标准都令投资者满意的证券。因此，投资者在进行证券投资时，不能寄希望于获得各方面都理想的投资对象，而只能根据各类证券的特性，权衡利弊得失，选择比较适合于自己需要的投资对象。

（二）证券投资品种选择

证券投资的对象包括股票、债券、基金、可转换公司债券及金融衍生品等。

1. 股票

股票是股份有限公司发行给股东的作为投资入股的所有权凭证。公司的类型有五种，即：无限责任公司、有限责任公司、两合公司、股份有限公司、股份两合公司。其中只有股份有限公司才能发行股票。股票持有人即为发行股票的公司的股东，股东作为投资者，分享股份公司的各种权益，同时也必须承担公司的各种风险与责任。

2. 债券

债券是一种有价证券，是社会各类经济主体为筹措资金而向债券投资者出具的承诺按一定利率定期支付利息，并到期偿还本金的债权债务凭证。债券一般具有期限性、流动性、安全性、收益性等特征。

3. 基金

基金是一种利益共享、风险共担的集合证券投资方式，即通过发行基金单位，集中投资者的资金，由基金托管人托管，由基金管理人管理和运用资金，从事股票、债券等金融投资，并将投资收益按基金投资者的投资比例来进行分配的一种间接投资方式。

4. 可转换债券

可转换债券是指债券持有人可以在一定时间内按规定价格转换发行公司股票的一种公司债券。由于享有转换公司股票的特权，所以严格地说，它是一种介于股票与公司债券之间的有价证券。

5. 金融衍生品

金融衍生品是在股票、债券基础上衍生而来的金融投资工具。它的出现有利于各种金融投资风险管理。随着金融市场的剧烈波动和投资管理职业化、科学化的发展，风险管理成为现代管理的主旋律。其常见品种是金融期货合约和金融期权合约。

（三）普通股与优先股投资的比较

普通股与优先股虽然都是股票，但两者的投资具有明显不同之处。

购买普通股是一种风险很大的投资行为，但也可能获得诸多益处，比如在债务清偿、收益的分享、决策权、税收优惠及股票转让方面，均比优先股优越。其不利之处在于：普通股的市价极易波动，股息不固定，投资收益不稳定，风险很大；普通股能否获得股息，股息的数量、比例事先都没有规定，没有保障。另外，普通股的市价会随着所在行业、公司经营和整个经济系统的变化而变化，有时波动幅度很大。因此，投资普通股股票，不但有可能拿不到股息，而且有可能亏本。

优先股在证券投资中具有中间地位，它提供的收益高于债券，但安全性低于债券；另一方面，它提供的收益低于普通股，但比普通股安全。而且优先股的价格波动幅度也明显低于普通股。优先股对那些既要获得高收益，又不想承担更大风险的投资者来说很有吸引力。

（四）不同规模和风险股票投资的比较

投资于不同的投资对象，会产生不同的投资收益，特别是在对大公司股票、小公司股票和风险公司股票进行投资时，更应该慎重，并进行认真分析和选择。

大公司一般历史较长，资本雄厚，竞争力强，几乎不存在破产倒闭的问题。购买大公司股票，基本上股息有保证，而且这种股票价格一般上涨较快，经过一段时间后再卖出，可获得差价收益。但是，大公司股票的市价较高，相应的投资成本也高，这一点投资者应加以考虑。

小公司在资本实力、技术设备、经营管理等方面都不能同大公司相比，经营具有不稳定性，其股票的涨跌幅度一般较大。但由于其市价比较接近于票面金额，投资成本低、实际派息率不低。此外，小公司股票易为市场当成概念炒作，市场短期波动频繁，这对于短线投资者有一定的吸引力。

风险公司是从事新产品研制的初创公司，这些公司的命运取决于新产品能否研制成功和能否适销对路。若新产品研制成功且销路甚好，公司会迅速扩大，收益也将不断增加，股东会获得较高的股息收入。反之，股东会损失股息，甚至在熊市时割肉出局。

（五）股票的选择方法

1. 根据业绩进行选择

从以上的分析可知，不同的股票其特点各异，投资者可根据需要选择符合自己的股票，这类股票一般应为优良股。对于股票投资者来说，投资于绩优股股票，不仅可以期待股息的增加，还可期待股价的稳定上升。所以，选择绩优股进行投资，是获得高收益的一种良策。通常，对绩优股的股票的选择应注意以下几点：

（1）对投资者来说，最好的股票是涨价余地大的股票。要想预测涨价余地大小的确困难，不过经验告诉我们，根据股票价格与其发行的公司实力的相应程度，可以做出较准确的判断。

（2）从长远观点看股价上升率高的股票。通常资本金小的小型股票易受供求变化的影响，所以从长远观点看，这类股票的价格上升率高，在股市行情暴跌时，选购小型股票会提高投资效率。

（3）涨价持续时间比跌价时间长的股票。股价升降是股市的正常现象，升中有降、升大于降的股票基本上可看做优良股票。

（4）在证券行市变动中，若整个证券行市由低潮转而上升时，必定是绩优股的价格首先开始上升，且上升幅度较其他股票上升幅度大；而在证券行市由高潮转落时，往往是各类股票同时跌价。但由于绩优股市价在早期已率先提高，所以高值周期比其他股票长，这对于把握股票卖出时机是很重要的。

2. 根据股票个性选择

股票的个性简称"股性"，是指某种股票与整个股市趋势的符合程度。如果某种股票在大势上涨时却下跌，在大势挫落时，却硬拉上升，就属于逆势股。如果某种股票在大势差的时候下跌，在大势好时也下跌，或者趋势古怪，令人摸不着头脑，这一股票就属于股性不良。根据上市股票的涨跌因素，大致上可将股票的特性分为四类：

（1）大型股票。大型股票即股本额多、公司规模大的公司发行的股票。大型股票的股本太大，炒作这种股票需要有雄厚的资金，因此不易吸引一般投资者。对于大型股票的买卖策略，可在经济长期不景气、订货情形不佳的低价圈里买进投资，而在业绩明显好转、股价大幅升高时予以卖出。

（2）中小型股票。中小型股票是指中小型的公司发行的股票。中小型股票由于操作资金较少，容易吸引投机资金进入，所以同类股票，中小型股价比大型股价涨跌幅度要大，价格不稳定，无规律可循，其受利多或利空消息影响涨跌的幅度，要比大型股敏感得多。对于这种股票的操作，较正确的做法是：耐心等待最低价过后，股价转为上涨趋势，一旦环境展望好转时再予以买进。至于卖出的时机，可视环境因素是否改变，或业绩情形如何，可在过去的高价圈附近获利了结。通常来说，中小型股票在两年内，大多有三次涨跌循环可寻，只要能把握其行情高潮，获利率大都很高。

（3）有息成长股。无论大中小型股票，只要其盈余稳健成长，都是有息成长股。该种股票的股价常视业绩的好坏而自动调节，其涨跌持续时间较长，而资本越小的股票，其涨跌上限与下限的变动也越大。对这种股票的操作方法是等到涨势显著时再跟进也不算晚，假如此时股价已超过以前最高价，但市盈率仍偏低时，股价也可能再涨升一段，造成另一次高潮。

（4）偏高投机股。这类股票从股利或股价收益率来看，其股价已属偏高，有时甚至出现在公司处于亏损状态，连股利都不能发放的时候，但因有某项未来利多因素在背后支撑，导致股价偏高过多。对这种股票的操作，除熟悉内幕的行家之外，最好不要轻易介入，但在其股价盘整一段期间后再行涨升，及涨后回挡之时，仍可小额短线投进，但若一旦主力撤退转为跌势时，则要迅速割肉止损，千万不可希望反弹再卖，以免遭受更大损失。

3. 根据股票的市场性进行选择

股票的"市场性"，其一可用股票的交易周转率来表示，是用来衡量股票热门性的指标；其二为股价的波动幅度，是用来衡量股价的差价利润及投资风险的指标。股票交易周转率的计算是以某一期间的股票成交股数除以该种股票的可流通股数，所得的商数即为该期间的交易周转率，也称为换手率。换手率高的股票，是热门股票；反之为冷门股。同样业绩的股票，对投机资金来说，换手率高者较受欢迎。以股票的市场性进行投资，既可能带来可观的收益，亦要承担相应的风险。

4. 掌握六种类型股票

（1）发展缓慢型。一般来说，已成熟的大公司或陈旧公司的增长速度缓慢。这些公司迅速发展期已过，活力正在丧失，而且一旦该行业不景气，这类公司便会一蹶不振。

（2）稳健适中型。这类公司发展速度比缓慢企业快，又比迅速发展型企业慢，增长起落不太大，股息收入稳定，但却不太高。这类股票的特点是：它受经济周期波动影响较小，高涨时，其价格增长不快，收益也不大。但在衰退期，其价格下降得也慢，收益减少也不快。

（3）成长型。这类企业通常规模小，活力强，年增长率很高，大大高于同类企业或其他公司。

（4）周期起伏型。这是指一国经济发展中处于成熟发展阶段的支柱性产业如汽车、钢铁、化工等行业发展的股票。该行业的特点是受经济发展的周期性波动的影响。买卖这种股票的关键是必须准确地判断经济发展阶段性的变化，当萧条将要结束时，购买这种股票，当繁荣将要结束时卖掉这种股票。

（5）资产隐蔽型。这类企业是指那些确实拥有一定资产和盈利而不为一般投资大众或分析专家所注意的企业。虽然证券投资专家、分析专家或证券投资人一直在搜寻各种可能的信息，但这类企业仍有不被这些人员注意到的或隐蔽的资产，使得虽然被普遍认为其股价不会翻倍，然而其股价后来被证明涨了好多倍，其原因正在于它有隐蔽资产。

（6）可能复苏型。这类企业经过惨败、萧条，并且很难支撑下去的公司，往往绝望中诞生希望，一旦这些公司走出破产边缘而开始复苏时，其股价会迅速脱离当初的暴跌而形成暴涨，这种跌涨给投资者带来了新的投资机会，而且这种跌涨通常与股市大系统关联很小，一旦抓住机会在低价买进，会很快获取较大的收益。

第三节　证券投资的方式

一、证券投资的多种组合方式

证券市场给人以获利的机会，同时也存在各种风险。如何进行证券投资是每个证券投资者必须认真解决的问题，下面介绍几种常用的证券投资组合方式。

（一）三分法投资组合方式

在西方一些国家（如美国），投资者进行投资时，通常比较流行三分法。所谓三分法投资组合方式，就是将 1/3 资金存银行以备不时之需，1/3 购买债券、股票等有价证券作长期投资，1/3 购置房产、土地等不动产。在有价证券投资方面，一般的美国人也是采取三分法来运用资金，他们把资金分成三部分：一部分资金用于购买安全性较高的债券或优先股票，一部分投资于普通股票，一部分资金作为预备金或准备金，以备机动运用。

一般来讲，购买债券，其收入比较固定，可能不会有发大财、获大利的机会，但比较安全可靠。成长性普通股不但可获得优厚的股息收入，而且有时市场价格会意想不到的升高，从而给投资者带来差价收入，因而成长性股票特别受欢迎。在我国，现在个人买房地产的还很少，人们可以把 1/3 用作存款或持有现金在手，1/3 买安全性较高的债券，1/3 投资股票。只要按一定比例恰当分配手中的财产，就能抓住机会迅速致富。

（二）不同时间、地点、企业的分散投资组合方式

（1）企业种类的分散。不要集中买同一行业企业的股票和债券，以免当遇到行业不景气时，投资人会遭受重大损失。

（2）企业单位的分散。即不要把全部资金集中购买某个企业的证券，即使该企业有较好的业绩也要适当分散。

（3）投资时间上的分散。投资债券时可在不同的时间里分几次购买，投资股票前要先了解一下派息时间，投资者可按派息时间岔开选择投资。因为按照惯例，派息前股价都会升高，即使你的股票因利率、物价等变动而在这一时间遭受公共风险，你还可期待到另一时间在派息的股票上获利。

（4）投资区域的分散。各地的企业会受市场、税收、法律、政策诸方面因素的影响，产生不同的效果，从而使股票、债券的价格出现地区差异，分开投资便可获得不同水平上的收益。

（三）按风险等级和获利大小的最佳组合方式

虽说风险不可避免，但对一个投资者来说，当你踏进证券市场去选购各种证券时，你会遇到多大风险，是可以根据证券的信用等级和其他有关方法加以判别和测算的。而投资的报酬率（收益率）根据有关公式也是可以计算出来的。通常最理想的投资组

合方式就是在投资人测定自己希望得到的投资报酬和所能承担的投资风险等级之间，选择一个最合适的组合。例如，你希望得到的投资报酬为10%，那么，在报酬为10%的上市证券中，选择风险等级最低的品种；如果投资者能承担的风险率为10%，那么在那些相同风险等级的证券中，尽量选择投资报酬高的品种。

（四）按长线、中线、短线投资划分的比例组合方式

长线投资是指买进股票以后不立即转让，而是长期持有以便享受优厚的股东权益，持有时间一般在半年以上，其对象主要是目前财务状况良好又有发展前景的公司股票或高收益债券。中线投资指的是购进证券后几个月内不转售，投资对象是估计几个月内可能提供较好盈利的股票。一个投资者应把自己的资金按上述三种情况，分别用于长线投资、中线投资和短线投资。用于长线投资的那部分一定要沉得住气，要明白你的目的是为了在较长时间内等待优厚的收益，是放长线钓大鱼，千万不要因稍有上升就轻易抛出。而用于短线投资的资金，投资者思想上应有所准备，搞得好可大获其利，搞不好全部损失。

二、证券投资的多类计划模式

通常，一些投资者在进入证券市场之前，并不事先制订一个可行的投资计划，只是想凭着自己的主观意识随机应变，这种随机性的投资行为通常为稳健的投资者所不取。特别是对于既缺少经验又没有周密计划的人来说，贸然涉足证券市场，很容易被舆论所左右，其投资要冒很大的风险。而一个明智的投资者在采取行动之前，应该首先认真地调查市场情况，然后根据自己的实力和条件，制订可行的投资计划。下面介绍几种比较流行的投资计划模式。

（一）等级投资计划模式

所谓等级投资计划，一般仅适用于投资股票，其具体方法是：

内心确定股价变动的某个幅度为一个买卖单位，如认定股价上涨或下跌1元、5元或者10元为一个等级，那么当股价上涨或下跌达到一个等级时，就买进或卖出一定数量的股票，这样可以使平均买进价格低于平均卖出价。采用等级投资计划模式，需要把资金分次投入市场，你可以忽略投资时间的选择，坚持按照既定的目标方针进行买卖。在这种投资计划模式下，一个等级单位实际上就是一个投资信号，它告诉你，何时可以买进或者卖出。但是采用等级投资计划模式的投资者，一个必须具备的基本条件是要有较大数量的资金，并且还要灵活运用，不必"死扣"等级单位，在某些情况下，可以根据市场上价格涨落幅度和持续时间，适当加大等级档次。

（二）均价成本投资计划模式

在各种投资方式中，最为证券投资者所推崇并广泛采纳的是均价成本投资计划模式。采用这一方法必须注意应选择具有长期投资价值的股票，而且最好是市场波动比较明显的股票，其具体实施方法是：

在预定的一段时间内（如半年或一年），以同样数目的资金定期买进股票。当股价上涨时，买进的数量相应较少；股价下跌时，买进的数量相应较多。这样在一般情况下可以使平均买进价低于市价水平。

均价成本投资模式属于中长期投资所采用的方式，时间过短，不易体现其"均价"的优越性。它的主要特点是风险小、安全性高。对于一个投资者来说，由于是以同样

量的资金来购买股票,当股价较高时,只能买进少量股票;而在股价较低时,则可以买进较多的股票,因而其每股平均成本要比市价低。但这种投资模式也有不足,当市场股价波动幅度较小并呈下降趋势时,若仍采用此法投资,就可能会发生亏损,并且对于一般的投资者而言,由于缺少一定量的自有资金,很难做到定期、定额地持续买进。

(三) 固定金额投资计划模式

固定金额投资计划模式,是指投资者把投资于股票的金额固定在一个水平上,不论股价上升或下跌,都要保证持股数量在这一固定金额的水平上,它的具体操作方法是:

同时投资于股票和债券,确定持有股票的数量有一个固定金额水平,如 0.5 万元或 1 万元等,在固定金额基础上计划一个百分比,当股价上涨幅度超过这个百分比时,则抛售部分股票,购买债券;反之,当股价下跌幅度超过该百分比时,就卖出债券,买进股票,以保持固定金额的水平。

例如,某投资者拥有资金 1 万元,计划买进股票 7 000 元,并保持这个水平,其余 3 000 元购买债券,并确定当股价下跌超过固定金额的 10% 时,就出售债券,购进股票。那么该投资者只需注意:如果股价上涨,使其持有股票的市价总额达到 8 400 元时,他就应抛出 1 400 元价值的股票并转购债券;反之,当持有股票的市价总额下降到 6 300 元时,他就要卖出 700 元的债券来购进股票。总之,该投资者要始终保持股票价值为 7 000 元左右,上幅不超过 20%,下跌则不少于它的 10%。

(四) 固定比率投资计划模式

固定比率投资计划模式是由固定金额投资计划模式改进的,后者的操作与调整仅仅是为了保持固定金额,缺乏与市场价格相适应的有机联系,而前者则注意到了股票与债券在市价方面所占的比率关系,因而它的核心内容是把持有的股票金额与债券金额确定在一个固定的比率水平上。

例如,某投资者计划总投资 1 万元,确定将持有的股价总额与债券市价总额的比率维持在 7 : 3 的水平,并确定当股价总额上升或下跌 20% 时,就出售股票转购债券,或者转让债券而买进股票,使两者之间的市值比率仍保持在 7 : 3。在投资初期,他拥有 7 000 元价值的股票和 3 000 元价值的债券。如果当股价上升到 20% 时,使其股价的总额达到 8 400 元,这时该投资者应抛售多少股票(并转购债券),才能保持确定的比率?

假设应卖出的股票为 X 元,则计算方法为 $(8\,400-X)/(3\,000+X)=7/3$,解得 $X = 420$(元)。也就是说,该投资者应卖出价值 420 元的股票并以此购进债券,这样他持有的股票市价总额为 7 980 元,持有债券市价总额为 3 420 元,两者之间的比率仍为 7 : 3。反之,当股价下跌 20% 时,其调整方法相同。

通过实例可以看出,这种方法较为灵活,投资者买进的股票金额不再是固定的,而是随着股价的涨跌而相应的增减。这样投资更安全可靠,是一种获利机会较多的投资模式。但是,在实践中要确定一个合适的比率是比较困难的,这需要投资者及时总结经验并不断调整,才能求出较适宜的比率来。

(五) 变动比率投资计划模式

它是将投资对象分为两组:一组是富有进取性、成长性而颇具风险的股票;另一种则是防守性、安全性的债券。这两组之间的投资比率是可以变动的，根据整个市场行情的变化而随之变化。这一计划模式内容复杂、灵活多变、富有弹性，也比较难以掌握，关键是如何确定并调整比率。一般是根据长时期的股价统计资料，计划其"中央价值"，以此求得一个"正常价值"，并以此作为调整比率的依据。这种方式的不足之处是对于初涉股市的新手来说较难操作。

三、证券投资的具体实用方法

在证券投资中，投资者的目的是尽可能降低风险和增加收益，但投资者的目的能否实现最终取决于他们各自的素质，最重要的是取决于他们在投资操作上所具有的基本技巧。下面介绍一些主要的投资操作技巧。

（一）顺势投资法

顺势投资法是指在股票市场中，小户由于资金不足、消息闭塞不能像大户那样操纵股票市场，只好跟着大户左右的股市或股价走，做个"顺风客"，跟着股价的趋势买进卖出。这种办法捞不到大利，也不会吃大亏。投资者在采用此法时，必须注意这样几点：

首先，虽说是"顺势走"，但也得分析一下股市的大趋势。只有当股价已形成中期或长期涨跌趋势时，投资者才会有机会顺势购进或售出股票，而且以做多种交易为宜。如果行情涨跌趋势不稳定，作为小额投资者，此时最好多观望一下，切莫冒险跟进。

其次，要常常注意和提早发现行情的变动趋势，先下手为强，趁大户还未动作时，抢先购进售出。否则，如果顺势购进，很可能抢到的是高价股票；顺势售出，卖出的股票极可能被杀到最低价，左右夹攻，两头受损。

（二）"拨档子"操作法

所谓"拨档子"就是投资者卖出自己持有的股票，等价位下降以后再补回来。投资者"拨档子"并非看坏后市，也并非真正有意获利了结，主要目的是希望趁价位高时，先行卖出，以便自己赚自己的一段差价。通常"拨档子"卖出与买入之间，相隔时间不会太长，最短期的可能只有一两天，最长也不过一两个月，这是多头降低成本，保持实力的操作方式之一。股票投资的大户也常使用"拨档子"方式对股票的进出作技术性的调整。"拨档子"有两种操作方法：

一是行情上涨一段后卖出、回降后不进的"挺升行进间拨档"，这是多头在推动行情上升时，见价位已涨不少，或者遇到沉重的压力，就自行卖出，使股价略为回跌来化解上升阻力，以便于行情再度上升。

二是行情下跌时，投资者趁价位仍高时卖出，等股价跌下后再买回的"滑降行进间拨档"，这是套牢的多头或多头自知实力不如空头时，在股价尚未跌低之前先行卖出，等股价跌落之后再买回反攻。

（三）买进卖出法

股票投资者都希望在买进股票时买到最低点，在卖出股票时卖到最高点。然而，买到最低价与卖到最高价却是极其不容易的事情。以往的经验告诉我们，基于人性的弱点，往往在股价回头下跌到可以进场买入时，投资者大多会认为还会往下跌，于是踌躇不前，坐失大好买进时机；等股价探底成功，反转上扬时，又企图等待回挡时补仓，结果良机一误再误，钱未赚到，后悔不已；最后往往会鬼使神差地买在最高点，追高被套。

另一种情况是：往往在股价上涨到应该可以脱手获利了结之时，投资者大多会认为还会上涨，想卖最高价，于是一等再等，坐失一个个获利了结的时机；等股价下滑，想要卖出时，已被紧紧套住，不忍出手，但最后会在莫名的恐慌下在低点卖出。

（四）保本投资法

采用保本投资法，首先要正确估计自己的"本"，这里所指的"本"，并不是投资者用于购买股票的总金额，而是投资者主观认为在最坏的情况下不愿被损失的那部分金额，即处于停止损失点的基本金额。保本投资法是股票投资避免血本耗尽的一种操作方法。此种方法适用于经济前景欠明朗，股价走势与实质因素显著脱节，行情变化难以捉摸时的股票投资。采用保本投资法最重要的不在于买进的决策，而在于卖出的决策。保本投资法最重要的是获利卖出点和停止损失点的选定。

获利卖出点是指股票投资人在获得一定数额投资利润时，毅然卖出的那一点。这个时候的卖出，不一定是将所有股票一口气统统卖光，而是卖出其所保"本"的那一部分。停止损失点是当行情下跌到只剩下股票投资人心目中的"本"时，即予卖出，以保住其最起码的"本"。简单地说，就是股票投资人在行情下跌到一定比例时，全身而退以免蒙受过分亏损的做法。停止损失点是为了预防行情下跌而制定的，主要的功用在于避免投资损失过大。

特别注意的是，当股票看涨时，确定"本"的卖出点后，不要贪得无厌，延误战机，也不要在股价刚上涨到某一确定点时，就统统把股票抛售一空，因为行情很可能还要继续看涨。

（五）金字塔式投资法

金字塔式投资法是西方国家股票市场投机商使用的一种股票投资方法。其原则有两条：一是愈买愈少，二是愈卖愈多。

愈买愈少的意思是，当股市开始回升，预计未来相当长时间股价处于不断上升趋势时，投资者应趁股价尚低时，将投资资金分批投入市场，并随着股价的增长，购买数量愈来愈少，形成一个金字塔。这种金字塔式买入法有两点好处：如果市场预测准确，股价一直处于上涨趋势，那么各次投入资金购入股票，会增加投资者的收益。这与其他投资方法相比，可能是失去了赢利更多的机会，但毕竟还是赚取了差价收入。由于股市行情多变，不会总如人愿。假如投资者第二次或第三次买入后，股价下跌了，但由于他第二次或第三次买入的股数较少，其损失会少些。可见，金字塔式买入法是增加获利机会而又尽可能减少风险的一种购买股票的方法。

所谓"愈卖愈多"是指当股价上升到某一高位时，投资者应毫不犹豫地分批卖出，如果觉得价格还会升高，应该随着价格逐渐升高，采用先少后多的办法分批出售。这种方法成为倒金字塔式卖出法。它是一种既能把握更大机会，又能减少风险的好办法。

（六）摊平操作法

所谓摊平法，就是摊低成本的一种股票操作方法。是指在投资者买进股票后，由于股价下跌，手中持股形成亏损状态，当股价再度跌落一段以后，投资者再用低价买进一些冲低成本的操作方式。在用摊平操作法时，通常为三次操作（也可以两次），一次买进时只能投入所有资金的1/3。它主要有两种方法：

一是逐次等数买进平摊，即当第一次买进股票后被高位套牢，等股价下跌到一定程度后，分次买进与第一次数额相等的股票。用这种操作法，在第一次投资时，必须严格控制只能投入部分资金，以便留存剩余资金做以后的等数摊平之用。

二是倍数买进摊平法，是指在第一次买进股票之后，如果行情下跌，再加倍或加数倍买进股票，以便摊平。倍数买进摊平，可以作两次或三次，分别称为两次加倍买进摊平和三次加倍买进摊平。

（七）渔翁撒网法

在短期股票投资中，许多股票价格的变化趋向很不明显，投资者难以筛选出有利可图的投资对象。因此，有人认为最好是买进各种股票，等到某种股票价格上涨到有利可图时就出售该种股票。如果整个股票市场出现价格上涨或牛市，投资者可以相继抛售手中的各种股票，以获得较高的利润，即使是出现整个股市下跌，也有人会有某些强势股，这样可以以强抵弱，减少风险损失。这种投资组合方式就称为渔翁撒网法。其主要特征是投资期限短，以分散投资的方式来尽量取得较高的利润，避免单项选择不当的巨大损失。但是过早地卖出升价股票也会减少收入。因此这又有很大的局限性，虽然想稳中求好，但往往还有可能出现相反的结果。

（八）反向投资法

此理论的前提是摸清大众投资者的心理，在大众投资错误的基础上人买我卖，人卖我买；人热我冷，人冷我热。在一般的情况下，股民大多盲从跟风。某种股票价格较低时，大家都纷纷跟风购买，却不知此时股价已经升高，已经接近股价的顶峰。正因如此，消息灵通、头脑清醒的投资者和投资大户准备抛售，因而这是购买股票最不利的时候。

在某些情况下，少数人的买卖行为常常是正确的。选择购买高收益的股票是较好的投资方法。此话说起来容易，操作起来却是相当难。投资者要想获得较高的收益，除必须综合分析多种因素，如发行公司的财务状况、获利能力、资产负债情况、市场情况等外，最重要的是要在投资大众未认识到某股票的收益预期增长时，抢先一步买入；或在大家未认识到某种股票的收益预期下降时，抢先一步卖出。如果等到公众知道股价将会上涨时再买，或者等到公众知道股价会下跌时再卖，这样就已经迟了。

（九）杠铃投资法

杠铃投资法是因以图形表示的形状如两头大、中间小的杠铃而得此名。指投资者把资金集中投放于短期和长期证券上，而相应减少对中期证券投资的一种保持证券头寸的方法。投资于长期证券的优点是收益回报率高，证券增值和资本损失较小。缺点是投资缺乏流动性和灵活性，不能满足投资者临时变现的要求。投资于短期证券的优点是具有高度的灵活性和流动性，便于投资者变现，但收益回报率一般较低。鉴于上述两个方面的投资特征，杠铃投资法集中资金把长、短期证券结合在一起，一定程度上克服了两者的缺点，发挥了各自的优点。

（十）"博傻主义"投资法

该方法是指投资者预测某种股票将持续上涨一段时间，不惜大胆地以高价买入，而在价格更高时以高价卖出，或者投资者预测某种股票将持续下跌，因此在低价位卖出，然后在更低价位补进的一种投资方法。该法是以假定自己是一个"傻子"为前提，颇有大智若愚的意味，并且认为总会有比自己还傻的"傻子"。故此，才敢采用这种以傻赢的方法来获取利润。很明显，如果投资者判断失误，在股价高涨期买股票，而后又无法再以更高的价格卖出时，就会遭受很大的损失。如果投资者在下跌时售出自己的股票，而又没有比之更低的价格可以购回时，投资者的损失是不可忽视的。

（十一）涨时重势、跌时重质法

涨时重势、跌时重质是指在上升行情时，选股主要是着重该股的气势，在下跌行情时，选股主要是着重该股的本质，在下跌行情时，选股着重选些本质好一些的股票。所谓本质好的股票是指交易能力好，偿债能力强，获利多的绩优股。事实证明，在下跌行情时选购这些股票，通常都表现出抗跌性强，跌幅较浅，而且一旦行情反转向上时，涨幅较大，所以说跌时要重质。相对于跌时重质，涨时应重势。因为在人气凝聚的上升行情中，若注意力仍然集中在公司的本质和业绩上，比较容易错失机会。此时，选股一定要注意以下几点：主力介入已深的股票；股性一直较为活跃的股票；跌幅已深、盘整已久的股票；股票常有轮涨的现象，须注意久盘未涨的股票。

（十二）股票箱操作法

把压力线与支撑线用直线连接起来，即成为长方形的股票箱。有经验的短线高手，在确认压力线与支撑线之后，即在股票箱内上下来回操作，当股价上升到压力线时就卖出，当股价下跌到支撑线时就回补。压力线与支撑线通常是一体的两个面。压力会变成支撑，支撑也会转化成压力。当压力线被突破之后，上涨一段再回跌时，原来的压力线就变成支撑线了。相反，当支撑线被跌破之后，下跌一段再回升时，原来的支撑线就变成压力线了。需要注意的是倘若股价有效突破压力线或支撑线时，股价就上升或下跌到另一个股票箱了。投资者应在新的股票箱被确认之后，才可在新的股票箱内上下来回进行操作。

（十三）循迹操作法

作为一个完整的上升行情，一般可分为初升段、主升段、末升段等三段，末升段来临之时，也就是上升行情即将结束之日。在末升段来临时，一般会发生下列现象：

（1）由问题股带头上涨。在初升段与主升段，投资者一般都较理性，都会挑选本质佳、形象好的绩优股；到了末升段，由于绩优股涨幅已高，一些获利差、形象差的问题股，因股价便宜反而成为抢手货，变成带领大盘上涨的股票。

（2）股价全面飙涨。在上升行情初升段与主升段，股价呈现缓和上涨，持久不衰，到了末升段；因投资者总是买进而造成全面飙升。而且其成交量值将接近或突破以往的最高纪录。

（3）股价全面上涨，但成交随之萎缩。在飙涨过程中，若成交量继续放大，这表示换手积极，资金仍在股市中；倘若股价全面上扬，而成交量随之萎缩，固然可能是由于投资人惜售心理造成的，但是无量上升的结果，必然是无量下跌，这表示末段上升行情已经来到。

（4）专家频频跌破眼镜。当专家屡次跌破眼镜，看不懂行情时，就表示大盘的行情用基本面与技术面来分析均告失败，股价全由人气与信心在支撑，则表示行情即将结束。

（5）管理层出面干预。通常管理层在初升段与主升段时，大都不会采取干预行动。到了末升段，眼看股价飙涨的太离谱，会出现一系列的干预行动。

（十四）回避风险操作法

回避风险是指事先预测风险产生的可能程度，判断导致其实现的条件和因素，在行动中尽可能的驾驭它或改变行动的方向避开它。证券投资新手尤其应注意回避风险的问题。具体可以采取以下措施：

（1）当判断股价进入高价圈，随时有转向跌落的可能时，应卖出手中的股票，等待新的投资时机。

（2）当股价处于盘整阶段，难以判断股价即将向上突破还是向下突破时，不要采取投资行动，先观望一下。

（3）多次投资失误，难以作出冷静判断时，应暂时放弃投资行动，进行一下身心调整。

（4）当对某种股票的性质、特点、发行公司状况没有一定了解时，不要忙于购进。

（5）将部分投资资金作为准备金，其目的一是等待更好的投资时机，当时机到来时，准备金追加进去，以增强获利的能力；二是作为投资失利的补充，一旦预测失误投资受损，将准备金补充进去，仍可保持一定投资规模。

（6）不碰过冷或过热的股票。过分冷门的股票虽然价格低，但价格不易波动，上涨乏力，成交量小，变现困难，购入后长期持有，本身就是个损失，所以不宜购买过冷的股票。过分热门的股票，价格涨跌猛烈，成交量大，一般投资者很难把握买卖时机，搞不好会损失很大，所以，轻易不要购买。

思考题：

1. 投资者在进行证券投资活动中应遵循哪些基本原则？
2. 证券买卖时机的选择应注意哪些问题？
3. 选择证券投资对象时应考虑哪些因素？
4. 证券投资组合有哪些方式？
5. 简述证券投资的计划模式。

第九章
证券市场的监管

教学目的与要求：

通过本章的学习，使学生掌握证券监管的机构，证券监管的内容，证券监管的法律法规；理解证券监管的意义、原则，证券市场的自律。

第一节　证券市场监管概述

一、证券市场监管的含义

证券市场监管是指证券监管机构运用相关法律、经济手段对证券的发行、买卖交易等行为以及证券投资中介机构进行管理监督。

二、证券市场监管的意义

对证券市场的监管是国家宏观经济监督体系中不可缺少的一部分，具有非常重要的意义。

（一）保护证券投资者的权益

投资者是证券市场的主体，对活跃和发展证券市场是必不可少的。投资者投资于证券市场是以获得预期收益为前提的。一旦他们的正当权益得不到保障，投资热情会降低，甚至失去进入市场的信心。为了保护投资者的利益，就要加强对证券市场的监管，对证券发行、交易等活动通过立法进行规范，使投资者能充分了解发行者状况和进行公平交易。

（二）维护市场良好秩序

证券市场的存在为人们提供了投资场所，也提供了投机场所，投机活动是证券市场发展不可缺少的因素，但是过度的投机，甚至带有欺诈舞弊性质的非法投机会造成证券市场剧烈波动，从而扰乱正常的市场秩序。为此，必须对证券市场活动进行监管，保护正当交易，维护市场的良好秩序。

（三）发展和完善证券市场体系

完善的市场体系，能够促进证券市场筹资和融资功能的发挥，有利于证券市场的稳定，从而增强社会投资信心，促进资本的合理流动，推动金融业、商业和其他行业的顺利发展。

三、证券市场监管的原则

在证券市场的监管过程中，应遵循下列基本原则：

（一）依法管理的原则

证券市场的巨大影响和复杂性，不允许存在无法可依、随意的监管。证券市场的监管必须通过法律手段，划分和保护权利和义务、利益与风险，使证券市场监管有充分的法律依据和保障。

（二）"三公"原则

"三公"原则指公开、公平、公正原则，其中公开原则贯穿证券市场的整个过程，包括证券发行和交易行为以及与证券发行、交易相关的一切信息的公开。同时这三项原则相辅相成、相互补充，维护证券市场的正常运营和健康发展，从而保护广大投资者的利益。

（三）诚实信用原则

诚信原则是民法中的基本原则，在证券市场监管中它是指参与证券活动的各个主体应当切实履行义务，不得以损害他人利益为目的而滥用权利，不得有任何证券欺诈行为，在证券市场活动中，投资主体众多，信用关系复杂，又由于市场内部机制不完善，很容易出现欺诈、操纵股市等非法行为。因此在市场监管中体现诚信原则就十分必要。

（四）国家监督与自我管理相结合的原则

国家监督与自我管理相结合的原则是世界各国公认的原则。国家对证券市场的监督是监管的保证，而证券从业者的自我约束、自我管理是监管的基础。

四、证券市场监管的机构

（一）国务院证券监督管理机构

1. 中国证券监督管理委员会（简称中国证监会）

中国证监会是国务院直属机构，为全国证券、期货市场的主管部门，按照国务院授权履行行政管理职能，依照相关法律、法规对全国证券、期货业进行集中统一监管，维护证券市场秩序，保障其合法运行。

中国证监会成立于 1992 年 10 月。目前设发行监管部、市场监管部、上市公司监管部、机构监管部、基金监管部、期货监管部、法律部、稽查局、会计部、国际合作部等职能部门，并在全国各地设有派出机构。

中国证监会的主要职责包括：起草证券、期货法律法规，制定管理规则和实施细则，并依法行使审批或者核准权；统一管理证券、期货市场，按规定对证券、期货监管机构实行垂直领导；对有价证券的发行、上市、交易、登记、托管、结算等进行监管；依法对证券发行人、上市公司、证券交易所、证券公司、证券登记结算机构、证券投资基金管理机构、证券投资咨询机构、资信评估机构以及从事证券业务的律师事务所、会计师事务所、资产评估机构的证券业务活动进行监督管理；依法对证券业协会的业务活动进行指导和监管；依法监督检查证券发行和交易的信息公开情况；依法

（规）对证券、期货违法违规行为进行查处；会同有关部门管理证券、期货市场信息，对有关信息咨询进行监管；法律法规规定的其他职责。

2. 中国证券监督管理委员会派出机构

中国证监会在上海、深圳等地设立 9 个稽查局，在各省、自治区、直辖市、计划单列市共设立 36 个监管局。其主要职责是：认真贯彻、执行国家有关法律、法规和方针、政策，依据证监会的授权对辖区内的上市公司，证券、期货经营机构，证券、期货投资咨询机构和从事证券业务的律师事务所、会计师事务所、资产评估机构等中介机构的证券业务活动进行监督管理；依法查处辖区内前述监管范围的违法、违规案件，调解证券、期货业务纠纷和争议；证监会授予的其他职责。

（二）自律性管理机构

1. 证券交易所

根据 1997 年 12 月 10 日国务院证券委员会发布的《证券交易所管理办法》（以下简称《办法》），证券交易所的监管职能包括对证券交易活动进行管理、对会员进行管理以及对上市公司进行管理。

（1）证券交易所对证券交易活动的管理。

根据《办法》，证券交易所应当就交易证券的种类和期限，证券交易方式和操作程序，证券交易中的禁止行为，清算交割、交易纠纷的解决，上市证券的暂停、恢复与取消交易，开市、收市、休市及异常情况的处理，交易手续费及其他有关费用的收取方式和标准，对违反交易规则行为的处理规定，证券交易所证券信息的提供和管理等事项，制定具体的交易规则。在业务规则中，交易所应对证券交易合同的生效和废止条件作出详细的规定，维护在证券交易所达成的证券交易合同的有效性。证券交易所应当保证其业务规则得到切实执行，对违反业务规则的行为要及时处理。对国家有关法律、法规、规章、政策中规定的有关证券交易的违法、违规行为，证券交易所负有发现、制止和上报的责任，并有权在职责范围内予以查处。

证券交易所应当设置符合证券市场监管和实时监控要求的计算机系统，并设立负责证券市场监管工作的专门机构。证监会可以要求证券交易所之间建立以市场监管为目的的信息交换制度和联合监管制度，共同监管跨市场的不正当交易行为，控制市场风险。

（2）证券交易所对会员的管理。

根据《办法》，证券交易所应当就取得会员资格的条件和程序，席位管理办法，与证券交易和清算业务有关的会员内部监管、风险控制、电脑系统的标准及维护等方面要求，会员的业务报告制度，会员所派出市代表在交易场所内的行为规范，会员及其出市代表违法、违规行为的处罚等事项制定具体的会员管理规则。

《办法》要求，证券交易所应当根据国家关于证券经营机构自营业务管理的规定和证券交易业务规则，对会员的证券自营业务实施监管。对会员代理客户买卖证券业务，应在业务规则中作出详细规定并实施监管。证券交易所每年应当对会员的财务状况、内部风险控制制度以及遵守国家有关法规和证券交易所业务规则等情况进行抽查或者全面检查，并将检查结果上报证监会。证券交易所有权要求会员提供有关业务的报表、账册、交易记录及其他文件、资料，同时可根据证券交易所章程和业务规则对会员的违规行为进行制裁。

（3）证券交易所对上市公司的管理。

《办法》规定，证券交易所应当根据有关法律、行政法规的规定，就证券上市的条件、申请和批准程序以及上市协议的内容及格式，上市公告书的内容及格式，上市推荐人的资格、责任、义务，上市费用及其他有关费用的收取方式和标准，对违反上市规则行为的处理规定等事项制定具体的上市规则。证券交易所应当与上市公司订立上市协议，以确定相互间的权利义务关系；同时应当建立上市推荐人制度，保证上市公司符合上市要求，交易所应当监管上市推荐人切实履行业务规则中规定的相关职责。

根据《办法》，证券交易所应当根据证监会统一制定的格式和证券交易所的有关业务规则，复核上市公司的配股说明书、上市公告书等与募集资金及证券上市直接相关的公开说明文件，并监督上市公司按时公布。交易所应当监督上市公司按照规定的报告期限和证监会统一制定的格式，编制并公布年度报告、中期报告，并在其公布后进行检查，发现问题应当根据有关规定及时处理。对上市公司编制的临时报告，证券交易所应当审核；临时报告的内容涉及《公司法》、国家证券法规以及公司章程中规定需要履行审批程序的事项，或者涉及应当报证监会批准的事项，证券交易所应当在确认其已经履行规定的审批手续后，方可准予上市。

2. 证券业协会

证券业协会是证券业的自律性组织。中国证券业协会正式成立于 1991 年 8 月 28 日，是依法注册的具有独立法人地位的、由经营证券业务的金融机构自愿组成的行业性自律组织。它的设立是为了加强证券业之间的联系、协调、合作和自我控制，以利于证券市场的健康发展。中国证券业协会采取会员制的组织形式，凡依法设立并经批准可以从事证券业务经营和中介服务的金融机构，承认协会章程，遵守协会的各项规则，均可申请加入协会，成为协会会员。证券业协会履行下列职责：

（1）协助证券监督管理机构教育和组织会员执行证券法律、行政法规；

（2）依法维护会员的合法权益，向证券监督管理机构反映会员的建议和要求；

（3）收集整理证券信息，为会员提供服务；

（4）制定会员应遵守的规则，组织会员单位从业人员的业务培训，开展会员间的业务交流；

（5）对会员之间、会员与客户之间发生的纠纷进行调解；

（6）组织会员就证券业的发展、运作及有关内容进行研究；

（7）监督、检查会员行为，对违反法律、行政法规或者协会章程的，按照规定给予纪律处分；

（8）国务院证券监督管理机构赋予的其他职责。

五、证券市场监管的内容

（一）信息披露

1. 信息披露的意义

制定证券发行信息披露制度的目的是通过充分公开、公正的制度来保护公众投资者，使其免受欺诈和不法操纵行为的损害。各国均以强制方式要求信息披露。信息披露的意义在于：

（1）有利于价值判断。

从投资者角度看，投资获利是唯一的目的，要从种类繁多的有价证券中选择最有利的投资机会，投资者必须对发行公司的资信、财力及营运状况有充分了解。投资者只有取得有关发行人真实、完整、准确的信息，才能合理地做出投资决策。

（2）防止信息滥用。

公平的证券市场是投资者都有均等获得信息的权利和投资获益机会的市场。证券的发行是公司股权或债权转移的过程，也是风险分散化的过程。如果没有信息公开制度，发行人可能散布虚假信息、隐匿真实信息、滥用信息操纵市场，或以其他方式欺骗投资者而转嫁风险，使得证券市场无法显示证券的真正价值。

（3）有利于监督经营管理。

信息公开包括公司财务信息的公开。以企业会计准则约束企业会计核算，有利于发行公司的管理规范化。信息公开制度的实施，还可以扩大发行公司的社会影响，提高其知名度。

（4）防止不正当竞业。

在公司制度的演化过程中，逐渐实现了所有权与经营权的分离。为保证经营权的合理行使，维护股东和公司债权人的利益，一些国家的公司法规定董事有勤勉义务、忠实义务和竞业禁止义务。所谓竞业禁止义务，是指公司董事在为自己或第三人从事属于公司营业范围的交易时，必须公开有关交易的重要事实，并须得到股东大会的许可。这是由于董事从事竞业行为时可能夺取公司的交易机会，牺牲公司利益，或者利用职务上的便利，对公司造成损害。因此，以法律规定董事承担竞业禁止义务，公开与公司有关的信息，成为维护公司和股东权益的重要手段之一。

（5）提高证券市场效率。

信息公开是提高证券市场效率的关键因素。证券发行与证券投资是实现社会资源配置的过程。这一过程主要依靠市场机制进行调节。证券的发行，包括发行时间、发行品种、发行数量等，主要取决于市场的要求及投资者的投资能力。证券投资是一个选择过程，如果企业资信良好、实力雄厚、管理甚佳、盈利丰厚，其发行的证券必为广大投资者所青睐。因此，为使投资者科学地选择投资对象，实现资源的合理配置，必须建立完备的信息公开系统。

2. 信息披露的基本要求

（1）全面性。

这一要求是指发行人应当充分披露可能影响投资者投资判断的有关资料，不得有任何隐瞒或重大遗漏。

（2）真实性。

这一要求是指发行人公开的信息资料应当准确、真实，不得有虚假记载、误导或欺骗。

（3）时效性。

这一要求是指向公众投资者公开的信息应当具有最新性、及时性。公开资料反映的公司状态应为公司的现实状况，公开资料交付的时间不得超过法定期限。

3. 证券发行与上市的信息公开制度

（1）证券发行信息的公开。

《证券法》第十七条规定，证券发行申请经核准或者经审批，发行人应当依照法律、行政法规的规定，在证券公开发行前，公告公开发行募集文件，并将该文件备置于指定场所供公众查阅。发行证券的信息依法公开前，任何知情人不得公开或者泄露该信息。《证券法》第二十四条规定，证券公司承销证券，应当对公开发行募集文件的真实性、准确性、完整性进行核查；发现含有虚假记载、误导性陈述或者重大遗漏的，不得进行销售活动；已经销售的，必须立即停止销售活动，并采取纠正措施。

（2）证券上市信息的公开。

《证券法》第四十七条规定，股票上市交易申请经证券交易所同意后，上市公司应当在上市交易的 5 日前公告经核准的股票上市有关文件，并将该文件置备于指定场所供公众查阅。《证券法》第四十八条规定，上市公司除公告前条规定的上市申请文件外，还应当公告下列事项：股票获准在证券交易所交易的日期；持有公司股份最多的前 10 名股东的名单和持股数额；董事、监事、经理及有关高级管理人员的姓名及持有本公司股票和债券的情况。《公司法》第五十四条规定，公司债券上市交易申请经证券交易所同意后，发行人应当在公司债券上市交易的 5 日前公告公司债券的上市报告、核准文件及有关上市申请文件，并将申请文件备置于指定场所供公众查阅。

4. 持续信息公开制度

《证券法》第六十一条规定，股票或者公司债券上市交易的公司，应当在每一会计年度结束之日起 4 个月内，向国务院证券监督管理机构和证券交易所提交记载以下内容的年度报告，并予公告：公司概况；公司财务会计报告和经营情况；董事、监事、经理及有关高级管理人员简介及其持股情况；已发行的股票公司债券情况，包括持有公司最多的前 10 名股东名单和持股数额；国务院证券监督管理机构规定的其他事项。

《证券法》第六十条规定，股票或者公司债券上市交易的公司，应当在每一会计年度的上半年结束之日起 2 个月内，向国务院证券监督管理机构和证券交易所提交记载以下内容的中期报告，并予公告：公司财务会计报告和经营情况；涉及公司的重大诉讼事项；已发行的股票、公司债券变动情况；提交股东大会审议的重要事项；国务院证券监督管理机构规定的其他事项。为规范有关持续信息披露程序，中国证监会自 2000 年以来陆续制定了十余项公开发行证券的公司信息披露编报规则，就上市公司有关信息披露事项和披露办法作了明文规定。

5. 证券交易所的信息公开制度

《证券法》第一百零七条规定，证券交易所应当为组织公平的集中竞价交易提供保障，即时公布证券交易行情，并按交易日制作证券市场行情表，予以公布。《证券法》第一百一十条规定，证券交易所对在交易所进行的证券交易实行实时监控，并按照国务院证券监督管理机构的要求，对异常的交易情况提出报告。证券交易所应当对上市公司披露信息进行监督，督促上市公司依法及时、准确地披露信息。

6. 信息披露的虚假或重大遗漏的法律责任

《证券法》关于信息披露文件的责任主体，主要包括发行人及公司发起人；发行人的重要职员，包括董事、监事、经理及在文件中签章的其他职员；注册会计师、律师、工程师、评估师或其他专业技术人员；证券公司。

（1）发行人、证券经营机构在招募说明书、上市公告书、公司报告及其他文件中做出虚假陈述。《证券法》规定，经核准上市交易的证券，其发行人未按照有关规定披露信息，或者所披露的信息有虚假记载、误导性陈述或者有重大遗漏的，由证券监督管理机构责令改正，对发行人处以30万元以上60万元以下的罚款。对直接负责的主管人员和其他直接责任人员给予警告，并处以3万元以上30万元以下的罚款。构成犯罪的，依法追究刑事责任。

（2）律师事务所、会计师事务所、资产评估机构等专业性证券服务机构在其出具的法律意见书、审计报告、资产评估报告及参与制作的其他文件中作出虚假陈述。为证券的发行、上市或者证券交易活动出具审计报告、资产评估报告或者法律意见书等文件的专业机构，就其所应负责的内容弄虚作假的，没收违法所得，并处以违法所得1倍以上5倍以下的罚款，并由有关主管部门责令该机构停业，吊销直接责任人员的资格证书。造成损失的，承担连带赔偿责任；构成犯罪的，依法追究刑事责任。

（3）证券交易所、证券业协会或者其他证券业自律性组织作出对证券市场产生影响的虚假陈述。证券交易所、证券公司、证券登记结算机构、证券交易服务机构的从业人员、证券业协会或者证券监督管理机构的工作人员，故意提供虚假资料，伪造、变造或者销毁交易记录，诱骗投资者买卖证券的，取消从业资格，并处以3万元以上5万元以下的罚款；属于国家工作人员的，还应当依法给予行政处分。构成犯罪的，依法追究刑事责任。

（4）发行人、证券经营机构、专业性证券服务机构、证券业自律性组织在向证券监管部门提交的各种文件、报告和说明书中作出虚假陈述。发行人未按期公告其上市文件或者报送有关报告的，由证券监督管理机构责令改正，对发行人处以5万元以上10万元以下的罚款。

（二）操纵市场

证券市场中的操纵市场，是指某一组织或个人以获取利益或者减少损失为目的，利用其资金、信息等优势，或者滥用职权，制造证券市场假象，诱导或者致使投资者在不了解事实真相的情况下作出证券投资决定，扰乱证券市场秩序的行为。

在证券市场上，证券的交易价格是由证券所代表的权益和证券的供求数量决定的。在实践中，影响证券买卖数量的因素非常多，经济的、政治的因素都有，但是在上述因素之外，还有一种因素也可以导致证券交易价格发生变动，这就是人为操纵。人为地操纵证券交易价格，实质上是制造虚假的证券交易量和证券交易价格，是对不特定的投资者的欺诈行为。

1. 操纵证券市场的危害

（1）虚构供求关系，误导资金流向。

我们知道，进行公开交易的股票价格与市场上的供求关系有紧密关系，当某种股票供过于求时，其价格就会下跌；反之当该股票的求大于供时，其价格就会上涨。在正常的情况下股票市场上供求关系的变化又和上市公司的经营管理状况紧密相连。当一个公司经营有方，利润增长时，其股票就会吸引广大投资者竞相购买，由此引起市场上对该公司股票的需求增长，从而使得该股票价格上涨。因此，人们常说，股票的市场价格是发行公司经营管理情况的集中表现。操纵股票行情的行为，就是利用了市场调节股票价格的原理，通过有意哄抬某一股票的价格，或有意压低某一股票的价格等各种手段，人为影响股市供求关系，使股票价格与上市公司的经营状况脱离，投机者就在股票价格的变化之中，误导资金流向。在这种情况下，资金不是流向最需要资金的企业或部门，而是流向能为操纵者赚取暴利的地方。

（2）损害广大投资者的利益。

行为人利用资金优势、持股优势或信息优势联合操纵或连续买卖，造成交易踊跃火爆的假相，引诱其他人进入股市，当其他投资者一旦跟着买进或卖出，股价的涨跌达到一定价位时，操纵者就迅速在高价位售出股票套现或在低价位购进股票待涨。在这类交易中，受到损害的往往是盲目跟风，在资金、信息方面没有优势的广大中小投资者。

（3）破坏市场竞争机制。

竞争机制一方面强调平等主体在竞争中的优胜劣汰，另一方面也强调各种市场主体之间的自由选择，它是市场经济的生命所在。垄断是和竞争机制对立的。在市场经济条件下，垄断是竞争机制的最主要的遏制力量。垄断表现为经济生活中的排他性、控制和价格操纵。而操纵行情就是证券市场上的垄断行为。操纵市场最直接的结果之一，就是扭曲证券市场的价格，这不仅会扭曲个股的行情，而且会扭曲整个大盘的走势，给国民经济的健康发展造成负面影响，广大投资者无法或难以作出正确的投资选择，从而使市场竞争机制难以发挥积极作用。

（4）引发经济危机、危害金融体系。

一国的金融体系是该国经济的命脉，牵一发而动全身。而金融体系主要是由证券市场、银行、汇市等组成的。证券市场的恶意炒作、违法操作和过度投机造成的虚假繁荣以及不合理和异常的价格波动，都有可能促成、加深或延长一国的社会经济危机。

2. 操纵市场的行为方式

（1）虚买虚卖。

虚买虚卖是指以影响证券市场行情为目的，人为创造证券交易的虚假繁荣，从事所有权非真实转移的交易行为。其构成要件有两个：一是行为人主观上有创造市场虚假繁荣、诱导公众投资者盲目跟进从而达到影响市场行情的目的；二是行为人客观上达成交易，但证券未交割、财产所有权未转移。在证券市场上，虚买虚卖的手法主要有以下几种：第一种是交易双方同时委托同一经纪商在证券交易所相互申报买进卖出，都作相互应买应卖，但其间并无证券或款项的交割行为；第二种是投机者分别下达预先配好的委托给两家经纪商，由一经纪商买进，另一经纪商卖出，但所有权并未发生实质性转移；第三种手法是投机者（称为"做手"）先卖出一定数额的股票，由预先安排的同伙买进，继而又将证券退还给做手，取回价款的行为。

（2）合谋。

合谋是指行为人欲影响市场行情而与他人同谋，由一方做出交易委托，另一方按对方委托的内容，在同一时间、地点，以同等数量和价格反向委托，并达成交易的行为。其要件是交易双方有通谋行为，委托在时间、价格、数量上具有相似性。

（3）连续交易操纵。

连续交易操纵是指以抬高或者压低证券交易价格为目的，而自行或与一个或更多的人连续买卖在交易所上市的证券，蓄意造成证券交易繁荣现象的行为。构成连续交易操纵的要件有两个：一个是连续交易导致一定的市场表象或价格的变化；另一个是行为者以抬高或者压低证券交易价格为目的。

3. 操纵市场行为

（1）通过单独或者合谋，集中资金优势、持股优势联合或者连续买卖，操纵证券交易价格。

（2）与他人串通，以事先约定的时间、价格和方式相互进行证券交易或者相互买卖并不持有的证券，影响证券交易价格或者证券交易量。

（3）以自己为交易对象，进行不转移所有权的自买自卖，影响证券交易价格或者证券交易量。

（4）以其他方式操纵证券交易价格。

4. 对操纵市场行为的监管

（1）事前监管。

事前监管是指在发生操纵行为前，证券管理机构采取必要手段以防止损害发生。为实现这一目的，各国证券立法和证券管理机构都在寻求有效的约束机制。如美国《证券交易法》第二十一条赋予证券管理机构广泛的调查权，以约束种类繁多的市场危害行为。

（2）事后救济。

事后救济是指证券管理机构对市场操纵行为者的处理及操纵者对受损当事人的损害赔偿。主要包括两个方面：第一，对操纵行为的处罚。根据我国《证券法》规定，操纵证券交易价格或者制造证券交易的虚假价格或者证券交易量，获取不正当利益或者转嫁风险的，没收违法所得，并处违法所得1倍以上5倍以下的罚款；构成犯罪的，依法追究刑事责任。证券经营机构的操纵行为被查实后，证券管理机构可以暂停或取消其注册资格，取消其交易所会员资格，或对其交易数量加以限制，或令其停止部分或全部交易。第二，操纵行为受害者可以通过民事诉讼获得损害赔偿。

（三）欺诈行为

欺诈客户是指以获取非法利益为目的，违反证券管理法规，在证券发行、交易及相关活动中从事欺诈客户、虚假陈述等行为。

1. 欺诈客户行为

（1）证券经营机构将自营业务和代理业务混合操作；

（2）证券经营机构违背代理人的指令为其买卖证券；

（3）证券经营机构不按国家有关法规和证券交易场所业务规则的规定处理证券买卖委托；

（4）证券经营机构不在规定时间内向被代理人提供证券买卖书面确认文件；

（5）证券登记、清算机构不按国家有关法规和本机构业务规则的规定办理清算、交割、过户、登记手续；

（6）证券登记、清算机构擅自将顾客委托保管的证券用作抵押；

（7）证券经营机构以多获取佣金为目的，诱导顾客进行不必要的证券买卖，或者在客户的账户上翻炒证券；

（8）发行人或者发行代理人将证券出售给投资者时，未向其提供招募说明书；

（9）证券经营机构保证客户的交易收益或者允诺赔偿客户的投资损失等。

2. 对欺诈客户行为的监管

为了禁止证券欺诈行为，维护证券市场秩序，保护投资者的合法权益和社会公共利益，国务院于 1993 年 9 月 2 日发布了《禁止证券欺诈行为暂行办法》（以下简称《暂行办法》）。《暂行办法》对我国证券发行、交易及相关活动中的内幕交易、操纵市场、欺诈客户、虚假陈述等行为进行了明确的界定并制定了相应的处罚措施。《暂行办法》规定，禁止任何单位或个人在证券发行、交易及其相关活动中欺诈客户。证券经营机构、证券登记或清算机构以及其他各类从事证券业的机构有欺诈客户行为的，将根据不同情况，限制或者暂停证券业务及其他处罚。因欺诈客户行为给投资者造成损失的，应当依法承担赔偿责任。

（四）内幕交易

所谓内幕交易，又称为知内情者交易，是指公司董事、监事、经理、职员、主要股东、证券市场内部人员或市场管理人员，以获取利益或减少经济损失为目的，利用地位、职务等便利，获取发行人未公开的、可以影响证券价格的重要信息，进行有价证券交易，或泄露该信息的行为。

1. 禁止内幕交易的意义

内幕交易的实质是造成市场不公平、降低市场效率，其危害极为严重。禁止内幕交易行为，在保护投资者利益，维护证券市场健康、有序、安全地发展等方面具有重要意义。

（1）证券交易不同于一般商品交易

证券交易的特性决定了证券交易更需要公平获取信息。一般商品可以直观地看到交易对象，可以讨价还价，可以就交易条件、交易方式进行谈判，还可以协商解除买卖，而证券交易通过现代通讯设施和科技手段在指定场所进行，没有当面讨价还价的过程，证券价格反映了所有的信息，证券交易不能"恢复原状"。一般商品交易只要看到商品的质量就行，不需要了解商品的生产者的资信状况，而证券交易完全是通过了解发行公司的资信状况而作出买卖判断，在一个成熟而规范的市场上，证券价格通常能迅速而直接地反映公司状况。证券交易的这种特性决定了证券投资人更需要公平地获得公司信息，禁止一部分人利用职权、利用业务便利或其他便利条件先于其他投资人获得信息并利用这种未公开信息买卖证券牟取利益或避免损失，法律规定上市公司依法定时间、法定内容向公众发布信息是投资人能公平获取信息，公平进行证券交易的保证。

内幕人员或非法获取内幕信息的人员利用尚未公开的对证券价格发生重要影响的信息，先行一步买入或卖出证券，获取利益或减少损失，是在不平等的前提下进行的交易，侵害了证券交易的正常秩序。因此，禁止内幕交易是维持市场公平交易原则的需要。

（2）禁止内幕交易是维护投资者的信心，保护证券市场健康、安全、规范发展的需要

投资者只有在公平、合理、规范、有序的环境下才能进行正常的证券交易行为。如果存在内幕交易，就是存在不公平和欺诈，就会使投资人对市场丧失信心，从而离开市场，放弃对证券的投资，最终影响证券市场平稳、健康的发展。投资者对市场的信心是证券市场健康发展的基础，破坏这个基础，就会破坏市场。以社会整体利益来看，证券市场的发展直接关系到国家经济的繁荣和发展。如果允许内幕交易存在，证券市场就会混乱不堪，不仅市场没有了客观的运行规律、价格规律，而且价格和信息

背离，还会带来人为的各种不安定因素。

（3）禁止内幕交易是提高和保护市场效率的需要

资源必须有效率地配置，市场必须有效率地运作，而内幕交易是无效率的，这主要体现在内幕人掌握了内幕信息后，便寻求自己在交易中的优势地位，只有当他确保了自己在内幕交易中所获的利益或减少的损失之后，他才会公开内幕信息。这样的迟延公开信息，证券价格就不能准确反映其价值，就会误导投资人进行投资交易，使社会资金错误地进行配置。而资金不能得到最大限度的利用和最大限度地创造利润，就是浪费资金，就是无效率或低效率。

（4）禁止内幕交易是一系列市场交易原则的体现

交易平等、诚实信用、反对欺诈是世界公认的一系列市场规则。内幕交易违反交易平等、诚实信用原则，是欺诈行为，必须禁止。

2. 内幕交易的行为主体

《证券法》第六十八条规定，下列人员为知悉证券交易内幕信息的知情人员：发行股票或者公司债券的公司董事、监事、经理、副经理及有关高级管理人员；持有公司5%以上股份的股东；发行股票公司的控股公司的高级管理人员；由于所任公司职务可以获取公司有关证券交易信息的人员；证券监督管理机构工作人员以及由于法定职责对证券交易进行管理的人员；由于法定职责而参与证券交易的社会中介机构或者证券登记结算机构、证券交易服务机构的有关人员；国务院证券监督管理机构规定的其他人员。

3. 内幕信息

《证券法》第六十九条规定，在证券交易活动中，涉及公司的经营、财务或者对该公司证券的市场价格有重大影响的尚未公开的信息，为内幕信息。下列各项信息皆属内幕信息：本法第六十二条所列重大事件；公司分配股利或者增资计划；公司股权结构的重大变化；公司债务担保的重大变更；公司营业用主要资产的抵押、出售或者报废一次超过该资产的30%；公司的董事、监事、经理、副经理或者其他高级管理人员的行为可能依法承担重大损害赔偿责任；上市公司收购的有关方案；国务院证券监督管理机构认定的对证券交易价格有显著影响的其他重要信息。

4. 内幕交易的行为方式

内幕交易的行为方式主要表现为行为主体知悉公司内幕信息，且从事有价证券的交易或其他有偿转让行为，或者泄露内幕信息或建议他人买卖证券等。

5. 对内幕交易的监管

《证券法》第七十条规定，知悉证券交易内幕信息的知情人员或者非法获取内幕信息的其他人员，不得买入或者卖出所持有的该公司的证券，或者泄露该信息或者建议他人买卖该证券。《暂行办法》规定，禁止任何单位或个人以获取利益或减少损失为目的，利用内幕信息进行证券发行、交易活动。

内幕交易行为包括：

（1）内幕人员利用内幕信息买卖证券或者根据内幕信息建议他人买卖证券；

（2）内幕人员向他人泄露内幕信息，使他人利用该信息进行内幕交易；

（3）非内幕人员通过不正当手段或者其他途径获得内幕信息，并根据该信息买卖证券或者建议他人买卖证券等。

根据《暂行办法》规定，内幕人员和以不正当手段或者其他途径获得内幕信息的其他人员违反法律规定，泄露内幕信息，根据内幕信息买卖证券或者建议他人买卖证券的，将根据不同情况予以处罚，并追究有关人员的责任。

第二节　证券市场的法律监管

一、《中华人民共和国证券法》

《证券法》于1998年12月29日第九届全国人民代表大会常务委员会第六次会议通过，1999年7月1日起实施。《证券法》共12章214条，包括总则、证券发行、证券交易、上市公司收购、证券交易所、证券公司、证券登记结算机构、证券交易服务机构、证券业协会、证券监督管理机构、法律责任、附则等。

2005年10月27日第十届全国人民代表大会常务委员会第十八次会议对《证券法》进行了修订，于2006年1月1日起生效。《证券法》涵盖了中国境内的股票、公司债券和国务院依法认定的其他证券的发行、交易和管理，其核心是保护投资者的合法权益，维护社会经济秩序和社会公共利益。修订的主要内容有：完善上市公司的监管制度，提高上市公司的质量；加强对证券公司的监管，防范和化解证券市场风险；加强对投资者特别是中小投资者权益的保护；完善证券的发行、证券交易、证券登记结算制度，规范市场秩序；完善证券监管制度，加强对证券市场的监管力度；强化证券违法行为的法律责任。

二、《中华人民共和国公司法》

《公司法》于1993年12月29日第八届全国人民代表大会常务委员会第五次会议通过，1994年7月1日起实施。又分别根据1999年12月25日第九届全国人民代表大会常务委员会第十三次会议和2004年8月28日第十届全国人民代表大会常务委员会第十一次会议通过的《关于修改〈中华人民共和国公司法〉的决定》进行了两次修订。于2005年10月27日第十届全国人民代表大会常务委员会第十八次会议修订，2006年1月1日起生效。

《公司法》分13章219条，对中国境内有限责任公司的设立和组织机构，股份有限公司的设立和组织机构，股份有限公司的股份发行和转让，公司债券，公司财务和会计，公司合并和分立，公司破产、解散和清算，外国公司的分支机构，法律责任等内容制定了相应的法律条款。调整范围包括股份有限公司或者有限责任公司，其核心是保护公司、股东和债权人的合法权益，规范公司的法人治理结构，明确股东会、董事会和监事会的权力与职责。修订的主要内容是修改公司设立制度，广泛吸引社会资金，促进投资和扩大就业；完善公司法人治理结构，健全内部监督约束机制，提高公司的运作效率；健全股东合法权益和社会公共利益的保护机制，鼓励投资；规范上市公司治理结构，严格上市公司及其有关人员的法律义务和责任，推进资本市场的稳定健康发展；健全公司融资制度，充分发挥资本市场对国民经济发展的推动作用；调整公司的财务会计制度，满足公司运营和监督管理的实际需要。

三、《中华人民共和国证券投资基金法》

《证券投资基金法》于 2003 年 10 月 28 日第十届全国人民代表大会常务委员会第五次会议通过，2004 年 6 月 1 日起正式实施。《证券投资基金法》总共 12 章 103 条，包括总则，基金管理人，基金托管人，基金的募集，基金份额的交易，基金份额的申购与赎回，基金的运作与信息披露，基金合同的变更、终止与基金财产清算，基金份额持有人权利及其行使，监督管理，法律责任及附则。其调整范围为证券投资基金的发行、交易、管理、托管等活动，目的是规范证券投资基金活动，保护投资人及相关当事人的合法权益，促进证券投资基金和证券市场的健康发展。

四、《中华人民共和国刑法》

（一）欺诈发行股票、债券罪

欺诈发行股票、债券罪是指在招股说明书、认股书、公司企业债券募集办法中隐瞒重要事实或者编造重大虚假内容，发行股票或者公司、企业债券，数额巨大、后果严重或者有其他严重情节。个人犯此罪的，处 5 年以下有期徒刑或者拘役，并处或者单处非法募集资金金额 1% 以上 5% 以下罚金；单位犯此罪的，对单位判处罚金，并对其直接负责的主管人员和其他直接责任人员，处 5 年以下有期徒刑或者拘役［《中华人民共和国刑法》（以下简称《刑法》）第一百六十一条］。

（二）提供虚假财务会计报告罪

提供虚假财务会计报告罪是指公司向股东和社会公众提供虚假或者隐瞒重要事实的财务会计报告，严重损害股东或者其他人利益。对公司直接负责的主管人员和其他直接责任人员，处 3 年以下有期徒刑或者拘役，并处或者单处 2 万元以上 20 万元以下罚金（《刑法》第一百六十一条）。

（三）擅自发行股票和公司、企业债券罪

该罪是指未经国家有关主管部门批准，擅自发行股票或者公司、企业债券，数额巨大、后果严重或者有其他严重情节的，处 5 年以下有期徒刑或者拘役，并处或者单处非法募集资金金额 1% 以上 5% 以下罚金。单位犯上述罪的，对单位判处罚金，并对其直接负责的主管人员和其他直接责任人员，处 5 年以下有期徒刑或者拘役（《刑法》第一百七十九条）。

（四）内幕交易、泄露内幕信息罪

证券、期货交易内幕信息的知情人员或者非法获取证券、期货交易内幕信息的人员，在涉及证券的发行，证券、期货交易或者其他对证券、期货交易价格有重大影响的信息尚未公开前，买入或者卖出该证券，或者从事与该内幕信息有关的期货交易，或者泄露该信息，情节严重的，处 5 年以下有期徒刑或者拘役，并处或者单处违法所得 1 倍以上 5 倍以下罚金；情节特别严重的，处 5 年以上 10 年以下有期徒刑，并处违法所得 1 倍以上 5 倍以下罚金。单位犯前款罪的，对单位判处罚金，并对其直接负责的主管人员和其他直接责任人员，处 5 年以下有期徒刑或者拘役。内幕信息、知情人员的范围，依照法律、行政法规的规定确定［《中华人民共和国刑法修正案（二）》（以下简称《刑法修正案（二）》）第一百八十条］。

（五）编造并传播影响证券交易虚假信息罪、诱骗他人买卖证券罪

编造并且传播影响证券、期货交易的虚假信息，扰乱证券、期货交易市场，造成严重后果的，处 5 年以下有期徒刑或者拘役，并处或者单处 1 万元以上 10 万元以下罚金。证券交易所、期货交易所、证券公司、期货经纪公司的从业人员，证券业协会、期货业协会或者证券期货监督管理部门的工作人员，故意提供虚假信息或者伪造、变造、销毁交易记录，诱骗投资者买卖证券、期货合约，造成严重后果的，处 5 年以下有期徒刑或者拘役，并处或者单处 1 万元以上 10 万元以下罚金；情节特别恶劣的，处 5 年以上 10 年以下有期徒刑，并处 2 万元以上 20 万元以下罚金。单位犯前两款罪的，对单位判处罚金，并对其直接负责的主管人员和其他直接责任人员，处 5 年以下有期徒刑或者拘役（《刑法修正案（二）》第一百八十一条）。

（六）操纵证券市场罪

操纵证券、期货交易价格，获取不正当利益或者转嫁风险，情节严重的，处 5 年以下有期徒刑或者拘役，并处或者单处违法所得 1 倍以上 5 倍以下罚金：单独或者合谋，集中资金优势、持股或者持仓优势或者利用信息优势联合或者连续买卖，操纵证券、期货交易价格的；与他人串通，以事先约定的时间、价格和方式相互进行证券、期货交易，或者相互买卖并不持有的证券，影响证券、期货交易价格或者证券、期货交易量的；以自己为交易对象，进行不转移证券所有权的自买自卖，或者以自己为交易对象，自买自卖期货合约，影响证券、期货交易价格或者证券、期货交易量的；以其他方法操纵证券、期货交易价格的。单位犯前款罪的，对单位判处罚金，并对其直接负责的主管人员和其他直接责任人员，处 5 年以下有期徒刑或者拘役（《刑法修正案（二）》第一百八十二条）。

五、中华人民共和国会计法

《中华人民共和国会计法》（简称《会计法》）于 1999 年 10 月 31 日修订通过，自 2000 年 7 月 1 日起施行。共 7 章 52 条，内容包括总则，会计核算，公司、企业会计核算的特别规定，会计监督，会计机构和会计人员，法律责任，附则。制定《会计法》是为了规范和加强会计工作，保障会计人员依法行使职权，发挥会计工作在维护社会主义市场经济秩序、加强经济管理、提高经济效益中的作用。

《会计法》的特点是：规范了会计核算和会计记账的基本制度和规则，强化了单位负责人对本单位会计工作和会计资料真实性、完整性负责的责任制，增加了会计人员的资格管理，强化了对会计活动的制约和监督，加大了对违法行为的处罚力度。

《会计法》规定公司、企业进行会计核算不得有下列行为：随意改变资产、负债、所有者权益的确认标准或者计量方法，虚列、多列、不列或者少列资产、负债、所有者权益；虚列或者隐瞒收入，推迟或者提前确认收入；随意改变费用、成本的确认标准或者计量方法，虚列、多列、不列或者少列费用、成本；随意调整利润的计算、分配方法，编造虚假利润或者隐瞒利润；违反国家统一的会计制度规定的其他行为。

第三节 证券市场的行政监管

一、国务院行政法规

国务院发布了众多与证券有关的条例等行政法规，对证券行业进行监管，下面选择主要的行政法规予以介绍。

（一）证券公司风险处置条例

《证券公司风险处置条例》于 2008 年 4 月 23 日公布并实施。该条例总结了近年来证券公司风险处置过程中好的措施和成功经验，立足现实需要，同时考虑将来的发展趋势，进一步健全和完善证券公司市场退出机制，巩固证券公司综合治理的成果，促进证券市场健全、稳定发展。

《证券公司风险处置条例》共分为 7 章 63 条，包括总则，停业整顿、托管、接管、行政重组，撤销，破产清算和重整，监督协调，法律责任，附则等内容。其制定原则是：化解证券市场风险，保障证券交易正常运行，促进证券业健康发展；保护投资者合法权益和社会公共利益，维护社会稳定；细化、落实《证券法》、《中华人民共和国企业破产法》，完善证券公司市场退出法律制度；严肃市场法纪，惩处违法违规的证券公司和责任人。

（二）证券公司监督管理条例

《证券公司监督管理条例》于 2008 年 4 月 23 日公布，自 2008 年 6 月 1 日起施行。《证券公司监督管理条例》共分总则、设立与变更、组织机构、业务规则与风险控制、客户资产的保护、监督管理措施、法律责任、附则等内容，制定该条例的目的是为了加强对证券公司的监督管理，规范证券公司的行为，防范证券公司的风险，保护客户的合法权益和社会公共利益，促进证券业健康发展。条例规定，证券公司应当遵守法律、行政法规和国务院证券监督管理机构的规定，审慎经营，履行对客户的诚信义务。证券公司的股东和实际控制人不得滥用权力，占用证券公司或者客户的资产，损害证券公司或者客户的合法权益。国家鼓励证券公司在有效控制风险的前提下，依法开展经营方式创新、业务或者产品创新、组织创新和激励约束机制创新。国务院证券监督管理机构有权采取下列措施，对证券公司的业务活动、财务状况、经营管理情况进行检查：询问证券公司的董事、监事、工作人员，要求其对有关检查事项做出说明；进入证券公司的办公场所或者营业场所进行检查；查阅、复制与检查事项有关的文件、资料，对可能被转移、隐匿或者毁损的文件、资料、电子设备予以封存；检查证券公司的计算机信息管理系统，复制有关数据资料。

（三）期货交易管理条例

《期货交易管理条例》自 2007 年 4 月 15 日起施行。该条例共分总则、期货交易所、期货公司、期货交易基本规则、期货业协会、监督管理、法律责任、附则等内容。条例制定的目的是为了规范期货交易行为，加强对期货交易的监督管理，维护期货市场秩序，防范风险，保护期货交易各方的合法权益和社会公共利益，促进期货市场积极稳妥发展，任何单位和个人从事期货交易，包括商品和金融期货合约、期权合约交易及其相关活动，应当遵守该条例。

205

国务院期货监督管理机构对期货市场实施监督管理，依法履行下列职责：制定有关期货市场监督管理的规章、规则，并依法行使审批权；对品种的上市、交易、结算、交割等期货交易及其相关活动，进行监督管理；对期货交易所、期货公司及其他期货经营机构、非期货公司结算会员、期货保证金安全存管监控机构、期货保证金存管银行、交割仓库等市场相关参与者的期货业务活动，进行监督管理；制定期货从业人员的资格标准和管理办法，并监督实施；监督检查期货交易的信息公开情况；对期货业协会的活动进行指导和监督；对违反期货市场监督管理法律、行政法规的行为进行查处；开展与期货市场监督管理有关的国际交流、合作活动；法律、行政法规规定的其他职责。

国务院期货监督管理机构依法履行职责，可以采取下列措施：对期货交易所、期货公司及其他期货经营机构、非期货公司结算会员、期货保证金安全存管监控机构和交割仓库进行现场检查；进入涉嫌违法行为发生场所调查取证；询问当事人和与被调查事件有关的单位和个人，要求其对与被调查事件有关的事项做出说明；查阅、复制与被调查事件有关的财产权登记等资料；查阅、复制当事人和与被调查事件有关的单位和个人的期货交易记录、财务会计资料以及其他相关文件和资料；对可能被转移、隐匿或者毁损的文件和资料，可以予以封存；查询与被调查事件有关的单位的保证金账户和银行账户；在调查操纵期货交易价格、内幕交易等重大期货违法行为时，经国务院期货监督管理机构主要负责人批准，可以限制被调查事件当事人的期货交易，但限制的时间不得超过 15 个交易日；案情复杂的，可以延长至 30 个交易日；法律、行政法规规定的其他措施。

（四）股票发行与交易暂行条例

《股票发行与交易管理暂行条例》于 1993 年 4 月 22 日发布并实施。在中华人民共和国境内从事股票发行、交易及其相关活动，必须遵守本条例。其主要内容有：股份有限公司申请公开发行股票；原有企业改组设立股份有限公司申请公开发行股票、股份有限公司增资申请公开发行股票；定向募集公司申请公开发行股票的条件、申请程序、报送文件、上市公告等有关规定；上市公司的信息披露；上市公司的收购；股票的保管、清算和过户；违反条例以及操纵、欺诈、不规范行为的处罚；与股票发行或交易有关争议的仲裁等有关具体的规定等。

另外，人民币特种股票发行与交易、境内企业直接或者间接到境外发行股票、将其股票在境外交易的具体办法另行制定。

二、证券监督管理委员会行政规章

证券监督管理委员会作为证券监督管理的部门，制定了部门行政规章，规范和监督证券行业的发展。这里主要介绍一些部门规章。

（一）期货从业人员管理办法

为了加强期货从业人员的资格管理，规范期货从业人员的执业行为，根据《期货交易管理条例》，制定本办法。自 2007 年 7 月 4 日起施行。中国证监会及其派出机构依法对期货从业人员进行监督管理。中国期货业协会（以下简称协会）依法对期货从业人员实行自律管理，负责从业资格的认定、管理及撤销。共分总则、从业资格的取得和注销、执业规则、监督管理、罚则、附则等内容。

（二）证券公司缴纳证券投资者保护基金实施办法（试行）

该办法自 2007 年 3 月 28 日起施行，分为总则、缴纳比例、缴纳方式、监督管理、附则等内容，是为规范证券公司缴纳证券投资者保护基金（以下简称保护基金）行为，保证及时、足额筹集保护基金而制定的办法。依照《证券投资者保护基金管理办法》的规定，证券公司应当按其营业收入的 0.5%~5% 向保护基金公司缴纳保护基金。证券公司采用当年预缴、次年汇算清缴的方式缴纳保护基金。

（三）关于贴现国债实行净价交易的通知

2007 年 3 月 12 日财政部、人民银行、证监会财库发布公告，为完善国债净价交易制度，便于短期国债定期滚动发行，依照财政部、中国人民银行、中国证监会联合印发的《关于试行国债净价交易有关事宜的通知》有关规定，贴现发行的零息国债净价交易有关事宜通知如下：

1. 应计利息额计算方法

贴现发行的零息国债应计利息额采用实际天数法计算：

应计利息额=（到期兑付额−发行价格）÷起息日至到期日的天数×起息日至结算日的天数

其中，应计利息额、到期兑付额和发行价格均按一百元人民币为单位表示。

2. 具体实施时间

贴现发行的零息国债实行净价交易，需要对发行系统、交易系统、结算系统以及有关辅助系统进行改造。各有关单位应尽快做好相关技术准备和系统调试工作，并在 2007 年 8 月份以前对贴现发行的零息国债实施净价交易。

（四）上市公司信息披露管理办法

该办法自 2007 年 1 月 30 日起施行，包括总则、招股说明书、募集说明书与上市公告书、定期报告、临时报告、信息披露事务管理、监督管理与法律责任、附则等内容，制定目的是为了规范发行人、上市公司及其他信息披露义务人的信息披露行为，加强信息披露事务管理，保护投资者合法权益。信息披露义务人应当真实、准确、完整、及时地披露信息，不得有虚假记载、误导性陈述或者重大遗漏。信息披露义务人应当同时向所有投资者公开披露信息。上市公司及其他信息披露义务人违反本办法的规定，情节严重的，中国证监会可以对有关责任人员采取证券市场禁入的措施。违反本办法，涉嫌犯罪的，依法移送司法机关，追究刑事责任。

（五）中国证监会股票发行核准程序

《中国证监会股票发行核准程序》于 2000 年 3 月 16 日经国务院批准，由中国证监会正式公布实施。其基本内容包括：发行人按照中国证监会颁布的《公司公开发行股票申请文件标准格式》制作申请文件，经省级人民政府或国务院有关部门同意后，由主承销商推荐并向中国证监会申报。中国证监会收到申请文件后，在 5 个工作日内做出是否受理的决定。未按规定要求制作申请文件的，不予受理。

为了提高股票发行工作水平，主承销商在报送申请文件前，应对发行人辅导 1 年，并出具承诺函。对辅导工作的要求遵照《股票发行辅导工作暂行规定》。中国证监会受理申请文件后，对发行人申请文件的合规性进行初审，并在 30 日内将初审意见函告发行人及其主承销商。主承销商自收到初审意见之日起 10 日内，须将补充完善的申请文件报至中国证监会。

在初审过程中，国家发展和改革委员会和国家商务部还将就发行人投资项目是否符合国家产业政策出具意见并函告中国证监会。中国证监会对按初审意见补充完善的申请文件进一步审核，并在受理申请文件后60日内，将初审报告和申请文件提交发行审核委员会审核。发行审核委员会在充分讨论之后，以投票方式对股票发行申请进行表决，出具审核意见。依据发行审核委员会的审核意见，中国证监会对发行人的发行申请作出核准或不予核准的决定，不予核准的应说明理由。中国证监会自受理申请文件到作出决定的期限为3个月。发行申请未被核准的企业，自接到中国证监会书面决定之日起60日内，可提出复议申请。中国证监会收到复议申请后60日内，对复议申请作出决定。

（六）合格境外机构投资者境内证券投资管理暂行办法

合格境外机构投资者是指符合规定条件，经中国证监会批准投资于中国证券市场，并取得国家外汇管理局额度批准的中国境外基金管理机构、保险公司、证券公司以及其他资产管理机构。《合格境外机构投资者境内证券投资管理暂行办法》自2002年12月1日起施行，共7章39条。包括总则、资格条件和审批程序、托管、登记和结算、投资运作、资金管理、监督管理和附则等。

（七）外资参股证券公司设立规则

外资参股证券公司包括境外股东受让、认购境内证券公司股权而变更的证券公司或者境外股东与境内股东共同出资设立的证券有限责任公司。《外资参股证券公司设立规则》自2002年7月1日起施行，共28条。主要内容是：外资参股证券公司的定义、对外资参股证券公司的审批和监督管理机构、外资参股证券公司的组织形式、业务范围、具备条件、外资参股证券公司的股东的具备条件、境外股东持股比例、申请设立外资参股证券公司应向中国证监会提交的文件、申请设立登记和领取营业执照、内资证券公司申请变更为外资参股证券公司的条件和提交文件等。

（八）证券公司融资融券业务试点管理办法

为了规范证券公司向客户出借资金供其买入上市证券或者出借证券供其卖出，中国证监会根据审慎监管的原则，制定了《证券公司融资融券业务试点管理办法》和相应的业务指引。《证券公司融资融券业务试点管理办法》于2006年8月1日起实施，共7章48条，包括总则、业务许可、业务规则、债权担保、权益处理、监督管理和附则。

（九）证券业从业人员资格管理办法

2002年12月16日中国证监会公布《证券业从业人员资格管理办法》，2003年2月1日起实施。

1. 证券从业人员的分类

证券从业人员是指证券中介机构中一些特定岗位的人员。按岗位不同，分为管理人员和专业人员。

（1）管理人员。包括证券中介机构的正、副总经理；兼营机构的总经理和负责证券业务的副总经理；证券中介机构中内设各证券业务部门的正、副经理；证券中介机构下设的证券营业部的正、副经理；证券清算、登记机构内各业务部门的正、副经理；证券投资咨询机构内设各业务部门的正、副经理。

（2）专业人员。包括证券公司中从事证券承销业务的专业人员；从事证券经纪业务的专业人员；从事证券自营业务的专业人员；从事资产管理业务的专业人员；从事财务会计工作的专业人员；从事稽核、审计、风险管理工作的专业人员；从事计算机管理的专业人员；证券公司和证券投资咨询机构中从事为客户提供投资咨询服务的从业人员；资信评估机构中从事证券资信评估业务的专业人员；中国证监会认为需要进行资格认定的其他专业人员。

2. 从业资格的取得

中国证券业协会负责从业人员从业资格考试、执业证书发放以及执业注册登记等工作。中国证监会对中国证券业协会有关证券从业人员资格管理的工作进行指导和监督。凡年满18周岁、具有高中以上文化程度和完全民事行为能力的人员都可以参加资格考试。从业资格不实行专业分类考试，由协会统一组织。资格考试内容包括一门基础性科目和一门专业性科目。参加考试的人员考试合格的，取得从业资格。

根据证券市场发展的需要，协会可在资格考试之外另行组织各项专业水平考试，但不作为法定考试内容，由从业人员自行选择，供机构用人时参考。

3. 执业证书的管理

取得从业资格的人员，符合下列条件的，可以通过证券经营机构申请统一的执业证书：已被机构聘用；最近三年未受过刑事处罚；不存在《中华人民共和国证券法》第一百二十六条规定的情形；未被中国证监会认定为证券市场禁入者，或者已过禁入期的；品行端正，具有良好的职业道德；法律、行政法规和中国证监会规定的其他条件。

申请执业证券投资咨询以及证券资信评估业务的，申请人应当同时符合《中华人民共和国证券法》第一百五十八条，以及其他相关规定。申请人符合本办法规定条件的，协会应当自收到申请之日起三十日内，向中国证监会备案，颁发执业证书；不符合本办法规定条件的，不予颁发执业证书，并应当自收到申请之日起三十日内书面通知申请人或者机构，并书面说明理由。

机构不得聘用未取得执业证书的人员对外开展证券业务。

取得执业证书的人员，连续三年不在机构从业的，由协会注销其执业证书；重新执业的，应当参加协会组织的执业培训，并重新申请执业证书。从业人员取得执业证书后，辞职或者不为原聘用机构聘用的，或者其他原因与原聘用机构解除劳动合同的，原聘用机构应当在上述情形发生后十日内向协会报告，由协会变更该人员执业注册登记。取得执业证书的从业人员变更聘用机构的，新聘用机构应当在上述情形发生后十日内向协会报告，由协会变更该人员执业注册登记。

从业人员在执业过程中违反有关证券法律、行政法规以及中国证监会有关规定，受到聘用机构处分的，该机构应当在处分后十日内向协会报告。

中国证券业协会应当建立从业人员资格管理数据库，进行资格公示和执业注册登记管理。协会依据本办法及中国证监会有关规定制定的从业资格考试办法、考试大纲、执业证书管理办法以及执业行为准则等，应当报中国证监会核准。协会、机构应当定期组织取得执业证书的人员进行后续职业培训，提高从业人员的职业道德和专业素质。

4. 相关处罚

参加资格考试的人员，违反考场规则，扰乱考场秩序的，在两年内不得参加资格考试。

取得从业资格的人员提供虚假材料，申请执业证书的，不予颁发执业证书；已颁发执业证书的，由协会注销其执业证书。

机构在办理执业证书申请过程中，弄虚作假、徇私舞弊、故意刁难有关当事人的，或者不按规定履行报告义务的，由协会责令改正；拒不改正的，由协会对机构及其直接责任人员给予纪律处分；情节严重的，由中国证监会单处或者并处警告、3 万元以下罚款。

机构聘用未取得执业证书的人员对外开展证券业务的，由协会责令改正；拒不改正的，给予纪律处分；情节严重的，由中国证监会单处或者并处警告、3 万元以下罚款。

从业人员拒绝协会调查或者检查的，或者所聘用机构拒绝配合调查的，由协会责令改正；拒不改正的，给予纪律处分；情节严重的，由中国证监会给予从业人员暂停执业 3 个月至 12 个月，或者吊销其执业证书的处罚；对机构单处或者并处警告、3 万元以下罚款。

被中国证监会依法吊销执业证书或者因违反本办法被协会注销执业证书的人员，协会可在 3 年内不受理其执业证书申请。

协会工作人员不按本办法规定履行职责，徇私舞弊、玩忽职守或者故意刁难有关当事人的，协会应当给予纪律处分。

三、证券交易所业务规则

证券交易所发布了众多与证券有关的业务规则，对证券发行、上市、交易、退市等行为进行监管，下面通过几个主要的业务规则说明证券交易所业务规则对证券市场的监管。

（一）上海证券交易所公司债券上市规则（2009 年修订）

该上市规则共分总则、债券上市条件、债券上市申请、债券上市的核准、信息披露及持续性义务、停牌、复牌、暂停上市、恢复上市、终止上市、违反本规则的处理、附则等内容，目的是为了加强对公司债券上市的管理，促进公司债券市场的健康发展，保护投资者的合法权益。上市公司及其他公司制法人发行的公司债券在本所上市交易，适用本规则。非公司制法人所发行的企业债券的上市交易，参照本规则执行。

（二）上海证券交易所交易规则（2012 年 12 月修订）

为规范证券市场交易行为，维护证券市场秩序，保护投资者合法权益，根据《证券法》等法律、行政法规、部门规章以及《上海证券交易所章程》，制定该规则。

在上海证券交易所上市的证券及其衍生品种（以下统称证券）的交易，适用该规则。证券交易遵循公开、公平、公正的原则。证券交易应当遵守法律、行政法规和部门规章及本所相关业务规则，遵循自愿、有偿、诚实信用原则。

该规则共分为总则、交易市场、证券买卖、其他交易事项、交易信息、交易行为监督、交易异常情况处理、交易纠纷、交易费用、纪律处分、附则等内容。

（三）上海证券交易所债券交易实施细则（2008 年修订）

为规范上海证券交易所债券市场交易行为，维护市场秩序，防范市场风险，保护投资者的合法权益，根据国家有关法律法规和《上海证券交易所交易规则》，制定该细则。

国债、公司债券、企业债券、分离交易的可转换公司债券中的公司债券在竞价交易系统的现货交易及质押式回购交易适用本细则，本细则未作规定的，适用交易规则及本所其他有关规定。该细则分为总则、债券现货交易、债券回购交易、附则等内容。

第四节　证券市场的自律监管

一、证券业协会简介

中国证券业协会成立于 1991 年 8 月 28 日，是依据我国《证券法》、《证券投资基金法》和《社会团体登记管理条例》的有关规定设立的证券业自律性组织，属于非营利性社会团体法人，接受中国证监会和国家民政部的业务指导和监督管理。

中国证券业协会的最高权力机构是由全体会员组成的会员大会，理事会为其执行机构。自从成立以来，中国证券业共召开了四次会员大会。中国证券业协会实行会长负责制。截至 2008 年 12 月 31 日，协会共有会员 323 家，其中，证券公司 106 家，基金管理公司 61 家，证券投资咨询公司 95 家，金融资产管理公司 3 家，资信评级机构 5 家，特别会员 53 家（其中地方证券业协会 35 家，基金托管银行 15 家，证券交易所 2 家，证券登记结算公司 1 家）。

在中国证监会的监督指导下，证券业协会认真贯彻执行"法制、监管、自律、规范"的八字方针和《中国证券业协会章程》，团结和依靠全体会员，切实履行自律、服务、传导三大职能，在推进行业自律管理、反映行业意见建议、改善行业发展环境等方面做了一些工作，发挥了行业自律组织的应有作用。其宗旨是：在国家对证券业实行集中统一监督管理的前提下，进行证券业自律管理；发挥政府与证券行业间的桥梁和纽带作用；为会员服务，维护会员的合法权益；维持证券业的正当竞争秩序，促进证券市场的公开、公平、公正，推动证券市场的健康稳定发展。

二、证券业协会的职责

中国证券业协会第四次会员大会通过了修改后的新章程，明确了协会在以下三方面的主要职责：

（1）协会依据《证券法》的有关规定，行使下列职责：教育和组织会员遵守证券法律、行政法规；依法维护会员的合法权益，向中国证监会反映会员的建议和要求；收集整理证券信息，为会员提供服务；制定会员应遵守的规则，组织会员单位的从业人员的业务培训，开展会员间的业务交流；对会员之间、会员与客户之间发生的证券业务纠纷进行调解；组织会员就证券业的发展、运作及有关内容进行研究；监督、检查会员行为，对违反法律、行政法规或者协会章程的，按照规定给予纪律处分。

（2）协会依据行政法规、中国证监会规范性文件规定，行使下列职责：制定自律规则、执业标准和业务规范，对会员及其从业人员进行自律管理；负责证券业从业人员资格考试、认定和执业注册管理；负责组织证券公司高级管理人员资质测试和保荐代表人胜任能力考试，并对其进行持续教育和培训；负责做好证券信息技术的交流和培训工作，组织、协调会员做好信息安全保障工作，对证券公司重要信息系统进行信息安全风险评估，组织对交易系统事故的调查和鉴定；负责制定代办股份转让系统运行规则，监督证券公司代办股份转让业务活动和信息披露等事项；行政法规、中国证监会规范性文件规定的其他职责。

（3）协会依据行业规范发展的需要，行使其他涉及自律、服务、传导的自律管理职责：推动行业诚信建设，督促会员依法履行公告义务，对会员信息披露的诚信状况进行评估和检查；制定证券从业人员职业标准，组织证券从业人员水平考试和水平认证；组织开展证券业国际交流与合作，代表中国证券业加入相关国际组织，推动相关资质互认；其他自律、服务、传导职责。

三、证券从业行为规范和行为准则

为规范证券业从业人员执业行为，维护证券市场秩序，促进证券行业健康发展，证券业协会编制了从业人员的行为规范和行为准则。

（一）行为规范

证券业从业人员的行为规范的内容包括：正直诚信、勤勉尽责、廉洁保密、自律守法。

（1）正直诚信。要求证券从业人员公正而不偏私，诚实守信，处理问题不带个人成见和感情用事，坚持原则办事，严守信用，实事求是，忠实履行所承担的职责和诺言，取信于民。

（2）勤勉尽责。要求证券从业人员要勤奋踏实，自觉主动地完成自己所担负的任务。热爱本职工作，认真负责，任劳任怨，对待工作尽心尽力，一丝不苟。

（3）廉洁保密。要求证券从业人员要廉洁奉公，不谋私利，谨言慎行，秉公办事，洁身自好；保守在从业过程中接触到的有关客户的和证券经营机构的商业秘密，也包括保守有关国家机密。

（4）自律守法。要求证券从业人员自觉执行职业道德规范和各项法律、法规。要求证券业从业人员不仅要熟悉有关政策法规，而且要自觉执行所有政策法规。

（二）行为准则

证券从业人员行为准则包括保证行为和禁止行为，又称"八要，八不要"。

保证行为又称积极行为，是指作为证券业从业人员应当做到的行为，是从事证券业的基本要求。包括以下几方面：热爱本职工作，准确执行客户指令，为客户保密；努力钻研业务，提高自己的业务水平和工作效率；遵守国家法律和有关证券业务的各项制度；积极维护投资者的合法利益，珍惜证券业的职业荣誉；文明经营、礼貌服务，保证证券交易中的公开、公平与公正；服从管理、服从领导，自觉维护证券交易中的正常秩序；团结同事，协调合作，合理处理业务活动中出现的各种矛盾；热心公益事业，爱护公共财产，不以职谋私，不以权谋私。

禁止行为，是指根据法律的规定证券业从业人员不得从事的行为。包括以下各方面：不得以获取投机利益为目的，利用职务之便从事证券的买卖活动；不得向客户提供证券价格上涨或下跌的肯定性意见；不得与发行公司或相关人员间有获取不正当利益约定；不得劝诱客户参与证券交易；不得接受分享利益的委托；不得向客户保证收益；不得接受客户的买卖证券的种类、数量、价格及买进或卖出的全权委托；不得为达到排除竞争者目的，不正当地运用其在交易中的优越地位限制某些客户的业务活动。

思考题：

1. 证券投资风险的种类有哪些？
2. 如何理解利率风险对不同证券的影响？
3. 证券投资风险管理的方法有哪些？
4. 证券市场监管的意义和原则是什么？
5. 证券监管的主要内容有哪些？

第十章
证券投资网上实训

教学目的与要求：

通过本章的学习，使学生掌握证券分析交易软件的安装和登录，分析交易软件的窗口布局，分时走势图的盘面和操作，K 线走势图的盘面和操作；理解查看证券基本信息的方法，交易软件的分析技巧。

第一节 证券行情分析交易软件

一、分析交易软件简介

随着互联网技术的发展，证券网上交易逐渐成为证券交易的主流模式，证券公司在营业部和网站上为投资者免费提供各种版本的证券行情分析软件，现在的证券行情分析软件都嵌入了证券交易的功能，故又称为证券行情分析交易软件。这些软件成为投资者收看行情走势、研究股价运行规律的重要工具和必备平台。如何选择合适的证券行情分析软件，如何把握软件选股和理性操作的尺度，如何识别真正实用的证券行情分析软件，是投资者正确使用证券行情软件的重要问题。本节对目前市场上主要使用的证券行情分析软件进行介绍。这些软件在市场中使用频率比较高、普及度比较广，它们都有一些各自独到的分析功能，都经过证券市场风云的洗礼，受到众多投资者的认可。

（一）钱龙证券行情分析软件

钱龙证券行情分析软件是上海乾隆高科技有限公司开发的证券行情分析软件。乾隆公司成立于 1993 年，专业从事金融领域信息技术产品的开发、生产和销售，是国家认定的高新技术企业、先进技术企业和重点软件企业。

乾隆公司旗下拥有著名的"钱龙"品牌，其系列产品涵盖了实时行情和委托交易平台、实时证券分析终端、金融数据库、实时资讯数据服务、信息发布服务、Web 金融服务平台、金融教学系统等各个领域，用户遍布政府监管机构、券商、基金管理公司、信息公司、投资机构、上市公司、行情信息运营商和千百万证券投资者。钱龙以证券分析产品为基础，历经二十多年的发展，已经成为中国领先的实时金融资讯和服务的品牌，除了在传统的证券投资分析产品领域具有无可撼动的领导地位外，还以深厚的积淀和前瞻的视野，引领了中国实时金融资讯产品的发展潮流。

钱龙创立了多项业界标准，比如红涨绿跌、领先指标、F10 接口、主力实时监控、板块分析、股市风云榜等，系统安全、稳定、可靠、值得信赖，画面设计清晰柔和、操作方便，咨询实时、准确，分析全面、完整、客观、准确，从 20 世纪 90 年代初期开始至今，始终是业内实力最强、用户美誉度最高的软件。钱龙证券分析软件的主要特点有：

1. 多市场高速深度行情

率先支持沪、深、港 3 市 Level-2 十档深度行情、支持中金所股指期货 5 档高速行情，全面、快速、稳定、可靠的行情信息，成为沪、深、港三地投资者值得依赖的实战操盘工具。

2. 精准的钱龙特色指标

钱龙系列指标，历经二十年实战锤炼和优化，信号稳定、可靠，已然成为经典；全新创设的黄金眼系列指标，则又打造出高精度主力监控分析软件的新标杆。

3. 全景板块监控

新增全景板块监控功能，助您了解最新的板块动态及异动情况、抢先截获热点板块，根据权重及贡献度指标更可精准把握热点板块中的龙头个股。帮助投资者研判板块未来走势，提前布局下一波热点行情。

4. 内置券商委托

内置所有主流券商委托程序，无需另外重新下载安装券商程序，按热键 F12 直接启动委托下单。

5. 强大的智能分析平台

囊括了智能选股、自设指标、买卖条件、组合选股、交易测试等功能，帮助用户轻松实现自己的分析和决策。

6. 海量资讯集成展示

股市风云榜、财经直播室、今日焦点、钱龙信息中心、大单成交、券商资讯等归类整理，查询方便，帮助用户快速把握资讯要点。让投资者一站式读遍天下财经资讯。

（二）大智慧证券行情分析软件

大智慧证券行情分析软件是上海大智慧股份有限公司开发的证券行情分析软件。公司致力于以软件终端为载体，以互联网为平台，向投资者提供及时、专业的金融数据和数据分析。作为中国领先的互联网金融信息服务提供商，公司凭借强大的技术研发实力、敏锐的市场洞察力和丰富的信息加工经验，始终前瞻性地把握行业发展方向，不断开发出满足投资者需求的创新产品，在行业内具有重要影响力。大智慧软件、大智慧咨询、资讯、大智慧网站都是行业的知名品牌。大智慧也是首批获得上海证券交易所 Level-2 行情授权的开发商。大智慧证券行情分析软件的主要特点是：

1. 使用简单

传统界面和操作习惯，不用学习就能上手，而且不需要特别维护。

2. 功能强大

在涵盖主流的分析功能和选股功能的基础上不断创新，星空图、散户线、龙虎看盘等高级分析功能包含大智慧的绝密分析技术，在证券市场独树一帜；基金平台、股权分置模型更是紧扣市场脉搏。

3. 资讯精专

万国测评专业咨询机构专门支持，其制作的生命里程、信息地雷、大势研判、行业分析、名家荐股、个股研究在证券市场具有广泛的影响力。全球新闻财经，实时滚动资讯，权威研究报告，新闻关注排行。

4. 互动交流

大智慧路演平台和股民交流互动，嘉宾包括：基金公司、上市公司、大智慧分析师，券商研究机构等。大智慧模拟炒股为股民提供精炼技艺和学习交流的场所。

5. 全面深刻

软件中整合的功能平台涵盖证券市场的各个方面，而就某一方面来说又准确深刻。包含多市场行情和套利分析，采用全推送行情技术，沪深、港股、期货、外汇等全球市场。

6. 扩展分析功能

扩展数据库和用户自定义数据库。

（三）东方财富通证券行情分析软件

东方财富通是中国访问量最大、影响力最大的财经证券门户网站——东方财富网基于自身的平台优势最新研发的一款免费证券行情分析软件。东方财富通行情分析软件囊括了沪深主板、中小板、创业板、股指期货、港股、全球指数、全球商品期货以及外汇等所有金融市场的行情数据，东方财富通面向广大股民，充分考虑投资者的立场，不断提升用户体验，是一款功能强大的炒股利器。其主要特点是：

1. 界面友好

沿袭传统界面并优化添加了导航栏、全景图等功能，大大提升了用户使用体验，简单易上手，又不失专业性。

2. 功能齐全

各类数据全面，提供了包括全球指数、香港市场、商品期货、外汇牌价在内的各类市场和产品行情，自主选股、平台交互、滚动资讯等软件功能完备。东方财富通拓展了各类市场行情的深度和广度，率先为用户免费提供股指期货实时行情。

3. 资讯强大

该软件是基于东方财富网强大的资讯平台设立的滚动财经资讯功能，提供 24 小时不间断滚动的及时新闻，帮助投资者了解最新的市场动态。

4. 动态交互

基于东方财富网全国最具人气的股吧平台设立的动态交互功能，东方财富通内整合了国内最具人气的股吧平台，为用户提供学习交流和即时互动的机会。

5. 深度分析

自动收集并提供个股深度资料分析，在全面的基础上加强深度挖掘，给投资者提供最大的帮助。

6. 账户全站共享

东方财富通的注册用户名与东方财富网通行证实行共享互通，投资者只要一次注册后，即可用该注册名登录东方财富旗下的网站、股吧、博客、论坛以及相关产品。

本章其余各节以大智慧证券行情分析软件为例介绍行情软件的基本操作。

二、分析交易软件的安装

要使用大智慧证券行情分析软件,首先要将其安装到电脑上。

首先到 http：//www. gw. com. cn/download/level1/index. htm 网站,打开如图 10-1 的界面,单击"下载地址一"或"下载地址二",下载大智慧安装程序。

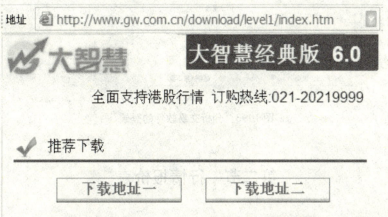

图 10-1 分析交易软件的下载

然后在电脑中找到下载的大智慧安装程序"Dzh_Ver6.0_20110524",双击该安装程序,根据安装提示,单击"下一步",即可完成大智慧证券行情分析软件的安装,如图 10-2 所示。

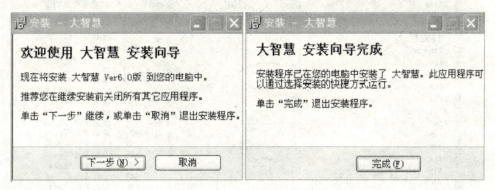

图 10-2 分析交易软件的安装

三、分析交易软件的登录

双击电脑桌面的"大智慧"图标,弹出登录窗口,输入用户名和用户密码,再单击"用户登录",即可进入"大智慧证券信息港"首页,登录界面如图 10-3 所示。

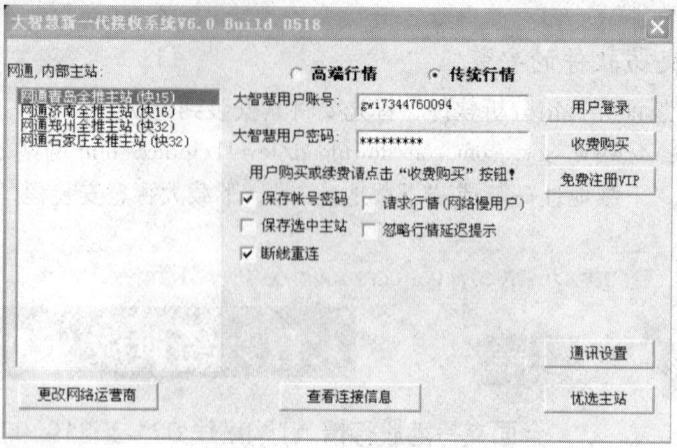

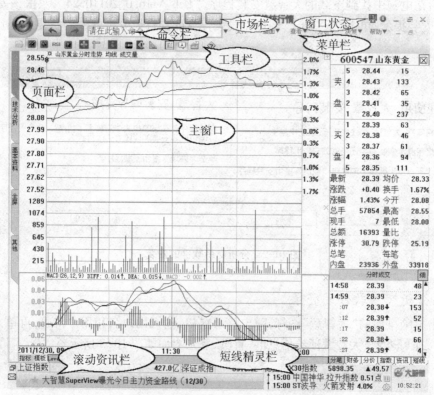

图 10-3　分析交易软件的登录

第二节　行情报价表

一、分析交易软件的窗口布局

大智慧证券行情分析软件的窗口主要包括主窗口、市场栏、窗口状态栏、命令栏、工具栏、菜单栏、页面栏、滚动资讯栏、短线精灵栏(如图 10-4 所示)。

图 10-4　分析交易软件的窗口布局

（一）主窗口

软件常规窗口包括：行情报价表、分时图窗口、K线图窗口三种。

分时图窗口属于图形分析窗口之一，即日内动态分时走势图，最小时间段为一分钟。

K线图窗口属于图形分析窗口之一，根据股价（指数）一天的走势中形成的最重要四个价位即开盘价、收盘价、最高价、最低价绘制而成。根据K线的计算周期可将其分为日K线、周K线、月K线、年K线等。

此外，窗口类型还包括星空图、专业F10、公告新闻、浏览器、数据表、固定收益平台、信息浏览器等。

（二）市场栏

市场栏包括股票、指数、基金、商品、债券、理财、房地产、咨询、服务、委托、投顾等子栏目，单击任一图标，就会进入相应市场交易的行情报价表。

（三）窗口状态栏

单击窗口状态栏图标，会显示当前窗口所处的市场，并提供其他市场的链接。

（四）命令栏

命令栏又称键盘精灵，输入股票代码、股票简称、股票简称拼音的首字母或其他操作命令，就会显示股票分时图或相应命令对应的画面。例如，输入600547（或山东黄金、SDHJ）后按回车键，就会显示山东黄金股份有限公司的分时交易图；输入60，就会显示全部A股涨幅排名。

（五）工具栏

工具栏显示常用的各种命令和工具，投资者可以更快、更方便地调取工具栏中的各种命令和工具。大智慧软件中不同的窗口显示不同的工具栏。

在行情报价表窗口中，工具栏按钮主要有选择股票、条件选股、预警、系统测试、交易系统优选、公式管理、公式引入、咨询、动态信息、个股资料和帮助。

在分时图和技术分析图窗口中，工具栏除了上述按钮外，还包括分时图、日线图、选择指标、打开模板、平移画面、测量、价格还权、主图绘制系统指示、区间状态指示等按钮。另外，将光标放在工具栏中停留片刻，在工具栏下方会显示一个隐藏的工具栏，通过光标就可以进一步选择工具和命令。

（六）菜单栏

菜单栏包含了系统的所有功能。按功能划分，菜单栏主要分为文件、画面、查看、分析、决策、工具、工作区、近期、常用、终端和帮助等11个菜单。单击每个菜单名称旁边的三角符号，就可以使用菜单中的工具和命令。

（七）页面栏

页面栏位于窗口的左侧。与更换电视频道类似，通过鼠标单击页面栏的按钮，可以快速地在各个窗口之间切换。

（八）滚动资讯栏

滚动资讯栏实时、全面更新市场上重大的财经资讯和热点要闻，并以滚动的形式反复播出。

（九）短线精灵栏

短线精灵栏实时监控所有沪深A股的盘口异动，第一时间提示日内短线机会，预定项目的含义如表10-1所示。

表 10-1　　　　　　　　　　　　短线精灵栏目功能表

预警项目	功能
火箭发射	快速上涨并且创出当日新高
快速反弹	由原来的下跌状态转变为快速上涨
高台跳水	由上涨状态转化为快速下跌
加速下跌	延续原来下跌状态并且加速
大笔买入	出现换手率大于 0.1% 的外盘成交
大笔卖出	出现换手率大于 0.1% 的内盘成交
封涨停板	涨停板
封跌停板	跌停板
打开涨停	打开涨停板
打开跌停	打开跌停板
有大卖盘	5 档卖盘合计大于 80 万股或和流通盘的比值大于 0.8%
有大买盘	5 档买盘合计大于 80 万股或和流通盘的比值大于 0.8%
拉升指数	5 分钟内对指数的拉升值大于 0.5
打压指数	5 分钟内对指数的打压值大于 0.5
机构买单	买入队列中出现大于 50 万股 100 万元或和流通盘的比值大于 0.25% 的买单
机构卖单	卖出队列中出现大于 50 万股 100 万元或和流通盘的比值大于 0.25% 的卖单
机构吃货	立即买入成交单大于 50 万股 100 万元或和流通盘的比值大于 0.1%
机构吐货	立即卖出成交单大于 50 万股 100 万元或和流通盘的比值大于 0.1%
买单分单	大于 1 万股的连续买入挂单超过 4 个
卖单分单	大于 1 万股的连续卖出挂单超过 4 个
买入撤单	撤销买入委托单大于 50 万股 100 万元或和流通盘的比值大于 0.1%
卖出撤单	撤销卖出委托单大于 50 万股 100 万元或和流通盘的比值大于 0.1%
买入新单	总买盘增加 50 万股 100 万元或和流通盘的比值大于 0.1%
卖出新单	总卖盘增加 50 万股 100 万元或和流通盘的比值大于 0.1%

二、行情报价表的基本操作

行情报价表窗口是用于同时显示多行股票行情的动态列表。默认显示股票的"行情页面",列表横向每一行表示同一个股票的不同行情数据,纵向每一栏表示不同股票的行情项目。行情栏目主要显示股票代码、名称、最新涨跌幅度、总手、现手、昨收、今开、最高、最低等项目。

大智慧行情分析软件提供扩展数据、财务数据、统计数据等多种报价表,这些报价表的操作基本相似(如图 10-5 所示)。

图 10-5　行情报价表盘面

（一）进入行情报价表

单击市场栏的"股票"按钮，就可进入行情报价表，即行情报价表。

根据股票市场类型不同，行情报价表又细分为上海 A 股、深圳 A 股、沪深 B 股、创业板、股指期货、自选股等报价表。通过单击红色的"市场类型栏"按钮，可以很方便地在这些行情报价表之间切换。在上海 A 股、深圳 A 股右侧有一个三角形符号，单击三角形符号，可以选择进一步细分的行情报价表。

（二）浏览行情

滑动鼠标中间的滚轮或者拖动显示屏右侧的纵向滚动条，可以上下整屏滚动显示股票列表，按键盘上的方向键【↑】或【↓】可以在股票之间逐条移动，按键盘上的方向键【←】或【→】或者拖动显示屏右上角的横向滚动条可以向左或者向右移动查看行情报价表的栏目信息，如图 10-5 所示。

（三）栏目排序

在行情报价表顶部单击栏目名称后系统会按照单击的栏目从高到低对股票进行排序，再次单击会从低到高对股票进行排序，如图 10-6 所示。

（四）调整列表栏目

市场类型栏下方是各种列表栏目，包括代码、名称、最新、涨跌等，当需要调整列表栏目时，可用鼠标右键点击任意"栏目名称"，在弹出的【右键菜单】中选择其他栏目，栏目分为基本行情、扩展行情、股本数据、财务数据等类型，如图 10-6 所示。

（五）编辑表项格式

列表栏目中的表项格式是开放用户编辑的，用鼠标右键点击任意"栏目名称"，在弹出的【右键菜单】可完成插入表项、删除表项、设置标题分组、设置显示名称、设置列、行分割线、设置文字颜色、背景颜色等操作，如图 10-6 所示。

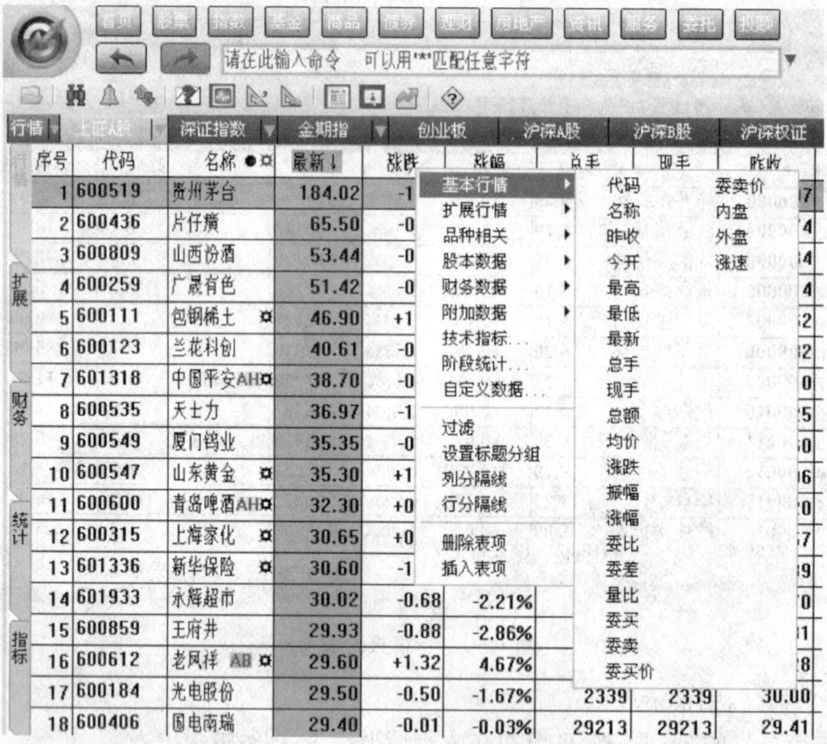

图 10-6　行情报价表基本操作

（六）切换页面类型

行情报价表默认显示股票的“行情页面”，此外系统还包含扩展数据、财务数据、统计数据等不同页面，如图 10-6 所示。

（七）过滤条件

在行情报价表中可设置多个“过滤条件”，以达到将不满足条件的股票剔除掉的目的。如图 10-6 和图 10-7 所示，用鼠标右键点击任意“栏目名称”，在弹出的【右键菜单】选择“过滤”功能。

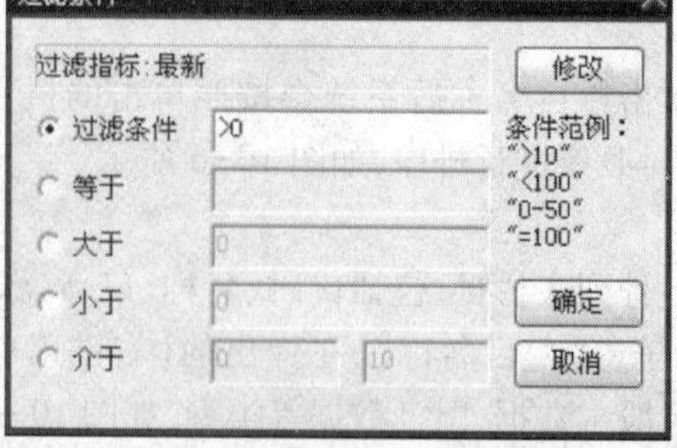

图 10-7　行情报价表过滤条件

（八）将股票加入自选股或板块股

如图 10-8 所示，在报价牌中选中任意股票，点击鼠标右键，在弹出的【右键菜单】中选择“加入到板块”或“加入到自选股”，从列表中选择板块，可以将指定的股票加入到板块或自选股中。

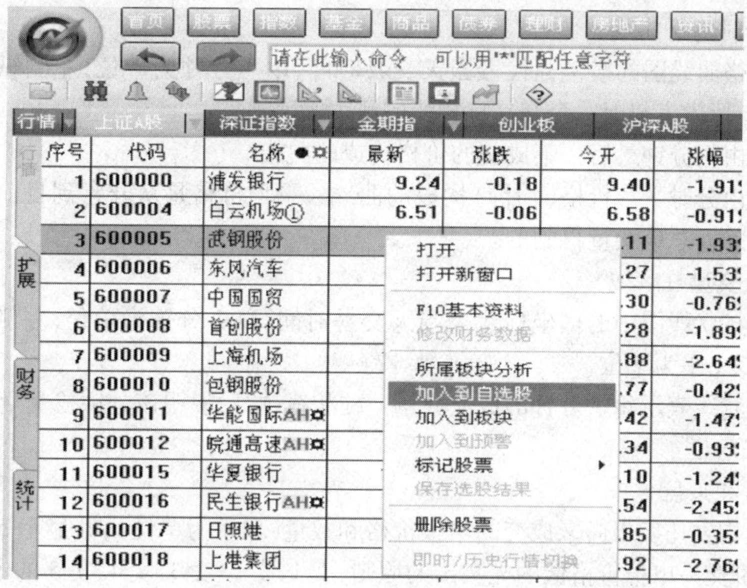

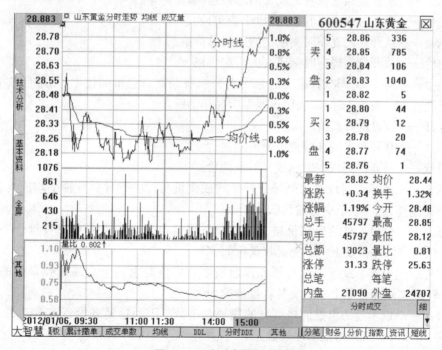

图 10-8　行情报价表加入自选股

223

第三节　分时走势图

一、分时走势图的盘面简介

证券分时走势图主要用来监控证券的实时行情和资讯信息，如图 10-9 所示，包括分时价格曲线、成交量柱状线、信息栏三部分内容。

图 10-9　分时走势图盘面

（一）分时价格曲线

分时价格曲线图的横坐标代表当天交易时间，以1分钟为单位，左侧纵坐标代表股价，右侧纵坐标代表与上一个交易日相比的涨跌幅度。

白线是由每分钟最后一笔成交的价格构成的曲线。

黄线是由分时平均价格（均价）构成的曲线。平均价格是从开盘到目前交易时点成交的总金额除以总成交量得到的。

（二）成交量柱状线

成交量柱状线图中的横坐标代表当天交易时间，以1分钟为单位，左侧纵坐标代表成交数量，以1手为单位。

黄色柱状线表示每一分钟的成交数量。柱状线越高，说明该分钟成交量越大。

（三）信息栏

1. 卖盘和买盘

卖盘是指委托卖出尚未成交的申报价格和数量（以手为单位），共显示5档的申报卖盘，按照竞价交易申报价格低的先卖出的原则，卖1、卖2、卖3、卖4、卖5的申报价格从低到高排列。

买盘是指委托买入尚未成交的申报价格和数量（以手为单位），共显示5档的申报买盘，按照竞价交易申报价格高的先买入的原则，买1、买2、买3、买4、买5的申报价格从高到低排列。

2. 成交信息

最新——现在时刻的成交价格。

涨跌——现在时刻成交价格与上一个交易日收盘价上涨或下跌的差。

涨幅——现在时刻成交价格与上一个交易日收盘价上涨或下跌的百分比。

总手——从开盘到现在时刻成交的总数量（以手为单位）。

现手——当前时刻成交的数量（以手为单位）。

总额——从开盘到现在时刻成交的股票总价值。

均价——从开盘到现在时刻成交的平均价格。

换手——换手率，即今日成交的总手占公司股票流通总量的比率，用来反映股票交易的活跃程度。换手率越高，表明该股票交易越活跃。

今开——今日的开盘价。

最高——从开盘到现在时刻成交的最高价。

最低——从开盘到现在时刻成交的最低价。

量比——从开盘到现在时刻每分钟平均成交量与过去5日每分钟平均成交量的比率。量比越高，说明股票交易越活跃。

涨停——今日上涨的最高价格。普通股票涨停价是上一个交易日收盘价的10%，ST、＊ST股票涨停价是上一个交易收盘价的5%。

跌停——今日下跌的最低价格。普通股票跌停价是上一个交易日收盘价的10%，ST、＊ST股票跌停价是上一个交易收盘价的5%。

外盘——以卖盘的申报价格成交的股票总手数。因为这是有投资者主动买入导致的成交，所以外盘又称为主动性买盘。

内盘——以买盘的申报价格成交的股票总手数。因为这是有投资者主动卖出导致的成交,所以内盘又称为主动性卖盘。如果外盘大于内盘,主动性买盘大于主动性卖盘,表明投资者看好该股票,股票价格未来可能上涨;如果外盘小于内盘,主动性买盘小于主动性卖盘,表明投资者看淡该股票,股票价格未来可能会下跌。

3. 子窗口

在软件右下角,有"分笔"、"财务"、"分价"、"短线"等子窗口,单击这些按钮,就可以显示成交明细、财务信息、分价表和短线精灵等内容。

分笔又称分时成交,是每隔 3 秒的行情快照,显示的是 3 秒内累计的成交量和最后一笔的成交价格,分时成交可能是一笔或多笔成交的集合。由于盘面限制,无法查看更详细的成交明细,可以单击右上角的【细】,查看全部成交明细,如图 10-10 所示。

图 10-10　分时成交列表

逐笔是指每一笔成交的时间、价格和成交量,属于大智慧 Level-2 行情,是交易过程中的单次成交,是交易过程的真实成交情况。

分价是按照成交价格分类形成的交易信息,如图 10-11 所示。

财务是根据公司的财务报告形成的公司财务信息。

短线是指短线精灵,实时监控所有沪深 A 股的盘口异动,第一时间提示日内短线机会。

二、分时走势图的基本操作

(一)进入个股分时走势图

在行情报价表窗口中双击某只股票,或者单击选中某只股票,然后按回车键【Enter】就可以进入该股的分时走势图(如图 10-11 所示)。

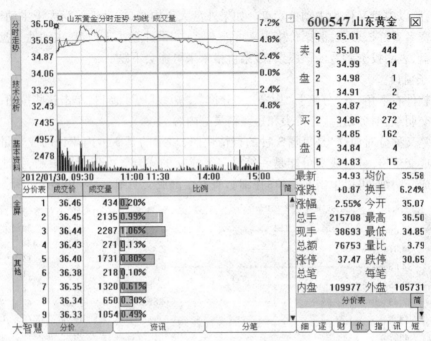

图 10-11　分价成交列表

连续按回车键【Enter】可以在分时走势图、K线走势图和行情报价表的界面之间循环切换。

(二) 查看某一时点的交易信息

如图 10-12 所示,按键盘上的方向键【←】或【→】可以向左或向右移动光标来查看某一分钟的交易数据信息,此时会出现白色的十字线,左侧的浮动窗格中的数据就是白色竖线对应时点的交易数据。按【Esc】键可以取消浮动窗格。

连续按键盘上的方向键【↓】可以显示最近 2 天到最近 5 天的分时走势图,连续按方向键【↑】可以取消最近 5 天到最近 2 天的分时走势图。

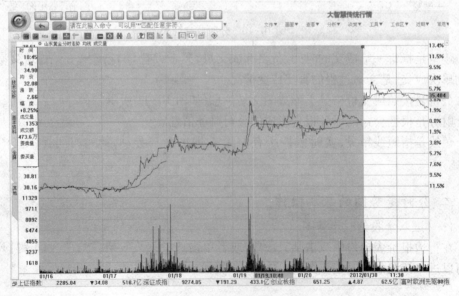

图 10-12　时点交易信息的查看

（三）查看成交明细表

在分时走势图中按【F1】键,可以显示分时成交明细表,再次按【F1】键可以取消分时成交明细表。按【F2】键,可以显示分价成交明细表,再次按【F2】键可以取消分价成交明细表。

（四）切换指标

在分时走势图中单击鼠标右键,在显示的菜单中选中【显示分时指标工具栏】,在窗口的下方会显示分时指标工具栏及分时指标,单击工具栏按钮就可以在指标之间切换（如图 10-13 所示）。

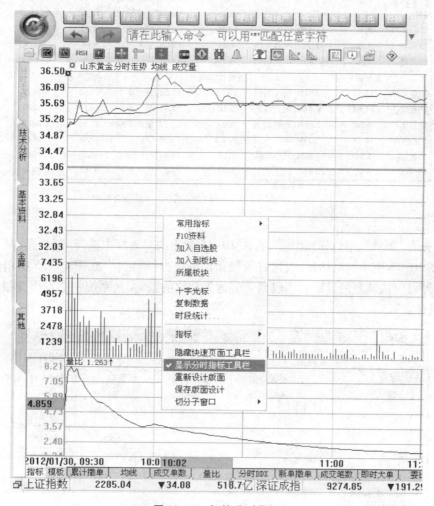

图 10-13　切换分时指标

（五）加入自选股

如图 10-13 所示,在分时走势图中单击鼠标右键,在显示的菜单中选中【加入自选股】,则该股票就会加入自选股栏目中。以后可以在行情报价表窗口的顶部单击自选股按钮,就会很方便地找到该股票。

（六）查看综合排名

在"查看"菜单栏中选择"综合排名",可以查看今日涨幅、跌幅、振幅、量比等前五名的股票排名情况（如图 10-14 所示）。

今日涨幅排名			5分钟涨幅排名			委比正序排名		
骆驼股份	20.58	6.91%	贵州茅台	184.89	0.00%	*ST中达	3.31	100.00%
*ST中达	3.31	5.08%	片仔癀	64.35	0.00%	ST九发	6.58	100.00%
ST中源	25.17	5.01%	山西汾酒	53.34	0.00%	ST天龙	4.03	100.00%
ST天龙	4.03	4.95%	广晟有色	50.89	0.00%	ST中源	25.17	100.00%
ST九发	6.58	4.94%	包钢稀土	46.30	0.00%	天业股份	7.70	90.10%
冠城大通	6.95	4.83%	兰花科创	40.50	0.00%	丰林集团	9.79	88.12%
今日跌幅排名			5分钟跌幅排名			委比逆序排名		
敦煌种业	17.50	-5.46%	新农开发	7.64	-2.30%	国电南瑞	29.00	-92.83%
天利高新	6.58	-5.05%	宋都股份	7.99	-1.48%	天威保变	11.22	-86.79%
丹化科技	14.30	-3.70%	ST国药	3.88	-1.27%	恒顺醋业	10.00	-86.10%
华阳科技	8.42	-3.44%	悦达投资	13.10	-1.21%	ST北人	4.14	-85.57%
ST园城	8.86	-3.38%	中兵光电	7.61	-0.91%	亚宝药业	6.05	-85.42%
ST海建	4.49	-2.60%	科达机电	9.39	-0.84%	亿晶光电	18.45	-84.20%
今日振幅排名			今日量比排名			总金额排名		
敦煌种业	17.50	7.51%	骆驼股份	20.58	28.38	三一重工	14.58	12770
欧亚集团	21.90	6.44%	联美控股	8.10	28.35	骆驼股份	20.58	3800
瑞贝卡	6.58	3.95%	东睦股份	9.83	22.74	重庆啤酒	22.55	3250
亿晶光电	18.45	3.99%	老白干酒	21.33	21.39	宁波韵升	17.00	3081
*ST建通	5.30	3.85%	冠城大通	6.95	20.41	包钢稀土	46.30	2667
ST建机	5.35	3.61%	ST天龙	4.03	20.23	民生银行	6.40	2477

图 10-14　综合排名

（七）预警设定

在"查看"菜单栏中选择"预警"，在图 10-15 弹出的对话框中选择"新增条件"，再次弹出如图 10-16 所示的对话框，设定好预警条件后单击【确定】。在图 10-15 中单击【启动预警】即可完成预警的设定。当股票走势达到预定的条件时，系统就会发出警报，提示投资者关注。

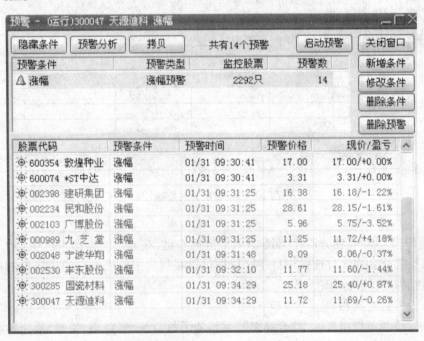

图 10-15　启动预警

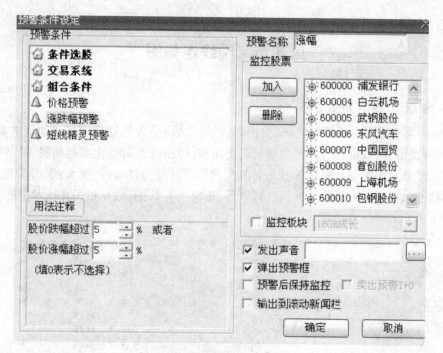

图 10-16　预警条件设定

（八）条件选股

在"查看"菜单栏中选择"条件选股"，在弹出的如图 10-17 对话框中设定选股条件，单击【执行选股】，系统就会选出符合条件的股票，供投资者参考。

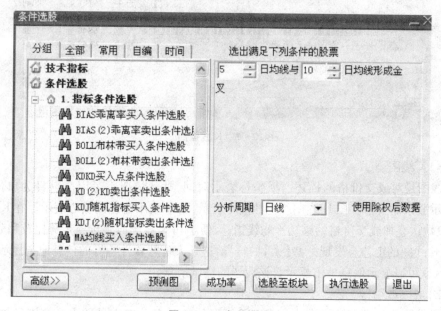

图 10-17　条件选股

第四节　K 线走势图

一、K 线走势图的盘面简介

K 线图属于图形分析窗口之一,是根据股价(指数)一天的走势中形成的最重要四个价位,即开盘价、收盘价、最高价、最低价绘制而成,使投资者对变化多端的股市行情有一种一目了然的直接感受。根据 K 线的计算周期可将其分为日 K 线、周 K 线、月 K 线、年 K 线等。除了包括分时走势图下的信息栏以外,还包括 K 线图、成交量图和技术指标图(如图 10-18 所示)。

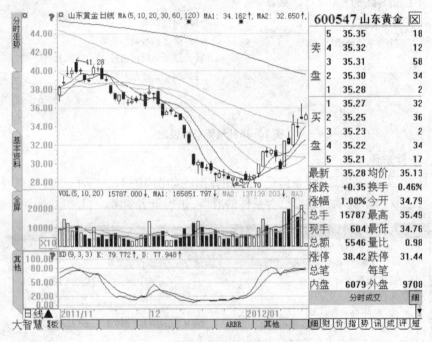

图 10-18　K 线盘面

(一)K 线图

K 线图是对成交价格的描述。横坐标表示时间,默认情况下是以交易日为单位,纵坐标表示股票的价格。阳 K 线用红色的空心表示,阴 K 线用蓝色的实心表示。在 K 线图中,系统默认叠加成交价格的移动平均线指标,便于和 K 线图股票价格走势比较和分析。

在 K 线图的上边会发现一些【＊】的符号,这是大智慧软件特有的信息地雷提示。单击【＊】,就可以显示信息地雷提示日该股票的资讯信息。

(二)成交量图

成交量图是对成交量的描述。成交量矩形的高低表示成交量的大小。矩形越高表示当天的成交量越大。在成交量图中通常也会叠加成交量的移动平均线指标。同时观察 K 线图和成交量图可以分析量价配合情况。

(三)技术指标图

技术指标是指在市场交易行为的基础上建立起来的数学模型,通过技术指标可以对

交易进行分析,便于投资决策。在技术指标图中显示了指标的名称,指标名称后面的括
号内显示的是指标参数,然后是各条指标线的名称和当前鼠标指针所在处的指标值。

单击技术指标图下方的指标名称按钮,可以使技术指标图在不同的技术指标之间切换。

二、K 线走势图的基本操作

(一)进入 K 线走势图

在分时走势图中双击鼠标左键或者单击左侧的页面栏的"技术分析",进入该股的 K
线走势图。再次双击鼠标左键可以返回到分时走势图。

(二)查看历史 K 线交易信息

如图 10-19 所示,按键盘上的方向键【←】或【→】可以向左或向右移动光标来查看
某一日的交易数据信息,此时会出现白色的十字线,左侧的浮动窗格中的数据就是白色
竖线对应日期的交易数据。按【Esc】键可以取消浮动窗格。

图 10-19　历史 K 线交易信息

(三)放大、缩小 K 线图

连续按键盘上的方向键【↓】可以查看更多交易日的 K 线,连续按方向键【↑】可以
查看更少交易日的 K 线。

(四)查看某日分时走势图

将光标放在某日的 K 线上,单击鼠标右键,在显示的菜单中选择【显示当天的分时
图】,在窗口的右下角会弹出该日分时走势图的浮动窗口。再次单击鼠标左键会取消该
日分时走势图窗口(如图 10-19 所示)。

（五）画面组合

如图10-20所示,在K线图走势图中,单击菜单栏,选择"画面组合"可以设定主窗口中显示的画面的数量,画面数量可在1到6之间选择。

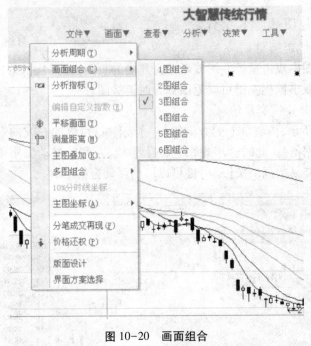

图10-20　画面组合

（六）切换K线图的周期

默认的情况下软件显示的是日K线图。如果要切换到其他周期可以单击菜单栏,选择"分析周期",可以设定主窗口中显示的K线周期(如图10-21所示)。

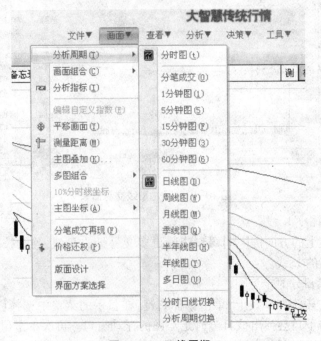

图10-21　K线周期

（七）显示、隐藏主图指标

如图 10-22 所示，在 K 线空白处单击鼠标右键，在菜单中选择"指标—删除指标"就可以删除 K 线图中的移动平均线指标。要想重新显示指标，用键盘输入【MA】即可。

在技术指标图中单击鼠标右键，在菜单中选择"指标—删除指标"就可以删除技术指标。

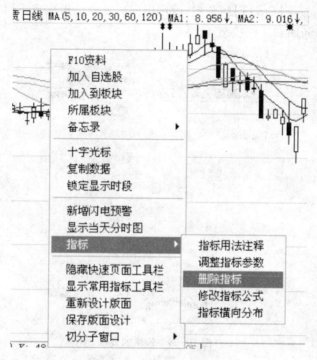

图 10-22　删除技术指标

（八）修改技术指标参数

如图 10-22 所示，在 K 线图或技术指标图中单击鼠标右键，在菜单中选择"指标—调整指标参数"，单击打开图 10-23 的对话框，就可以修改技术指标的天数。

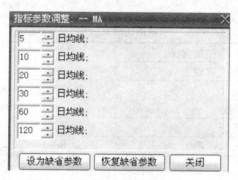

图 10-23　调整指标参数

（九）切换技术指标

在技术指标图中，在菜单中选择"常用指标"项下的级联菜单即可切换技术指标。

切换技术指标的另一种办法是单击窗口左下角的"指标"按钮，窗口下方会出现一行指标栏，通过单击鼠标左键就可以在不同的技术指标之间切换。

（十）复权与除权

在"画面"菜单栏中单击"价格还权"，可以向前复权，即保持现有的价位不变，将以前的价格逐级缩减，来去掉由于分红送配带来的缺口影响，以保持总体图形的连续性。再一次选择"价格还权"，又回到除权状态。

复权还可以向后复权，即保持先前的价格不变，而将以后的价格逐级增加。将光标放在 K 线空白处，按下【Ctrl+T】组合键，就可以向后复权。再次按下【Ctrl+T】组合键，会取消向后复权，重新回到除权状态。

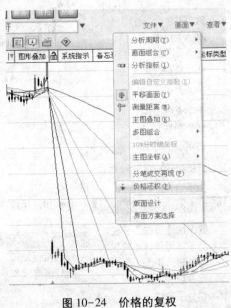

图 10-24　价格的复权

三、分析交易软件快捷键操作

证券行情分析软件除了用鼠标操作外，还可以通过键盘快捷键的方式完成操作。下面以大智慧行情软件为例介绍快捷键的操作（如表 10-2、表 10-3、表 10-4、表 10-5、表 10-6 所示）。

表 10-2　　　　　　　　　　　常用快捷键（一）

快捷键	快捷键含义	快捷键	快捷键含义
F1	帮助/成交明细	←与→	十字光标
F2	分价表	↑与↓	区间缩小/放大
F3	上证指数	/	副图中的指标切换
F4	深证成指	+	小窗口的内容切换
F5	分时图/K 线图	Pause Break	老板键
F6	自选股	空格	查看历史上某日的分时图
F7	条件选股	Shift+C	全息高速盘口
F8	分析周期		
F9	画线工具		
F10	个股资料		
F11	价格还权		
F12	委托		

表 10-3　　　　　　　　　　　**常用快捷键(二)**

快捷键	快捷键含义	快捷键	快捷键含义
Alt+1	只显示主图	Ctrl+F4	报价牌
Alt+2	显示主图和一个副图	Ctrl+F5	系统指示
Alt+3	显示主图和两个副图	Ctrl+F6	指标排序
Alt+4	显示主图和三个副图	Ctrl+F7	系统测试平台
Alt+5	显示主图和四个副图	Ctrl+F8	数据管理中心
Alt+6	显示主图和五个副图	Ctrl+F9	优选交易系统
		Ctrl+F10	备忘录
Alt+H	帮助	Ctrl+PgDn	自动换页
Alt+I	信息地雷	Ctrl+Tab	切换当前窗口
Alt+Q	退出	Ctrl+Q	移动成本
Alt+X	自选股设置	Ctrl+W	报价牌
Alt+Z	当前股票加入自选股板块	Ctrl+R	前/后复权
Alt+D	除权标记	Ctrl+T	双向除权
Alt+M	最高价/最低价标记	Ctrl+Y	10%分时坐标
		Ctrl+I	全屏显示
Alt+F2	板块对比分析	Ctrl+O	选项
Alt+F4	退出	Ctrl+P	百分比坐标
Alt+F5	全屏显示	Ctrl+A	预警
Alt+F7	条件选股	Ctrl+S	相关性分析
Alt+F10	备忘录	Ctrl+D	数据管理
		Ctrl+F	公式管理
Alt+←	历史回忆日期前移	Ctrl+J	计算器
Alt+→	历史回忆日期后移	Ctrl+K	时空隧道
		Ctrl+L	对数坐标
		Ctrl+Z	投资管理
		Ctrl+X	画线工具
		Ctrl+B	板块对比
		Ctrl+N	普通坐标
		Ctrl+M	多图组合

表 10-4　　　　　　　　　　　　　　常用快捷键(三)

快捷键	快捷键含义	快捷键	快捷键含义
0	分笔成交图	60	全部 A 股涨幅排名
01	成交明细	61	上 A 涨幅排名
02	分价表	62	上 B 涨幅排名
03	上证领先	63	深 A 涨幅排名
04	深证领先	64	深 B 涨幅排名
05	分时图\日 K 线图	65	上证债券涨幅排名
06	自选股	66	深证债券涨幅排名
07	条件选股	67	创业板涨幅排名
08	分析周期切换	69	中小企业涨幅排名
09	画线工具	71	上交所公告
10	个股资料	72	深交所公告
		80	全部 A 股综合排名
30	板块指数	81	上证 A 股综合排名
31	板块指数涨幅排名	82	上证 B 股综合排名
33	主题投资库	83	深证 A 股综合排名
41	开放式基金	84	深证 B 股综合排名
42	LOF 基金	85	上证债券综合排名
43	ETF 基金	86	深证债券综合排名
51 至 58	常用板块切换	87	创业板综合排名
59	实时观察	89	中小企业综合排名
		777	路演中心

表 10-5　　　　　　　　　　　在图形分析窗口中的快捷键

快捷键	快捷键含义	快捷键	快捷键含义
0	分笔成交图	8	月 K 线图
1	1 分钟 K 线图	9	多日 K 线图
2	5 分钟 K 线图	10	个股资料
3	15 分钟 K 线图	11	季度 K 线图
4	30 分钟 K 线图	12	半年 K 线图
5	60 分钟 K 线图	10	年 K 线图
6	日 K 线图	250	250 日 K 线图
7	周 K 线图		

表 10-6　　　　　　　　　　　在报价牌窗口中的快捷键

快捷键	快捷键含义	快捷键	快捷键含义
1	上证 A 股	7	上证基金
2	上证 B 股	8	深证基金
3	深证 A 股	9	中小企业
4	深证 B 股	10	个股资料
5	上证债券	11 至 23	各类排行
6	深证债券		

第五节　证券基本资料操作

证券行情分析软件提供了与上市公司有关的所有基本资料,比如操盘必读、财务透视、主营构成、股本分红等,这些基本资料为投资者选股和买卖时机提供重要的决策依据(如图 10-25 所示)。本节就把重要的基本资料介绍给读者。

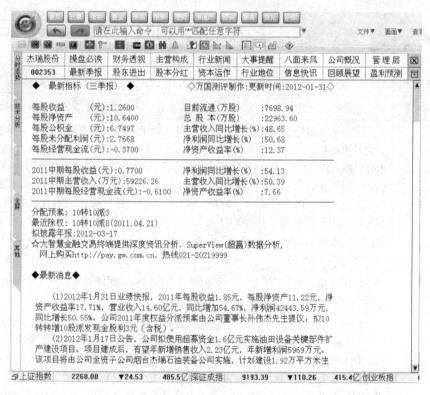

图 10-25　上市公司基本分析界面

一、公司概况

要买卖上市公司的股票,首先要对公司的基本情况有所了解,那么公司概况栏就为投资者提供了公司的经营范围、注册资本等基本注册信息以及与发行有关的资料。通过这些资料，投资者就可以有初步的了解（如表10-7和表10-8所示）。

表10-7   公司概况——基本资料

公司名称	烟台杰瑞石油服务集团股份有限公司		
英文名称	Yantai Jereh Oilfield Services Group Co., Ltd.		
A股代码	002353	A股简称	杰瑞股份
B股代码	—	B股简称	—
H股代码	—	H股简称	—
证券类别	深交所中小板A股	所属行业	机械行业
总经理	王继丽	法定代表人	孙伟杰
董秘	程永峰	董事长	孙伟杰
证券事务代表	蒋达光	独立董事	王建国、梁美健、郭明瑞
联系电话	0535-6723532	电子信箱	zqb@jereh.com
传真	0535-6723171	公司网址	http://www.jereh.com
办公地址	山东省烟台市莱山区澳柯玛大街7号	注册地址	山东省烟台市莱山区澳柯玛大街7号
区域	山东	邮政编码	264003
注册资本（元）	2.30亿	工商登记	—
雇员人数	863人	管理人员人数	20人
律师事务所	北京市天元律师事务所	会计师事务所	中喜会计师事务所有限责任公司
公司简介	公司是由烟台杰瑞设备集团有限公司（以下简称杰瑞有限公司）整体变更设立的股份有限公司。2007年11月10日，杰瑞有限公司股东会做出决议，同意以经审计的净资产79 800 870.04元为依据，各股东按出资比例以1.000 011∶1折股，整体变更设立烟台杰瑞石油服务集团股份有限公司，11月16日，中喜会计师事务所有限责任公司以中喜验字［2007］第01053号《验资报告》验证已收到全体股东缴纳的注册资本79 800 000.00元。2007年11月22日，公司在烟台市工商行政管理局完成工商变更登记手续，取得企业法人营业执照，注册号为370610228004625。		
主营业务	油田专用设备制造，油田、矿山设备维修改造及配件销售和海上油田钻采平台工程作业服务。		
经营范围	油田专用设备、油田特种作业车、油田专用半挂车的生产、组装、销售、维修（不含国家专项规定需要审批的设备）；油田设备、矿山设备、工业专用设备的维修、技术服务和配件销售；为石油勘探和钻采提供工程技术服务；机电产品（不含品牌汽车）、专用载货汽车、牵引车、挂车的销售；油田专用设备和油田服务技术的研究和开发；计算机软件开发、自产计算机软件销售；货物及技术的进出口（国家禁止的除外，须许可经营的凭许可证经营）。		

表 10-8 公司概况——发行相关

成立日期	2007-11-22	上市日期	2010-02-05
发行市盈率（倍）	81.78	网上发行日期	2010-01-25
发行方式	上网定价发行，网下询价发行	每股面值（元）	1.00
发行量（股）	2 900 万	每股发行价（元）	59.50
发行费用（元）	3 591 万	发行总市值（元）	17.3 亿
募集资金净额（元）	16.9 亿	首日开盘价（元）	65.00
首日收盘价（元）	67.18	首日换手率	76.10%
首日最高价（元）	68.68	网下配售中签率	1.09%
定价中签率			0.89%

二、股东进出

股东进出主要提供每个季度末公司十大流通股东及其持股情况、公司股东人数的变化情况（如表 10-9、表 10-10、表 10-11 所示）。一般来说，十大流通股东持股的增加反映了主力对公司未来发展的信心，股东人数越少，说明股票持股越集中，该股票主力参与的程度越高，未来股价上涨的几率就越大。相反，十大流通股东减持股票反映了主力对公司未来发展不看好，股东人数越多，说明股票持股越分散，未来股价下跌的几率就越大。

表 10-9 杰瑞股份 2011 年 9 月 30 日十大流通股东

名次	股东名称	股东性质	股份类型	持股数（股）	占总流通股本持股比例	增减（股）
1	吴秀武	自然人	A 股	5 467 000	7.10%	-1 710 000
2	中国建设银行—银华富裕主题股票型证券投资基金	证券投资基金	A 股	3 579 034	4.65%	230 000
3	东方证券股份有限公司	券商	A 股	2 008 334	2.61%	不变
4	中国建设银行—银华核心价值优选股票型证券投资基金	证券投资基金	A 股	1 999 404	2.60%	529 409
5	李嘉鑫	自然人	A 股	1 850 192	2.40%	10 001
6	中国工商银行—汇添富均衡增长股票型证券投资基金	证券投资基金	A 股	1 572 090	2.04%	新进
7	全国社保基金——八组合	社保基金	A 股	1 268 835	1.65%	新进
8	中国农业银行—交银施罗德精选股票证券投资基金	证券投资基金	A 股	1 108 264	1.50%	新进
9	中国农业银行—交银施罗德成长股票证券投资基金	证券投资基金	A 股	1 099 936	1.43%	新进
10	广发证券—交行—广发集合资产管理计划（3 号）	券商资产管理计划	A 股	932 907	1.21%	-239 494

表 10-10　　　　　　　　　　杰瑞股份 2011 年 6 月 30 日十大流通股东

名次	股东名称	股东性质	股份类型	持股数（股）	占总流通股本持股比例	增减（股）
1	吴秀武	自然人	A 股	7 182 000	9.33%	3 591 000
2	中国建设银行—银华富裕主题股票型证券投资基金	证券投资基金	A 股	3 349 034	4.35%	1 874 454
3	东方证券股份有限公司	券商	A 股	2 008 334	2.61%	1 105 072
4	李嘉鑫	自然人	A 股	1 840 191	2.39%	926 855
5	中国建设银行—银华核心价值优选股票型证券投资基金	证券投资基金	A 股	1 469 995	1.91%	新进
6	中国银行—嘉实服务增值行业证券投资基金	证券投资基金	A 股	1 192 094	1.55%	531 047
7	广发证券—交行—广发集合资产管理计划（3 号）	券商资产管理计划	A 股	1 172 401	1.52%	698 401
8	黄健	自然人	A 股	925 028	1.20%	462 510
9	中国农业银行—银华内需精选股票型证券投资基金	证券投资基金	A 股	797 685	1.04%	388 797
10	韩俊灵	自然人	A 股	772 800	1.00%	新进

表 10-11　　　　　　　　　　杰瑞股份股东人数变化情况

时间	2011-09-30	2011-06-30	2011-03-31	2010-12-31
股东人数（户）	8 529	1.01 万	9 959	9 610
人均流通股（股）	9 027	7 591	3 865	3 017
较上期变化（%）	-10.90	1.84	3.60	22.65
筹码集中度	非常集中	非常集中	较集中	较集中
股价（元）	64.50	64.90	64.22	71.04
人均持股金额（元）	174 万	107 万	74.0 万	84.9 万

三、成交回报

成交回报显示的是公司股价异动时的交易数据，从中可以发现主力的动向，是减持股票还是增持股票，为投资者短线交易提供了决策参考（如表 10-12 所示）。

表 10-12　　　　　　　　　　杰瑞股份成交回报

交易日期：2012 年 01 月 20 日
收盘价：65.50 元
涨跌幅：9.08%
类型：当日涨幅偏离值达 7% 的证券
买入金额最大的前 5 名

表10-12(续)

序号	代码	交易营业所	买入金额（元）	卖出金额（元）	交易时间
1	机构专用		20 294 045.70	0.00	2012-01-20
2	机构专用		7 738 104.52	0.00	2012-01-20
3	机构专用		6 653 786.18	0.00	2012-01-20
4	方正证券长沙建湘路证券营业部		2 704 620.97	2 710 096.00	2012-01-20
5	机构专用		2 104 634.70	0.00	2012-01-20
卖出金额最大的前5名					
序号	交易营业所		买入金额（元）	卖出金额（元）	交易时间
1	机构专用		0.00	5 251 599.75	2012-01-20
2	机构专用		0.00	4 271 405.20	2012-01-20
3	方正证券长沙建湘路证券营业部		2 704 620.97	2 710 096.00	2012-01-20
4	华泰证券苏州干将西路证券营业部		0.00	1 852 973.60	2012-01-20
5	东北证券四平中央东路证券营业部		0.00	1 521 195.00	2012-01-20

四、机构持仓

机构持仓反映了基金、券商和保险公司等大型机构的持股情况，从中投资者可以发现股票未来走势的端倪。从图10-26可以看出，基金、券商和社保基金一直在不断增持杰瑞股份的股票，说明机构十分看好该公司的发展前景。

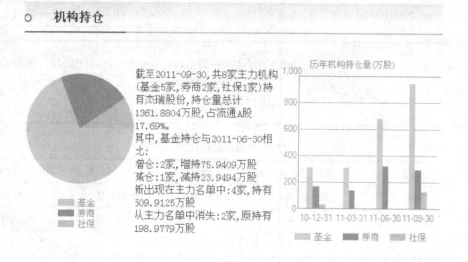

图10-26　杰瑞股份机构持仓

五、财务透视

财务透视栏目将公司每个财务报告期的财务指标列成表格，投资者可以很方便地通过表格分析公司经营状况的变化趋势（如表10-13所示）。

表 10-13　　　　　　　　　　财务最新指标

日期	2011-09-30	2011-06-30	2011-03-31	2010-12-31
基本每股收益（元）	1.260 0	0.770 0	0.510 0	2.510 0
每股净资产（元）	10.640 0	10.100 0	20.070 0	19.560 0
每股未分配利润（元）	2.766 8	2.275 2	4.321 0	3.810 6
每股资本公积金（元）	6.749 7	6.749 7	10.499 3	10.499 3
每股经营活动现金流量（元）	-0.370 0	-0.610 0	-1.160 0	-0.390 0
主营收入（元）	9.83 亿	5.92 亿	1.97 亿	9.44 亿
主营收入同比增长（%）	48.65	50.39	32.59	38.72
利润总额（元）	3.43 亿	2.08 亿	7 027 万	3.36 亿
归属于母公司股东的净利润（元）	2.89 亿	1.76 亿	5 826 万	2.82 亿
净利润同比增长（%）	50.68	54.10	64.10	56.96
销售毛利率（%）	42.04	42.44	43.21	41.58
净资产收益率（%）	11.85	7.57	2.53	12.55

六、股本分红

股本分红栏主要公布公司的分红情况和股本结构，从中可以分析预测公司将来的分红能力和分红政策，为投资者买卖股票提供决策参考（如表 10-14、表 10-15 所示）。

表 10-14　　　　　　　　　　杰瑞股份分红方案

公告日期	分红方案	股权登记日	除权除息日	派息日	方案进度
2012-01-31	10 转增 10 股派 3 元(含税)	—	—	—	公司预案
2011-07-26	不分配不转增	—	—	—	董事会预案
2011-04-10	10 转增 10 股派 8 元(含税)	2011-04-20	2011-04-21	2011-04-21	实施方案
2010-07-27	不分配不转增	—	—	—	董事会预案
2010-06-03	10 派 6 元（含税）	2010-06-10	2010-06-11	2010-06-11	实施方案

表 10-15　　　　　　　　　　杰瑞股份股本结构变动

变更日期	2011-06-30	2011-04-21	2011-02-09	2010-12-31
股份总数（万股）	22 963.60	22 963.60	11 481.80	11 481.80
已上市流通 A 股（万股）	7 698.94	7 698.94	3 849.47	2 900.00
受限流通股份（万股）	10 264.66	10 264.66	7 247.75	8 581.80

七、机构评级和新闻公告

机构的评级和有关公司的新闻会对公司股价的短期走势产生影响，因此投资者要经常关注媒体上与公司有关的新闻和机构的评级，抓住有利的买卖时机，获取收益、规避风险（如图 10-27、图 10-28 所示）。

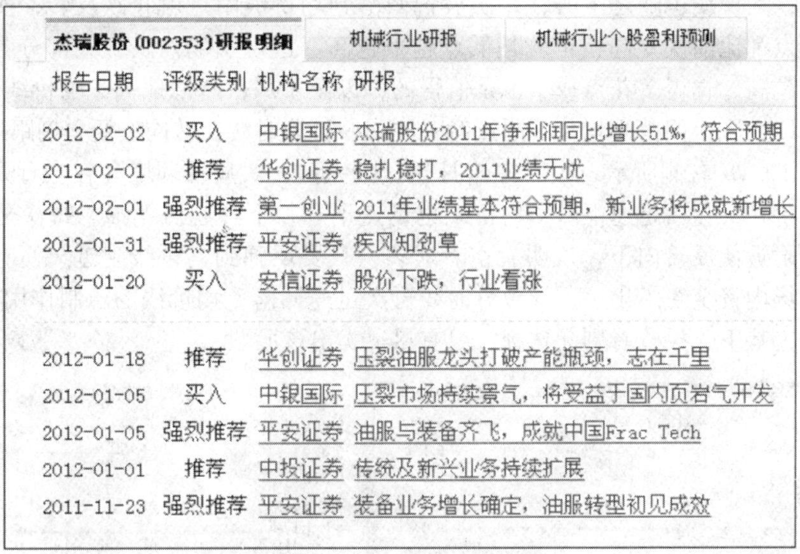

杰瑞股份（002353）研报明细　机械行业研报　机械行业个股盈利预测

报告日期	评级类别	机构名称	研报
2012-02-02	买入	中银国际	杰瑞股份2011年净利润同比增长51%，符合预期
2012-02-01	推荐	华创证券	稳扎稳打，2011业绩无忧
2012-02-01	强烈推荐	第一创业	2011年业绩基本符合预期，新业务将成就新增长
2012-01-31	强烈推荐	平安证券	疾风知劲草
2012-01-20	买入	安信证券	股价下跌，行业看涨
2012-01-18	推荐	华创证券	压裂油服龙头打破产能瓶颈，志在千里
2012-01-05	买入	中银国际	压裂市场持续景气，将受益于国内页岩气开发
2012-01-05	强烈推荐	平安证券	油服与装备齐飞，成就中国Frac Tech
2012-01-01	推荐	中投证券	传统及新兴业务持续扩展
2011-11-23	强烈推荐	平安证券	装备业务增长确定，油服转型初见成效

图 10-27　杰瑞股份机构评级

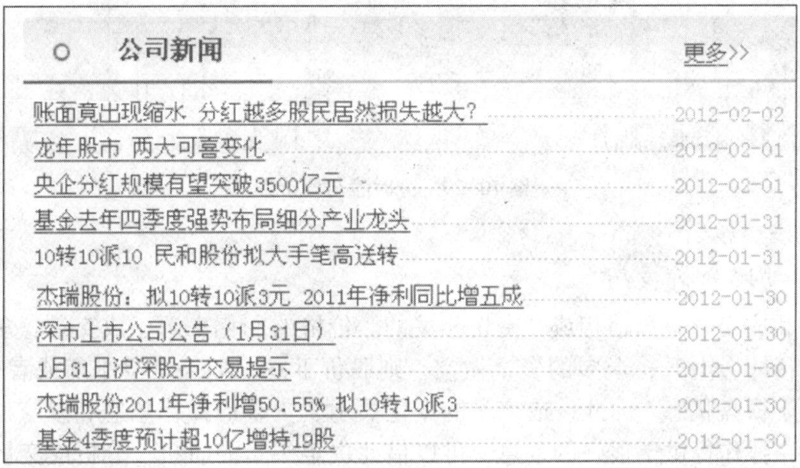

公司新闻　更多>>

账面竟出现缩水 分红越多股民居然损失越大?	2012-02-02
龙年股市 两大可喜变化	2012-02-01
央企分红规模有望突破3500亿元	2012-02-01
基金去年四季度强势布局细分产业龙头	2012-01-31
10转10派10 民和股份拟大手笔高送转	2012-01-31
杰瑞股份：拟10转10派3元 2011年净利同比增五成	2012-01-30
深市上市公司公告（1月31日）	2012-01-30
1月31日沪深股市交易提示	2012-01-30
杰瑞股份2011年净利增50.55% 拟10转10派3	2012-01-30
基金4季度预计超10亿增持19股	2012-01-30

图 10-28　杰瑞股份公司新闻

第六节　分析交易软件的分析技巧

一、价格分时线分析技巧

均价线代表的是该日买入股票的平均持仓成本。假设当天入场资金大多数为主力所为，那均价线可以说是庄家的持仓成本线，因此它对股价的走势有支撑和压力作用。

当分时线处于上升通道，它每次向下回落触及均价线后都能得到支撑，然后重新起涨，这时可以买入。当分时线处于下降通道，它每次向上反弹触及均价线后都会受到压力，然后重新回落，这时要立刻卖出。

如图 10-29 左侧所示，2012 年 1 月 31 日星期二，“老白干酒”平开高走，分时线快速上冲，均价线也随之上升，每次股价回落到均价线附近就止跌反转，而且每一次回落的低点都比前次要高，也就是低点越来越高。这说明场内资金大部分看多，持仓成本越来越高，觉得多花点成本也是值得的，以至于股价水涨船高，均价线逐步上移。投资者可以在股价回落到均价线附近时关注，一旦分时线反转向上便立刻跟进做多。

如图10-29右侧所示，2012年1月31日星期二，"盾安环境"在当日开盘后陷入震荡，股价在开盘后迅速下跌，均价线也迅速下移，下降趋势明显。每次分时线反弹到均价线附近便反转向下，说明看空者居多，只要反弹到均价线附近，便有更多的卖盘涌出，场内资金纷纷出逃，导致分时线再次迅速回落，均价线的压制作用十分明显。在这样的走势下，投资者别无选择，只有尽早卖出该股票。

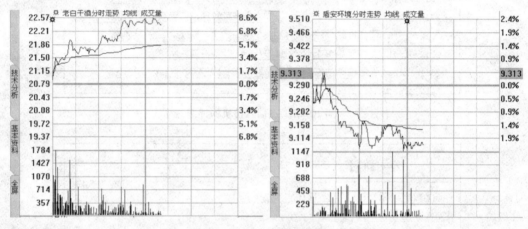

图10-29　分时线与均价线

二、量比分析技巧

价格和成交量是相辅相成、密切相关的。价格的变化来源于成交量。众多的资金做多，股价才会上升；众多的资金做空，则股价下跌；如果多空平衡或者交投呆滞，股价则处于横盘状态。因此，成交量的变化揭示了资金的操作意愿和参与程度，也为投资者后市操作提供了很好的信息，可以借此决定买卖的时机。分析成交量有很多种工具，比如单笔成交、行情软件中的成交量柱状图以及量比等。

如果股价当天是节节上涨，量比大于1时，分时线与量比指标线在同一时期都形成了上升趋势。说明股票在当天走势中量价配合良好，股价的上涨有资金的支持，股价还将继续上涨。对具有这样走势的股票，投资者可以继续持有，或结合其他指标买进。双线向上是散户投资者进场的一个重要参考信号，而那些得不到成交量配合的上涨经常是主力的诱多陷阱。

如果股价当天是节节下跌，而量比大于1时，量比指标线逐渐上升，但是同时分时线也在迅速下滑，说明场内资金在加大出货力度，后市股价还存在继续下行的风险，投资者应该及早出局，说明股票在当天走势中有不少抛盘涌出，股价还将继续下跌。

如果股价当天是缓慢上涨，而量比小于1时，分时线在不断上升，但量比指标线在不断下降，则说明股票在当天涨势中没有得到成交量的有效配合，股价的涨势将可能受阻。这种情况有时候意味着股价此时的上升不再需要成交量放大的配合，因为高度控盘，只需要少量资金就可以拉升股价，但更多时候意味着主力在用少量筹码拉升股价，诱使散户接盘。后者通常是一个危险的信号，预示着股价在造顶，离反转的时日不多了，投资者应该逢高出局。判断是诱多还是高度控盘可以参考股价的整体位置：如果股价已经高高在上，双线相反很可能是诱多；如果股价在相对低位则可能是高度控盘，投资者可以继续持股。

如果股价当天是缓慢下跌，量比也小于 1 时，分时线与量比指标线同时形成下降趋势，量比指标向下，说明入场资金越来越少，一旦空方占据主动，股价下跌就是自然而然的事了。双线向下提示投资者股价后期还有下跌的可能，投资者此时应当回避风险。

三、成交大单分析技巧

成交大单主要是指每笔的成交手数远远大于过去的平均手数，一般而言，最低的大买卖每笔最少是 500 手，如果该股流通股比较大，大单的最低手数要在 1 000 手以上。看 K 线、看分时线是必需的，但要说能最真实地反映出股价变化的还是成交明细表，它完全不能作假，不像 K 线和分时线经常被有经验的庄家用来骗线，引诱散户上当。因此，要真实判断盘面的情况，还需要看成交明细表。通过对成交明细表的研判，我们可以知道当时的买卖具体情况，股价是涨是跌，有没有主力介入，主力是出货还是建仓。有了这些研判，我们买卖股票就心中有数了。

（1）股价低位的大单。当某个股票长期低迷，处于较低价位区域时，某日该股开始启动，卖盘上挂出巨大抛单，买单则比较少，此时如果有新资金进场，将挂在卖 1 至卖 5 档的压单全吃掉，可视为有资金在建仓。此时的压单并不一定是有人在抛空，有可能是主力自己摆出的筹码，进行对敲吸筹所致。

（2）股价上升中途的大单。当某个股票处在正常上升途中，某日该股突然被盘中出现的上千手大抛单砸至很低价、随后又被快速拉起；或者股价被突然出现的上千手大买单拉升然后又快速归位。这些情况预示着主力在震仓洗盘。这种现象的出现，可能是主力在试探筹码的锁定程度，然后决定是否拉升。该股如果一段时期总收下影线，则向上拉升可能性更大。

（3）股价高位的大单。如果股价处于高位时，某个股票当天多次出现连续 500 手以上的向上买单而卖单较少的情况则可能预示着主力在吸引散户买入、准备拉高出货。

（4）股价下跌途中的大单。当某个股票经过连续下跌后，某日该股的买 1 到买 5 档中常见大手笔买单挂出，这可能是未能出逃主力资金的护盘动作。但这不意味着该股已经止跌，因为在下跌市道中，主力护盘证明其实力欠缺，否则可以推升股价。此时该股股价可能还有下跌空间。

如图 10-30 所示，皖新传媒（601801）在 2012 年 1 月 31 日星期二部分成交明细，在当日 14：19 之前，成交量没有明显放大，之后主动性买入大单成交开始不断出现，说明有主力大单买入做多。有主力介入的股票，我们应当密切关注，择机介入。当日该股以涨停价 11.22 元报收。

245

601801 皖新传媒			分时成交列表 (共1285笔)					
14:18:11	10.72↓	1	14:20:26	10.99↑	510	14:22:11	11.01↑	52
14:19:16	10.80↑	2349	14:20:31	10.93↓	175	14:22:16	11.06↑	38
14:19:21	10.78↓	46	14:20:36	10.93	60	14:22:41	11.00↓	1562
14:19:26	10.81↑	177	14:20:41	10.97↑	100	14:22:51	11.05↑	87
14:19:31	10.82↑	130	14:20:46	10.94↓	66	14:22:56	11.04↓	55
14:19:36	10.82	279	14:21:16	10.99↑	551	14:23:01	11.05↑	27
14:19:41	10.89↑	807	14:21:21	10.98↓	232	14:23:06	11.05	77
14:19:46	10.89	10	14:21:26	10.98	556	14:23:11	11.05	56
14:19:51	10.83↓	99	14:21:31	10.99↑	107	14:23:16	11.02↓	24
14:19:56	10.90↑	88	14:21:36	10.99	39	14:23:21	11.05↑	40
14:20:01	10.89↓	78	14:21:41	10.99	340	14:23:26	11.05	36
14:20:06	10.92↑	127	14:21:46	10.99	108	14:23:31	11.06↑	116
14:20:11	10.93↑	101	14:21:51	11.00↑	284	14:23:46	11.04↓	377
14:20:16	10.91↓	222	14:21:56	11.00	150	14:23:51	11.05↑	42
14:20:21	10.98↑	107	14:22:06	11.00	34	14:23:56	11.04↓	76

图 10-30　皖新传媒成交大单

如图 10-31 所示，海南椰岛（600238）在 2012 年 1 月 31 日星期二部分成交明细，在当日开盘开始就不断有主动性卖出大单成交出现，这说明主力在出货，其后市就需要十分小心，最好及时止损出局。主力都出去了，散户很难有所作为。当日该股跌幅 9.22%。

600238 海南椰岛									分时成交列表 (共236笔)		
09:25:06	8.47	278	09:44:56	8.20↓	321	09:59:56	8.00↓	833	10:14:56	7.84↓	242
09:30:56	8.38↓	505	09:45:56	8.20	427	10:00:56	7.96↓	1054	10:15:56	7.84↓	1147
09:31:36	8.45↑	986	09:46:56	8.22↑	890	10:01:26	7.95↓	145	10:16:56	7.82↓	385
09:32:56	8.42↓	245	09:47:56	8.19↓	555	10:02:56	7.96↑	290	10:17:51	7.75↓	758
09:33:56	8.37↓	745	09:48:21	8.19	343	10:03:51	7.96	133	10:18:56	7.72↓	2421
09:34:56	8.35↓	183	09:49:56	8.18↓	731	10:04:56	7.96	571	10:19:36	7.72↓	1206
09:35:51	8.26↓	1013	09:50:31	8.18	298	10:05:56	7.96	326	10:20:56	7.80↑	254
09:36:56	8.22↓	840	09:51:46	8.15↓	374	10:06:46	7.97↑	324	10:22:51	7.82↑	907
09:37:41	8.18↓	1053	09:52:56	8.10↓	682	10:07:56	7.95↓	424	10:23:26	7.82	55
09:38:51	8.20↑	1213	09:53:56	8.00↓	1033	10:08:56	7.96↑	346	10:24:41	7.83↑	381
09:39:51	8.25↑	408	09:54:36	7.95↓	358	10:09:16	7.96	360	10:25:41	7.82↓	265
09:40:56	8.30↑	402	09:55:51	7.92↓	860	10:10:51	7.93↓	460	10:26:51	7.82	336
09:41:56	8.28↓	532	09:56:56	8.00↑	1270	10:11:51	7.90↓	871	10:27:51	7.81↓	112
09:42:51	8.25↓	167	09:57:46	8.04↑	160	10:12:51	7.89↓	352	10:28:56	7.83↑	248
09:43:56	8.24↓	1263	09:58:51	8.01↓	299	10:13:56	7.82↓	694	10:29:56	7.83	131

图 10-31　海南椰岛成交大单

四、买盘和卖盘分析技巧

股市中的主力经常挂出巨量的买盘或卖盘，然后引导价格朝某一方向运动，并时常利用盘中挂单技巧，引诱投资者做出错误的买卖决定，因此通过观察买盘和卖盘的变化可以洞察主力资金的未来动向。

大量的卖盘挂单俗称上压板，如图 10-32 中的美的电器（000527）的买盘和卖盘；大量的买盘挂单俗称下托板，如图 10-32 中的中天城投（000540）的买盘和卖盘；股价会在一个箱体内震荡，这是庄家在委买、委卖分别放上一笔大单，这种上下都有大单的情况叫夹单，如图 10-32 中吉林化纤（000420）的买盘和卖盘。无论上压下托，其目的都是为了操纵股价，诱人跟风，且股票处于不同价区时，其作用是不同的。

000527 美的电器 ☒				000420 吉林化纤 ☒				000540 中天城投 ☒		
	5	12.82	46		5	3.82	154		5	6.90	633
卖	4	12.81	53	卖	4	3.81	465	卖	4	6.89	395
	3	12.80	178		3	3.80	1717		3	6.88	466
盘	2	12.79	16	盘	2	3.79	1761	盘	2	6.87	171
	1	12.78	1471		1	3.78	1409		1	6.86	643
	1	12.77	219		1	3.77	1135		1	6.85	2127
买	2	12.76	108	买	2	3.76	1149	买	2	6.84	352
	3	12.75	145		3	3.75	697		3	6.83	335
盘	4	12.74	71	盘	4	3.74	647	盘	4	6.82	1048
	5	12.73	101		5	3.73	496		5	6.81	164

图 10-32　压板和托板

1. 上压板

当股价处于刚启动不久的中低价区时，主动性买盘较多，盘中出现了上压板而股价却不跌反涨，则主力压盘吸货的可能性偏大，往往是大幅涨升的先兆。

在股价已被打压到较低价位，在卖 1、卖 2、卖 3 挂有巨量上压板，使投资者认为抛压很大，因此在买 1 的价位提前卖出股票，实际庄家在暗中吸货，待筹码吸纳充足后，突然撤掉巨量抛单，促使股价大幅上涨。

当股价处于高价区时，盘中出现上压板较多，且上涨无量时，则往往预示顶部即将出现，股价将要下跌。

2. 下托板

当股价处于刚启动不久的中低价区时，主动性买盘较多，盘中出现了下托板，往往预示主力做多意图，可考虑逢低介入。

在股价上升至较高位置，在买 1、买 2、买 3 挂有巨量下托板，使投资者认为行情还要继续发展，纷纷以卖 1 价格买入股票，实际上庄家在悄悄出货，待手中的筹码出得差不多时，突然撤掉巨量买单，并开始全线抛空，股价迅速下跌。

当股价处于高价区时，盘中出现了下托板，但走势却是价平量增，此时要留意主力是否在诱多出货。

3. 夹板

夹板现象通常出现在庄家洗盘阶段或者建仓阶段。庄家通过上下两个大单来控制股价的波动，使股价在一个很小的区间波动。震荡时间久了，很多散户可能会坚持不住，清仓出局，这正是庄家的操作目的。在大单没有撤销的情况下，股价不会有向上或向下的突破。投资者在这种情况下只有耐心等待。

4. 隐性买卖盘

在成交中，有的价位并未在买盘和卖盘队列中出现，却在成交明细栏里出现了，这就是隐性买卖盘，其中经常蕴含主力的踪迹。一般来说，卖 1 到卖 5 档中没有大的笔数，而出现大量隐性主动性买盘（特别是大手笔），股价的涨幅也不大，则是有资金进场吸纳的征兆；反之出现大量隐性主动性卖盘，则往往是主力出货的迹象。

5. 扫盘

在某些股票价格上涨的初期，在盘面中不断出现大笔卖盘在卖2、卖3处挂出，并且股价价位不断上移，最后突然出现一笔大买单吃掉所有卖盘，股价出现短线大幅拉升，称为扫盘。这种情况的出现，可能预示着主力在引诱跟风者持续跟入，利用同向合力形成技术共振，减少拉升压力，预示主力正大举进场建仓，是投资者跟进的绝好时机。

五、内盘和外盘分析技巧

如果投资者对后市看好，为保证买入的股票一定成交，抢在别人前面买入股票，以卖二、卖三的价格，甚至更高的价格报单买入股票。这种主动出高价并以叫卖价成交的股票成交量，被电脑软件计为外盘，也就是主动性的买盘，它反映了投资者主动买入股票的决心。

如果投资者对后市不看好，为保证卖出的股票一定成交，抢在别人前面卖出股票.以在买二、买三的价格，甚至更低的价格报单卖出股票。这种主动出低价并以叫买价成交的股票成交量，被电脑软件计为内盘，也就是主动性的卖盘，它反映了投资者主动卖出股票的决心。

因此一般情况下，外盘的积累数量越大，说明主动性买盘越多，投资者看好后市，股票短线上涨的可能性越大（如图10-33所示）。反之，内盘的积累数越大，说明主动性抛盘越多，投资者不看好后市，所以，股票短线下跌的可能性越大（如图10-34所示）。通过外盘、内盘数量的大小和比例，投资者通常可能发现主动性的买盘多，还是主动性的抛盘多，在很多时候可以洞察主力资金的动向，是一个较有效的短线指标。

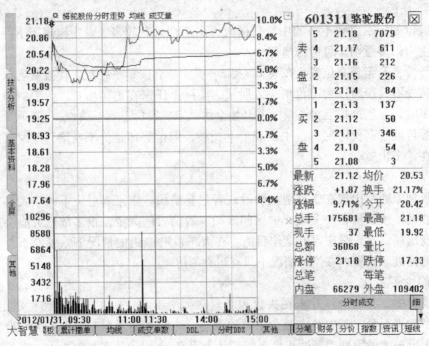

图 10-33 外盘大于内盘

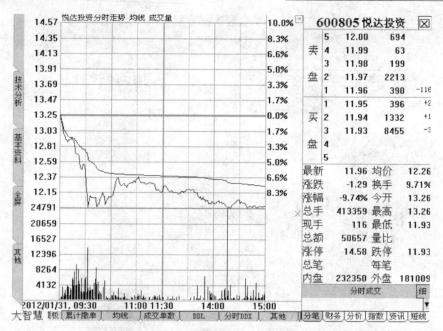

图 10-34 外盘小于内盘

（1）当个股经过较长时间的下跌，股价处于较低价位后，成交量极度萎缩。此后，成交量温和放量，当日外盘数量增加、大于内盘数量，预示着有新资金在低位吸纳。

（2）当个股经过较长时间的上涨、股价处于较高价位后，成交量突然放大，并且当日内盘数量大于外盘数量，意味着有资金在高位出逃。

（3）一些个股在股价较长时间的阴跌过程中，时常会发现外盘大内盘小，此种情况并不表明股价一定会上涨。因为有些时候尚未出逃的主力，采用对倒的方式，用几笔抛单将股价打至较低位置，然后自己买自己的卖单，造成该股的外盘将明显大于内盘的假象，使投资者误认为庄家在吃货，而纷纷买入，结果次日股价继续下跌。

（4）一些个股在股价刚刚上涨的时候，时常会发现内盘大外盘小，此种情况并不表示股价一定会下跌。因为有些时候主力用几笔买单将股价拉至相对的高位，然后，反过来打压股价，但主力却采取分步挂单的方式，将自己的抛单通通接走。这种挂单的手法，造成该股外盘明显小于内盘的假象，使投资者误认为主力在出货，便纷纷抛售该股，但主力在接足筹码后，又会迅速继续推高股价。

（5）当个股经过了较长时间的上涨，股价已上涨了较大的涨幅，如果某日该股外盘大量增加，但股价却不涨，投资者要警惕庄家制造假象借以出货。

（6）当某些基本面尚好的个股经过了较长时间的下跌，股价已下跌了较大的幅度，如果某日该股内盘大量增加，但股价却不跌，投资者要警惕庄家制造假象，假打压、真吃货。

（7）当某个股票当天一开盘就涨停或跌停，并且这种涨停或跌停情况延续到当天收盘时，有些软件把当天所有成交都计入外盘，内盘则为零；而有些软件则把当天所有成交都计入内盘，外盘则为零。这种涨跌停时的内外盘研判意义不大。

六、技术指标选股技巧

在 K 线走势图中，单击"工具"下拉菜单的"条件选股"，如图 10-35 所示。

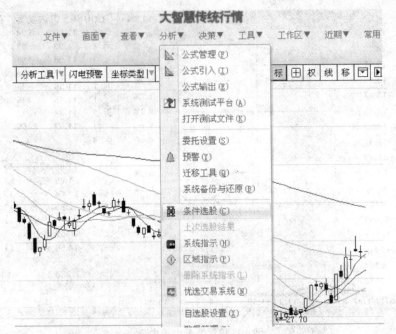

图 10-35 打开条件选股

　　打开如图 10-36 所示对话框，在"技术指标"中通过单击选中想要使用的技术指标，在对话框的右侧部分可以修改技术指标的参数。如果想通过技术指标的组合选股，单击左下角的【加入】按钮，将选中的条件加入到"组合条件"对话框中，然后再重复上述步骤选择其他的技术指标。在图中以选择 MA 和 MACD 指标为例进行技术指标选股。

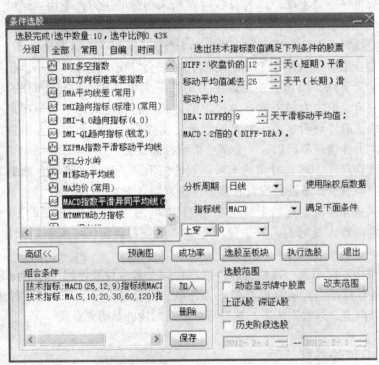

图 10-36 条件选股设置

选好技术指标后，单击"执行选股"按钮，就可以将符合条件的股票全部列出（如图10-37所示）。

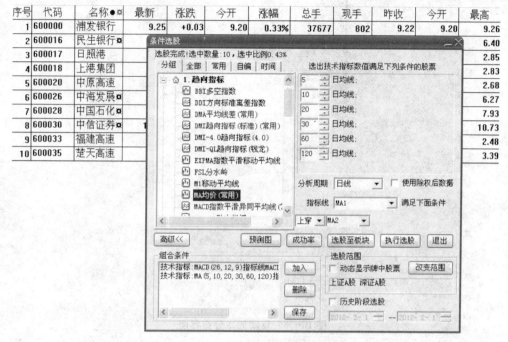

序号	代码	名称●¤	最新	涨跌	今开	涨幅	总手	现手	昨收	今开	最高
1	600000	浦发银行	9.25	+0.03	9.20	0.33%	37677	802	9.22	9.20	9.26
2	600016	民生银行¤									6.40
3	600017	日照港									2.85
4	600018	上港集团									2.83
5	600020	中原高速									2.68
6	600026	中海发展¤									6.27
7	600028	中国石化¤									7.93
8	600030	中信证券¤									10.73
9	600033	福建高速									2.48
10	600035	楚天高速									3.39

图10-37 条件选股结果

七、移动成本分布分析技巧

（一）移动成本分布界面解释

在看盘的时候，可以在日K线图右下侧点"成"字调入移动成本分布。

移动成本分布统计当天所有持股者的成本分布情况，由等间距的水平线来表示，图形中高度代表价格，水平线的位置表示成本所处价位，线条长度代表持仓筹码在这一价位的比例，其中最长的线条占满显示区，其余同比例显示（如图10-38所示）。

在系统默认情况下，移动成本分布图主要包含三种颜色的线条：白线、黄线和蓝线。

白线——当前股价处于亏损状态的筹码（即交易者的买入价高于光标锁定日的收盘价）。

黄线——当前股价处于盈利状态的筹码（即交易者的买入价低于光标锁定日的收盘价）。

蓝线——当日市场所有持仓筹码的平均成本。

图 10-38　移动成本分布界面

　　获利比例——指当日收盘价的获利盘的比重，即在本日收盘价的情况下获利筹码的比例是多少。这样计算的原因在于通过具体的数值分析求得更加明确的全市场的成本构成状况。

　　90% 成本——是说 90% 的流通股的持有成本在 22.16~33.05 之间。就好比说有 100 股，90 股都是在这个成本区间买进的。

　　集中度 19.7——筹码成本的集中度在 0~100 之间，成本集中度这个数值越小，表明这个股票的成本越集中。这个集中指的是持有这个股票的投资者不管是谁，持有者的股票成本相差不大。反之，如果股票的成本集中度的度值越大，表明股票筹码的成本越分散。这个分散，指的是各股票持有者手中的股票成本相差较大。通常来说，股票的筹码是经历一个筹码从分散到集中，再分散，然后再集中的过程。理论上说筹码越集中，主力坐庄可能性就较大。

　　（二）移动成本分布的形态

　　移动成本分布主要包括单峰密集和多峰密集两种形态（如图 10-39 所示）。

　　单峰密集是移动成本分布所形成的一个独立的密集峰形，它表明该股票的流通筹码在某一特定的价格区域充分集中。单峰密集往往是由于股价长时间围绕某一价格波动，前期在上方套牢的筹码基本在该价位割肉，而前期盈利的筹码也已基本在该价位卖出。使当前所有持仓者的成本集中在该价位附近。在图形上形成一个单一的峰形。单峰密集对于行情的研判有三个方面的实战意义：

　　（1）当主力为买方、散户为卖方时，所形成的单峰密集意味着上攻行情的爆发。

　　（2）当散户为买方、主力为卖方时，所形成的单峰密集意味着下跌行情的开始。

　　（3）当主力和散户混合买入时，这种单峰密集将持续到趋势明朗。

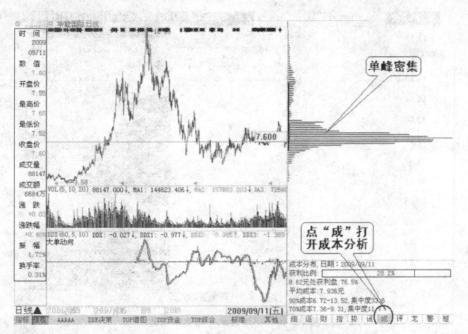

图 10-39　移动成本分布单峰密集

　　如图 10-39 所示，华电国际（600027）既没有出现大幅的上涨，也没有出现大幅度的下跌，主要围绕 7.6 元一线波动。经过长时间的换手后形成了单密集峰的形态。

　　多密集峰形态是股票筹码分布在两个或两个以上价位区域，分布形成了两个或两个以上密集峰形；上方的密集峰称为上密集峰；下方的密集峰称为下密集峰；中间的密集峰成为中密集峰。根据多密集峰的形态种类又可分为下跌多峰和上涨多峰。

　　下跌多峰是股票下跌过程中，由上密集峰下行，在下密集峰处获得支撑，而上密集峰依然存在。然后再跌破支撑下行，再在下一密集峰上获得支撑，如此反复，在图形上形成了多个峰形的密集峰形态。

　　上涨多峰是股票上涨过程中，由下密集峰上行，在上密集峰处横盘整理震荡形成一个以上的上密集峰。上涨多峰往往是由于主力资金在低位大量建仓后，然后不断对倒拉升，在遇到阻力后让股价横盘整理，使其他交易者的持仓成本上移。然后再拉升、再横盘整理，在图形上形成多个密集峰。

　　如图 10-40 所示，北京银行即是上涨多峰的形态。在快速杀跌至 6 元上方，买方主力开始大量买入，DDX 三线在上穿 0 轴后一直在上方运行，显示主力连续建仓买入，建仓完毕后开始不断拉升，拉升过程中出现了多次的横盘整理，在图形上也形成上涨多峰的多峰密集形态。

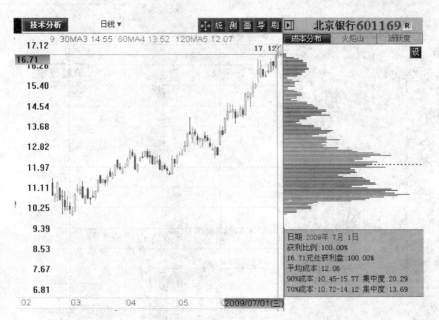

图 10-40　移动成本分布多峰密集

（三）移动筹码分布应用

投资者可以用移动成本分布进行压力位和支撑位分析。在当前价格下方有较为明显的密集峰支撑时，股价下跌的概率就相对较小，可能的下跌空间也相对有限。而当前价上方有较重的密集峰时，短线上涨后就会遇到较重的压力，上涨步伐将减慢。

如图 10-41 建设银行（601939）的移动成本分布图形。从图上看，该股在经过2008 年的大跌后长时间筑底，在 4.7 元以下形成了明显的上升三角形趋势。但由于主力资金始终压制价格低位买入，股价未能形成向上突破。在上升三角形整理进入末端的时候，成本分布上形成了非常明显的低位单密集峰支撑，蓄势非常充分。在 2009 年6 月 1 日 DDX 出现大红柱，三线开始金叉上行后，股价终于迎来了爆发的时机。

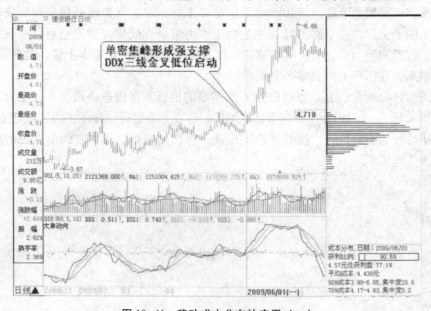

图 10-41　移动成本分布的应用（一）

如图 10-42 深发展（000001），出现了连续 5 根小实体 K 线的横盘走势。原因正是在经过三天的大反弹后已经遇到了上密集峰的压力。横盘正是为了消化压力出现的结果。

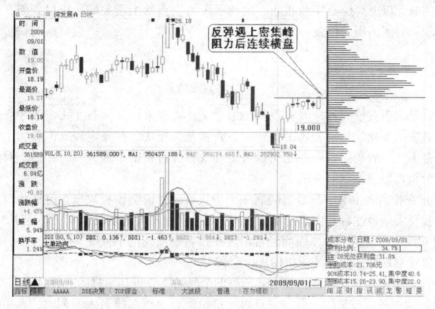

图 10-42　移动成本分布的应用（二）

同样，通过移动筹码分布与 DDE 的综合分析，不仅可以发现股票的压力位置、支撑位置，还能够发现主力高位派发筹码的行为。

通过图 10-43 华夏银行（600015）的 DDY 指标及其移动成本分布图看，在 2012 年 12 月前后主力资金在 6 元附近快速买入拉升时，DDY 连续红柱，出现了单密集峰上行的趋势。但上涨到 9 元以上的高位后，DDY 开始出现连续大蓝柱，DDY 三线死叉下

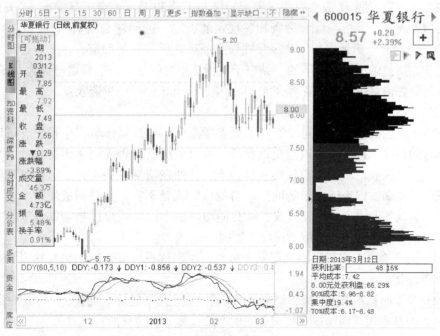

图 10-43　移动成本分布的应用（三）

行。主力在构筑了一个大平顶派发筹码后，股价从9元高位快速下跌到7元附近。从成本分布上分析看，该股在现价附近（下密集峰附近）压力尚不大，但在主力大量派发筹码的9元以上高位套牢盘很重，形成了压力很重的上密集峰。可以判断，该价位将形成较长时间的压力位置。

八、排名表分析技巧

（一）涨幅排名表的分析

涨幅排名表对投资者选股有重要参考意义。通常来说，只有龙头个股才会出现在涨幅排名表的前列，从排名表中找到龙头股和龙头板块，在一定程度上就缩小了我们选股的范围，然后我们可以在龙头板块里寻找蓄势待发的个股，及时跟进。对涨幅排名进行分析可以遵循以下原则：

（1）在排名表中有多只股票同属一个板块概念，说明该板块概念已成为短期市场热点。投资者应该注意其中成交量较大的个股、涨幅不大的个股以及次新品种。

（2）没有明显基本面原因而经常出现在排名表前列的个股无疑是长庄股，可以中长线反复注意跟踪，配合其他指标进出套利。

（3）因基本面情况出现在排名表前列的个股需要分析其题材的有效时间。

（4）前期经常放量的个股，一旦再次价量配合出现在排名表前列时，有短线套利价值。

（5）在交易日偏早时间进入排名表前列并表现稳定的个股有连续潜力，在交易日偏晚时间进入该榜的个股连续潜力一般。

（6）长时间不活跃的低位股第一次进入排名表前列，说明该股有新庄介入的可能。

（7）在K线连续上涨到高位后进入到排名表前列的个股，应小心庄家随时可能出货。

图10-44是2012年2月1日星期三盘中的涨幅排名表，排在涨幅前列的多是ST股票，主要是因为前期ST股票跌幅过大，2012年1月30日证监会近日发布《〈关于修改上市公司重大资产重组与配套融资相关规定的决定〉的问题与解答》，首次明确《决定》中"净利润"指标以扣除非经常性损益前后孰低为原则确定，这一表述将一些通过非经常性损益做出达标业绩的"钻空子"做法拒之门外，市场将之解读为对ST股票的重组是利好消息。此时投资者介入ST板块，会有比较好的投资收益。

（二）跌幅排名表分析

跌幅排名表对投资者回避个股有重要参考意义。从跌幅排名表中投资者可以发现当天领跌的板块，这样既可以避免选错股，也可以决定是否需要卖出持仓的股票，从而回避风险。领跌板块的个股很难一枝独秀，即便在前期涨势不错，但也可能随着板块的低迷而走弱。因为证券市场的"羊群效应"无处不在，几只同板块的个股大涨可以带领其他同类股票大涨，反过来，几只同板块的个股大跌可以带领其他同类股票大跌。对跌幅排名进行分析可以遵循以下原则：

（1）排名表中有多只股票同属一个板块，说明该板块成为短期抛售热点，应避开中线投资该股。

（2）没有明显基本面原因，经常出现在排名表上的个股属于撤退股，要中长线避开。

（3）因基本面原因出现在排名表上的个股，要分析题材的有效时间。

（4）前期经常放量，再次价量配合出现在排名表中，有较大危险。

序号	代码	名称●●	最新	涨跌	今开	涨幅↓	总手
1	600753	东方银星	6.05	+0.46	5.59	8.23%	40468
2	600719	大连热电☆	6.40	+0.32	6.12	5.26%	16653
3	600074	*ST中达	3.48	+0.17	3.48	5.14%	12676
4	600769	ST祥龙	3.69	+0.18	3.48	5.13%	31667
5	600179	ST黑化	5.01	+0.24	4.87	5.03%	99958
6	600885	ST力阳	7.99	+0.38	7.70	4.99%	24048
7	600228	*ST昌九	11.18	+0.53	10.90	4.98%	32434
8	600338	ST珠峰 ☆	7.60	+0.36	7.41	4.97%	7178
9	600234	ST天龙	4.23	+0.20	4.23	4.96%	3458
10	600656	ST博元 ☆	5.31	+0.25	5.20	4.94%	68382
11	600681	ST万鸿	3.83	+0.18	3.74	4.93%	64079
12	600579	ST黄海	5.04	+0.22	4.82	4.56%	12417
13	601717	郑煤机	26.95	+1.14	25.62	4.42%	59063
14	600113	浙江东日	4.99	+0.19	4.84	3.96%	8836
15	600539	ST狮头	5.16	+0.19	4.97	3.82%	31580
16	601258	庞大集团	6.58	+0.24	6.35	3.79%	31305
17	600419	ST天宏	8.55	+0.30	8.28	3.64%	4593
18	600309	烟台万华☆	14.16	+0.49	13.67	3.58%	46498
19	600688	S上石化 ☆	6.20	+0.21	6.01	3.51%	22284
20	600218	全柴动力	13.60	+0.46	13.16	3.50%	5838
21	600203	*ST福日	5.62	+0.19	5.38	3.50%	4767
22	600800	ST磁卡	3.61	+0.12	3.45	3.44%	20359
23	600108	亚盛集团	4.96	+0.16	4.80	3.33%	62278

图 10-44　涨幅排名表

（5）当天偏早时间进入排名表，表现稳定的个股有连续下跌潜力；当天偏晚时间进入排名表的个股潜力一般。

图 10-45 是 2012 年 2 月 1 日星期三盘中的跌幅排名表，从表中我们看出，跌幅前几名的是资源类尤其是有色金属类股票，这说明这个板块成了近期投资者抛弃的重点对象。投资者这时候再想购买显然不理智。

序号	代码	名称●●	最新	涨跌	今开	涨幅↑	总手
1	600645	ST中源	23.91	-1.26	26.43	-5.01%	80993
2	600568	中珠控股	19.79	-1.01	20.80	-4.86%	69336
3	600193	创兴资源	11.31	-0.53	11.72	-4.48%	91158
4	600489	中金黄金☆	21.53	-1.00	22.45	-4.44%	181070
5	600673	东阳光铝	8.27	-0.36	8.49	-4.17%	73564
6	600696	多伦股份	6.45	-0.27	6.65	-4.02%	67275
7	600585	海螺水泥☆	16.68	-0.69	17.25	-3.97%	297143
8	600801	华新水泥	14.03	-0.57	14.54	-3.90%	69928
9	600259	广晟有色	51.01	-1.99	52.14	-3.75%	57159
10	600318	巢东股份	12.33	-0.47	12.78	-3.67%	59941
11	600612	老凤祥 ☆	27.90	-1.06	28.95	-3.66%	16231
12	600549	厦门钨业	33.99	-1.29	35.20	-3.66%	69394
13	600111	包钢稀土	44.87	-1.69	46.40	-3.63%	176096
14	600167	联美控股	7.95	-0.29	8.10	-3.52%	28545
15	600373	中文传媒	15.94	-0.55	16.20	-3.34%	106088
16	600096	云天化	14.36	-0.48	14.81	-3.23%	30237
17	600459	贵研铂业	17.70	-0.59	18.00	-3.23%	14594
18	600114	东睦股份	9.34	-0.31	9.42	-3.21%	59843
19	600058	五矿发展	22.85	-0.74	23.40	-3.14%	66211
20	600386	北巴传媒	7.84	-0.25	7.95	-3.09%	76210
21	600615	丰华股份	6.90	-0.22	7.12	-3.09%	9556
22	601992	金隅股份☆	8.25	-0.26	8.50	-3.06%	39767
23	600348	阳泉煤业	18.11	-0.56	18.49	-3.00%	171983
24	600685	广船国际☆	15.86	-0.49	16.32	-3.00%	21106
25	601101	昊华能源	19.22	-0.57	19.64	-2.88%	47753

图 10-45　跌幅排名表

（三）量比排名表分析

量比是衡量相对成交量的指标。当量比大于 1 时，说明当日每分钟的平均成交量大于过去 5 日的平均数值，交易比过去 5 日火爆；当量比小于 1 时，说明现在的成交量比不上过去 5 日平均水平（如图 10-46 所示）。

量比表是发现强势股的重要窗口，同时也是选择时机的重要窗口。利用量比表能发现新主力和当天强势股。如果量比、成交量、涨幅同时进入前几名，容易成为阶段涨幅较大的黑马。一般上涨或跳水，都是从量比发生变化时开始的：当量比放大，低位上涨时，有很好的机会；当量比放大，高位下跌时，有较大的风险。强市中，成交量大的股票，称为强势股。用成交量寻找强势股，一天过后才能发现，这样就有些晚了，用量比能及时发现强势股，且比成交量更准。弱市中量比放大到 3~4 倍，有很好的买点。强市由于整体成交量大，量比放大到 2~3 倍，就算较大了。

序号	代码	名称●✿	最新	涨跌	量比↓	涨幅	总手
1	600132	重庆啤酒	24.36	+1.43	12.54	6.24%	358946
2	600130	ST波导	2.92	-0.07	2.77	-2.34%	84906
3	600028	中国石化✿	7.79	+0.03	2.52	0.39%	365048
4	600187	国中水务	9.19	+0.40	2.17	4.55%	50087
5	600527	江南高纤	6.97	-0.00	2.08	0.00%	5765
6	600086	东方金钰	12.89	-0.40	1.94	-3.01%	28693
7	600520	中发科技	9.08	+0.83	1.79	10.06%	56517
8	600035	楚天高速	3.35	-0.05	1.77	-1.47%	18247
9	600532	华阳科技	7.85	-0.00	1.59	0.00%	45467
10	600026	中海发展✿	6.25	+0.02	1.57	0.32%	22856
11	600503	华丽家族	6.97	-0.06	1.33	-0.85%	20866
12	600366	宁波韵升	17.76	-0.31	1.29	-1.72%	149664
13	600033	福建高速	2.46	-0.01	1.27	-0.40%	32133
14	600885	ST力阳	7.99	+0.38	1.22	4.99%	26593
15	600036	招商银行✿	12.47	-0.18	1.16	-1.42%	356079
16	600015	华夏银行	11.60	-0.31	1.14	-2.60%	189022
17	600016	民生银行✿	6.30	-0.12	1.10	-1.87%	797898
18	600200	江苏吴中	8.83	+0.21	1.06	2.44%	219276
19	600037	歌华有线	8.07	-0.17	0.97	-2.06%	45135
20	600229	青岛碱业	5.89	-0.05	0.94	-0.84%	59162

图 10-46　量比排名表

（四）振幅排名表分析

股票振幅是以本周期的最高价与最低价的差，除以上一周期的收盘价，再以百分数表示的数值。以日振幅为例，就是今天的最高价减去最低价，再除以昨日收盘价，再换成百分数。

利用振幅表能发现异动股，从中发掘潜力股，如图 10-47 所示。异动的原因应结合盘面、前期 K 线、消息面、题材面、基本面来分析，如年报业绩、隐含题材等。盘面异动主要是大单买卖所致，很小的成交不会引起大的振幅。

（1）在 K 线高位经常进入该表的个股，当心主力出货。

（2）在 K 线低位经常进入该表的个股，注意主力进货。

（3）正在换庄的个股容易进入该表。

（4）准备发动单边攻势的个股容易进入该表。

序号	代码	名称●❀	最新	涨跌	振幅↓	涨幅
1	600330	天通股份	8.00	+0.25	10.97%	3.23%
2	600520	中发科技	9.08	+0.83	10.67%	10.06%
3	600559	老白干酒	23.78	+1.23	10.29%	5.45%
4	600242	中昌海运	6.60	+0.31	10.17%	4.93%
5	600252	中恒集团	8.30	+0.49	10.12%	6.27%
6	600466	迪康药业	7.61	+0.59	10.11%	8.40%
7	600645	ST中源	23.91	-1.26	10.01%	-5.01%
8	600719	大连热电✿	6.69	+0.61	9.70%	10.03%
9	600753	东方银星	6.02	+0.43	9.66%	7.69%
10	600132	重庆啤酒	24.43	+1.50	9.25%	6.54%
11	600419	ST天宏	8.10	-0.15	9.21%	-1.82%
12	600187	国中水务	9.21	+0.42	9.10%	4.78%
13	600238	海南椰岛	8.16	+0.38	7.97%	4.88%
14	600281	*ST太化✿	5.57	-0.09	7.77%	-1.59%
15	600532	华阳科技	7.86	+0.01	7.77%	0.13%
16	600193	创兴资源	11.14	-0.70	7.43%	-5.91%
17	600283	钱江水利	9.99	+0.27	7.20%	2.78%
18	600769	ST祥龙	3.58	+0.07	7.12%	1.99%
19	600275	ST昌鱼	5.47	-0.02	6.92%	-0.36%
20	600715	*ST松辽	5.86	+0.19	6.88%	3.35%

图 10-47　振幅排名表

（五）换手率排名表分析

换手率是反映股票流通性强弱的指标之一。换手率的高低往往意味着这样几种情况：

（1）换手率高，意味着该只股票的交投活跃，人们购买该只股票的意愿高，属于热门股；反之，股票的换手率低，则表明该只股票少有人关注，属于冷门股。

（2）换手率高一般意味着股票流通性好，进出市场比较容易，不会出现想买买不到、想卖卖不出的现象，具有较强的变现能力。然而值得注意的是，换手率较高的股票，往往也是短线资金追逐的对象，投机性较强，股价起伏较大，风险也相对较大。

（3）将换手率与股价走势相结合，可以对未来的股价做出一定的预测和判断。某只股票的换手率突然上升，成交量放大，可能意味着有投资者在大量买进，股价可能会随之上扬。如果某只股票持续上涨了一个时期后，换手率又迅速上升，则可能意味着一些获利者要套现，股价可能会下跌（如图 10-48 所示）。

投资者在挖掘领涨板块时首先要做的就是挖掘热门板块，判断是否属于热门股的有效指标之一便是换手率。投资者操作时可关注近期一直保持较高换手率，而股价却涨幅有限（均线如能多头排列则更佳）的个股。根据量比价先行的规律，成交量先行放大，股价通常很快跟上量的步伐，即短期换手率高，表面短期上行能量充足。形态上选择圆弧底、双底或者多重底，这类形态横盘打底时间比较长，主力有足够的建仓时间，如配合有各项技术指标支撑则更应该引起我们的密切关注。

序号	代码	名称●◻	最新	涨跌	换手率↓	涨幅	总手
1	600466	迪康药业	7.50	+0.48	12.63%	6.84%	554419
2	601311	骆驼股份	20.53	-0.59	10.16%	-2.79%	84368
3	600716	凤凰股份	5.52	+0.01	9.38%	0.18%	274499
4	600568	中珠控股	19.69	-1.11	9.05%	-5.34%	77338
5	600146	大元股份	9.56	+0.10	7.74%	1.06%	154811
6	601801	皖新传媒	11.00	-0.22	7.67%	-1.96%	116246
7	600132	重庆啤酒	24.35	+1.42	7.57%	6.19%	366550
8	601996	丰林集团	9.87	-0.01	7.44%	-0.10%	43637
9	600371	万向德农	18.93	+0.12	7.13%	0.64%	121504
10	601555	东吴证券	6.61	-0.15	6.69%	-2.22%	184034
11	601928	凤凰传媒	8.22	-0.25	6.68%	-2.95%	187040
12	600373	中文传媒	15.77	-0.72	6.68%	-4.37%	125233
13	600760	中航黑豹	7.80	+0.04	6.67%	0.52%	182136
14	601677	明泰铝业	13.62	-0.33	5.99%	-2.37%	35954
15	600252	中恒集团	8.31	+0.50	5.90%	6.40%	644145
16	600114	东睦股份	9.29	-0.36	5.85%	-3.73%	62984
17	600242	中昌海运	6.60	+0.31	5.76%	4.93%	72122
18	600179	ST黑化	5.01	+0.24	5.50%	5.03%	107453
19	600520	中发科技	9.08	+0.83	5.49%	10.06%	62083
20	600502	安徽水利	13.74	+0.21	5.44%	1.55%	181901

图 10-48　换手率排名表

首先，要观察其换手率能否维持较长时间。因为较长时间的高换手率说明资金进出量大，持续性强，增量资金充足，这样的个股才具可操作性。若仅仅是一两天换手率突然放大，其后便恢复平静，这样的个股操作难度相当大，并容易出现骗线。高换手率伴随天量，并不意味天价见天量，实为做量吸引眼球，为利空出货吸引买盘，之后便是一浪一浪的下跌。

其次，要注意产生高换手率的位置。高换手率既可能是资金流入，亦可能为资金流出。一般来说，股价在高位出现高换手率则要引起持股者的重视，很大可能是主力出货；而在股价底部出现高换手率则说明资金大规模建仓的可能性较大，特别是在基本面转好或者有利好预期的情况下。

思考题：

1. 如何安装和登录证券行情分析交易软件？
2. 简述证券行情分析软件的键盘操作快捷键。
3. 如何通过证券行情分析软件查看公司的基本资料？
4. 举例说明移动成本分布的应用。
5. 如何利用换手率排名表进行证券交易分析？

参考文献

1. 叶永良，张启富. 证券投资学 ［M］. 北京：经济科学出版社，2005.

2. 郭英美. 证券投资学 ［M］. 北京：化学工业出版社，2007.

3. 杨宜. 证券投资学 ［M］. 北京：机械工业出版社，2005.

4. 邢天才，王玉霞. 证券投资学 ［M］. 大连：东北财经大学出版社，2007.

5. 林俊国. 证券投资学 ［M］. 北京：经济科学出版社，2006.

6. 中国证券业协会. 证券交易 ［M］. 北京：中国财政经济出版社，2004.

7. 中国证券业协会. 证券发行与承销 ［M］. 北京：中国财政经济出版社，2004.

8. 中国老郭. 看盘快速入门 ［M］. 北京：时代出版传媒股份有限公司，2011.

9. 中国证券业协会. 证券市场基础知识 ［M］. 北京：中国财政经济出版社，2005.

10. 中国证券业协会. 证券投资分析 ［M］. 北京：中国财政经济出版社，2004.

11. 梁忠辉. 证券投资基金运行与管理 ［M］. 大连：东北财经大学出版社，2007.

12. 彭明强. 证券投资学 ［M］. 成都：西南财经大学出版社，2003.

13. 董建文. 证券投资学 ［M］. 合肥：安徽文化音像出版社，2002.

14. 秦冬杰. 证券公司业务与经营 ［M］. 北京：中国物资出版社，2004.

15. 周黎明. 证券与投资 ［M］. 北京：对外经济贸易大学出版社，2006.

16. 梁峰. 证券投资学 ［M］. 大连：东北财经大学出版社，2002.

17. 刘德红，刘恩，马晓贤. 证券投资学 ［M］. 北京：清华大学出版社，2006.

18. 吴晓求. 证券投资学 ［M］. 北京：中国人民大学出版社，2004.

19. 柯原. 证券投资分析 ［M］. 北京：北京大学出版社，2005.

20. 李多全. 证券投资实务 ［M］. 北京：北京大学出版社，2005.

21. 孙可娜. 证券投资理论与实务 ［M］. 北京：高等教育出版社，2006.

22. 陈保华，叶德磊. 证券投资原理 ［M］. 上海：上海财经大学出版社，2001.